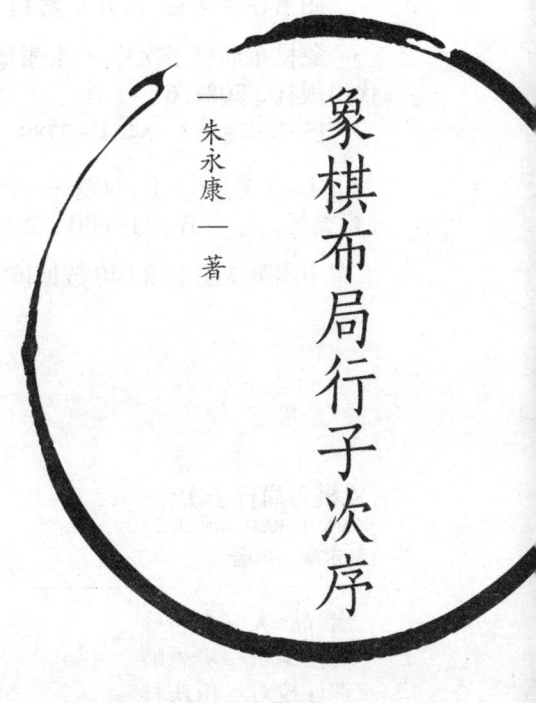

象棋布局行子次序

朱永康 著

专业棋牌出版社

成都时代出版社
CHENGDU TIMES PRESS

图书在版编目（CIP）数据

象棋布局行子次序／朱永康编著 . —成都：成都时代出版社，2021.6
ISBN 978-7-5464-2789-8

Ⅰ. ①象… Ⅱ. ①朱… Ⅲ. ①中国象棋-布局（棋类运动） Ⅳ. ①G891.2

中国版本图书馆 CIP 数据核字（2021）第 054647 号

象棋布局行子次序
XIANGQI BUJU HANGZI CIXU

朱永康　编著

出 品 人	李若锋
责任编辑	樊思岐
责任校对	伍庆祥
封面设计	原创动力
责任印制	张　露
出版发行	成都时代出版社
电　　话	（028）86618667（编辑部）
	（028）86615250（发行部）
网　　址	www.chengdusd.com
印　　刷	四川五洲彩印有限责任公司
规　　格	165 mm×230 mm
印　　张	17.5
字　　数	210 千字
版　　次	2021 年 6 月第 1 版
印　　次	2021 年 6 月第 1 次印刷
印　　数	1-4000 册
书　　号	ISBN 978-7-5464-2789-8
定　　价	48.00

著作权所有·违者必究。
本书若出现印装质量问题，请与工厂联系。电话：028-85011398

前 言

象棋寓文化、体育为一体，其历史悠久，是深受广大群众喜爱且乐于参与的一种智力运动。

象棋对弈过程，一般分为三个阶段：即布局、中局、残局。这三个阶段中布局最为重要，布局的发展和走向，直接决定中局、残局形势的好坏。

象棋布局早已形成多种体系，其变化复杂较难掌握，这是因为布局在不断地发展，人们的认识也随之不断提高。

那么怎样去认识象棋布局的发展呢？其中，象棋布局的行棋次序的创新，就是推动象棋布局发展极其重要的因素。象棋行子次序的变化，具有针对性、艺术性。当然象棋中局和残局，同样也有行子的次序问题。也就是说次序问题贯穿了一局棋的全过程。可见对于行子次序的运用、认识是极为重要的。

本书是想通过实战棋局来说明布局次序对于每局棋的重要性。这是一个新的课题，由于本人水平有限，希望行家们指正。

朱永康

2019 年于上海

目录

第一章　顺炮类 …………………………………………（ 1 ）
 第一节　顺炮直车对缓开车 ……………………………（ 1 ）
 第二节　顺炮直车对右横车 ……………………………（ 24 ）
 第三节　顺炮直车对横车 ………………………………（ 27 ）
第二章　列炮类 …………………………………………（ 38 ）
 第一节　中炮对半途列炮 ………………………………（ 38 ）
 第二节　中炮两头蛇对半途列炮 ………………………（ 53 ）
第三章　中炮过河车对屏风马平炮兑车 …………………（ 59 ）
第四章　中炮对屏风马双炮过河 …………………………（ 81 ）
第五章　中炮过河车对屏风马左马盘河 …………………（ 89 ）
第六章　中炮横车七路马对屏风马 ………………………（ 113 ）
 第一节　中炮横车七路马对屏风马右象 ………………（ 113 ）
 第二节　中炮横车七路马对屏风马左象 ………………（ 123 ）
 第三节　挺兵局转中炮七路马 …………………………（ 125 ）
第七章　中炮对三步虎 ……………………………………（ 129 ）
第八章　中炮对反宫马 ……………………………………（ 147 ）
 （一）中炮进三兵对反宫马 ……………………………（ 147 ）
 （二）中炮进七兵对反宫马 ……………………………（ 152 ）

第九章　五六炮对屏风马 …………………………（158）

第十章　五七炮对屏风马 …………………………（169）

　第一节　五七炮进三兵对屏风马 …………………（169）

　第二节　五七炮不进兵对屏风马 …………………（179）

第十一章　仙人指路对卒底炮 ……………………（188）

第十二章　飞相对左中炮 …………………………（219）

第十三章　其他 ……………………………………（233）

　第一节　中炮过河车对屏风马右象 ………………（233）

　第二节　中炮直横车对屏风马两头蛇 ……………（235）

　第三节　中炮进中兵盘头马对屏风马 ……………（236）

　第四节　中炮过河车对屏风马挺双卒 ……………（237）

　第五节　中炮过河车对屏风马横车 ………………（239）

　第六节　中炮巡河车对屏风马 ……………………（241）

　第七节　中炮巡河炮对屏风马 ……………………（245）

　第九节　中炮对屏风马右炮过河弃兵局 …………（249）

　第十节　五九炮对屏风马横车 ……………………（252）

　第十一节　五八炮进三兵对屏风马 ………………（256）

　第十二节　五七炮对三步虎 ………………………（259）

　第十三节　过宫炮对上左马 ………………………（261）

　第十四节　上马对挺卒 ……………………………（262）

　第十五节　飞相对过宫炮 …………………………（266）

　第十六节　挺兵对中炮 ……………………………（268）

　第十七节　挺兵对飞象 ……………………………（269）

　第十八节　挺兵对上马 ……………………………（270）

第一章 顺炮类

第一节 顺炮直车对缓开车

第一局

1. 炮二平五　　炮8平5　　2. 马二进三　　马8进7
3. 车一平二　　卒7进1　　4. 兵七进一　　马2进3

从行子次序上讲，如改走马2进4，可避开红方平七炮攻击黑方右马的变化。

5. 炮八平七　　象3进1　　6. 马八进九　　炮2进4
7. 兵七进一　　象1进3　　8. 马九进七　　车9进1
9. 马七进六　　车1进2　　10. 车九平八　　炮2平7
11. 马六进五　　象3退5　　12. 兵五进一（图1-1）

图1-1形势，红方11回合马六进五交换中炮，并挺起中兵，已经确立了优势。

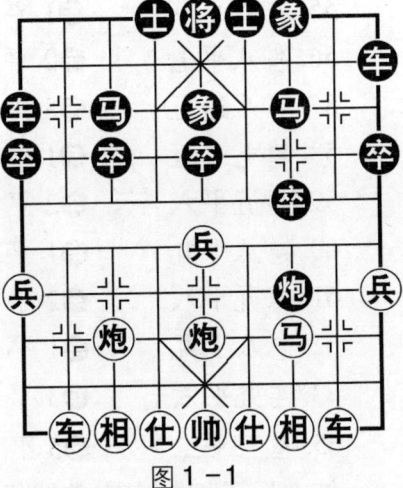

12. ……　　　　炮7平3
13. 车二进三　　炮3退2
14. 兵五进一　　卒5进1
15. 车二平五　　车9平4
16. 车五进二　　士4进5
17. 仕六进五　　卒7进1
18. 炮七进四　　炮3进2
19. 马三进五　　车4进2

图1-1

20. 炮七退二	卒1进1	21. 车八进三	炮3进2
22. 马五进三	车1进1	23. 炮五平三	马7退9
24. 相三进五	炮3平1	25. 车八退二	炮1进1
26. 车八退一	炮1退1	27. 车八进一	炮1进1
28. 车八退一	炮1退1	29. 车五平七	车4退1
30. 车七平二	车4进1	31. 车八进一	炮1进1
32. 车八退一	炮1退1	33. 车八进一	炮1进1
34. 车八退一	炮1退1	35. 炮七退二	马9进8
36. 车八进一	炮1进1	37. 车八退一	炮1退1
38. 车八进一	炮1进1	39. 车八进一	炮1进1
40. 相五进七	马3退4	41. 车八进一	炮1进1
42. 车八退一	炮1退1	43. 车八进一	炮1进1
44. 车八退一	炮1退1	45. 相七进五	马8退6
46. 车二平八	马6进8	47. 马三进二	车4平8
48. 前车退四	卒1进1	49. 前车平九	卒1进1
50. 车八平六	车8进3	51. 兵一进一	车8退1
52. 车六进八	车8平9		
53. 炮七平八	车1退3		
54. 炮八进四	车9平5		
55. 车九平八	车1平2		
56. 炮八平七	车2平1		
57. 车八进五	车5进1		
58. 炮七平五	卒1平2		
59. 帅五平六	卒2平3		
60. 车八平九	车1平2		
61. 车九平八	车2平1		
62. 车八平九	车1平2		
63. 车九平六	卒3平4	64. 相五进三	象7进9
65. 炮三平二	车5平8	66. 炮二平六（图2-1）	

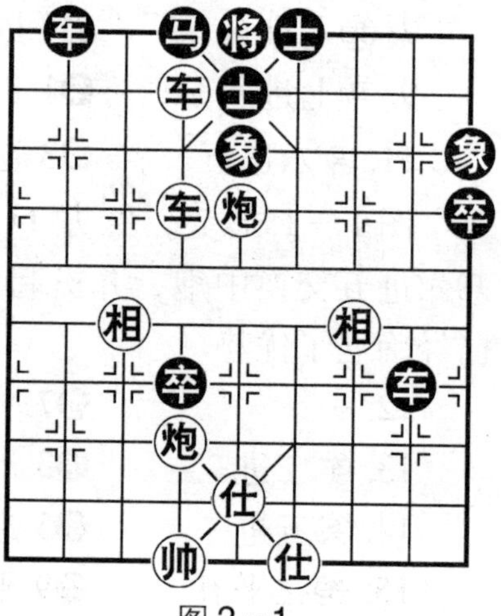

图2-1

红方运子细腻牢牢掌握优势，入局精彩。

第二局

1. 炮二平五　　炮8平5　　2. 马二进三　　马8进7
3. 车一平二　　卒7进1　　4. 马八进七　　马2进3
5. 兵七进一　　车1进1　　6. 炮八进一　　象3进1

对于红方炮八进一攻法，黑方飞边象先于防范。如改走车1平4，炮八平七车4进5，炮七进三象3进1，车九平八炮2进4，兵七进一（弃兵，重要之着）象1进3，车二进六，红方易走。

7. 炮八平七　　炮2进4　　8. 车九平八　　车1平2
9. 仕四进五　　车9进1　　10. 车二进六　　马7进6
11. 车二平三（图2-1）

平车捉象是车二进六后及时攻击黑方弱点的后续手段。

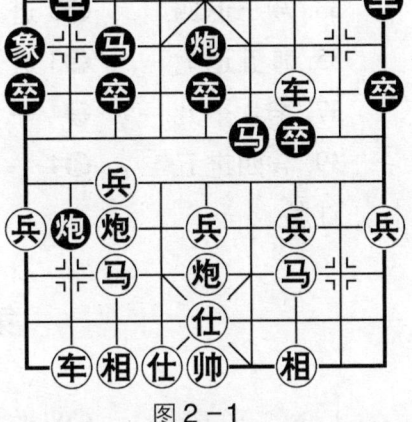

图2-1

11. ……　　　　马6进4
12. 炮七平六　　炮2平3
13. 车三进三　　炮5平4
14. 炮五平六　　炮4进4
15. 炮六进二　　车2进6
16. 相七进五　　车9平2

如车2平3吃马，车三退二，红弃子有攻势。

17. 车八进二

次序有误。应炮六平五士4进5，帅五平四将5平4，车三退四，红优。

17. ……　　　　车2进6　　18. 帅五平四　　士4进5
19. 车三退二　　炮4平1　　20. 车三平七　　炮1进3
21. 帅四进一　　车2平3　　22. 车七平八　　卒5进1

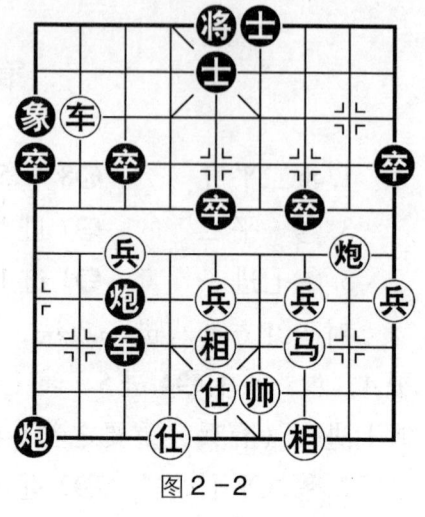

23. 炮六平二（图2-2）

如图2-2形势，黑方车双炮虽有攻势，但难以突破中相防线，攻势总难奏效，形势仍是红优。

23. ……	将5平4		
24. 炮二进五	将4进1		
25. 车八进一	将4进1		
26. 炮二退七	炮3平7		
27. 兵五进一	卒5进1		
28. 车八退五	卒7进1		
29. 相三进一	炮1退5	30. 相一进三	炮1平6
31. 帅四退一	炮7平6	32. 帅四平五	后炮平1
33. 马三退四	车3进1	34. 车八平四	炮1进5
35. 相五退七	车3进1	36. 车四平六	卒5平4
37. 车六平九	卒4平3	38. 炮二平六	车3平2
39. 马四进五	将4平5	40. 马五进四	

红胜。

图2-2

第三局

1. 炮二平五	炮8平5	2. 马二进三	马8进7
3. 车一平二	卒7进1	4. 马八进七	马2进3
5. 兵七进一	车1进1	6. 炮八平九（图3-1）	

如图3-1形势，红方常见的着法是炮八进一、炮八进二，现平边的次序变动，是新的探索。

6. ……	炮2进4	7. 车九平八	炮2平3
8. 车二进四	车9进1		

联车是一步强有力的反击之着，随时可兑车反击。

9. 兵三进一	卒7进1
10. 车二平三	马7进6
11. 车三平四	马6退8

黑马迂回退到8路后，红方右翼弱点暴露无遗。当前红方只能考虑如何加强防守了。

12. 炮五平六	车1平2
13. 炮九平八	车2进5
14. 相七进五	车9平4
15. 车四进二	马8退7
16. 车四平三	炮3平1
17. 炮六进二	车2平3
18. 炮六平三	车3进1
19. 炮三进四	卒3进1
20. 炮八进四	马3进4（图3-2）

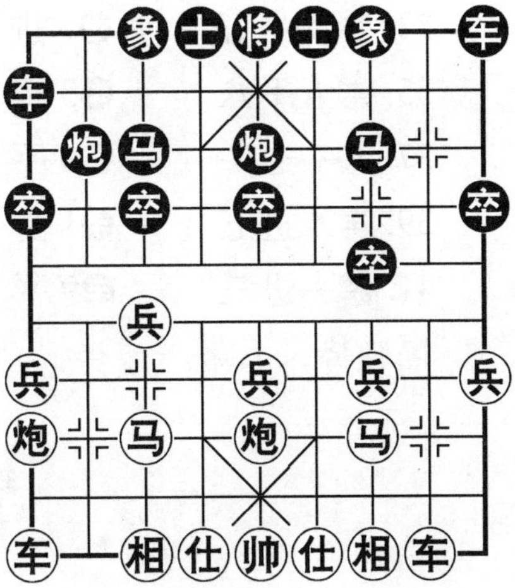

如图3-2形势，红方右翼受到牵制，黑方倾所有子力全面出击，已占优势。

21. 炮八平七	马4进5
22. 马三进五	炮5进4
23. 仕四进五	卒5进1
24. 炮七平五	炮5退3
25. 车三平五	车4平5
26. 车五进二	士6进5
27. 兵七进一	车3退3
28. 车八进三	炮1进3
29. 车八退三	炮1退2
30. 车八进二	炮1平2
31. 车八进二	卒1进1
32. 炮三退四	卒5进1

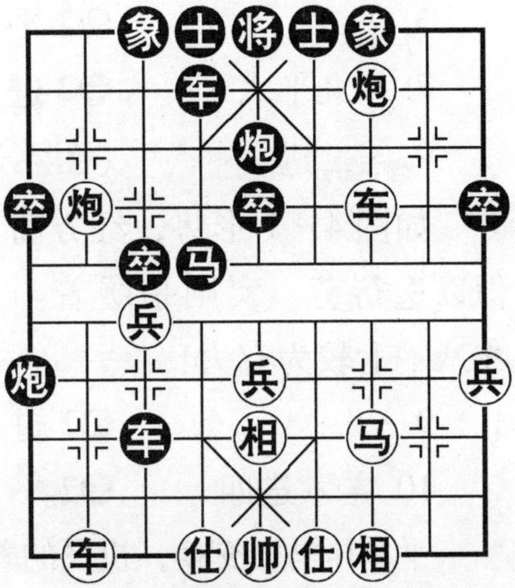

图3-1

图3-2

弃中卒，对红方原以为可以坚守的形势，有了关键性突破，黑方作战进入了新的阶段。

33. 车八平五	炮1进4	34. 相五退七	车3进5
35. 车五平八	车3退3	36. 车八退四	炮1退3
37. 兵一进一	车3平7	38. 相三进一	车7平9
39. 车八进五	卒1进1	40. 炮三平五	象3进5
41. 相一进三	车9平5	42. 炮五平七	车5退1

黑胜势，下略。

第四局

1. 炮二平五	炮8平5	2. 马二进三	马8进7
3. 车一平二	卒7进1	4. 马八进七	马2进3
5. 车九进一			

常见的着法是兵七进一，现走横车是尝试性的战术。

5. ……	炮2平1	6. 兵七进一	车1平2
7. 车九平六	车2进6	8. 炮八退一	车9进1
9. 车二进一	（图4-1）		

如图4-1形势，红方高车看似以逸待劳，实则是缓着。宜走炮八平七较为有力！

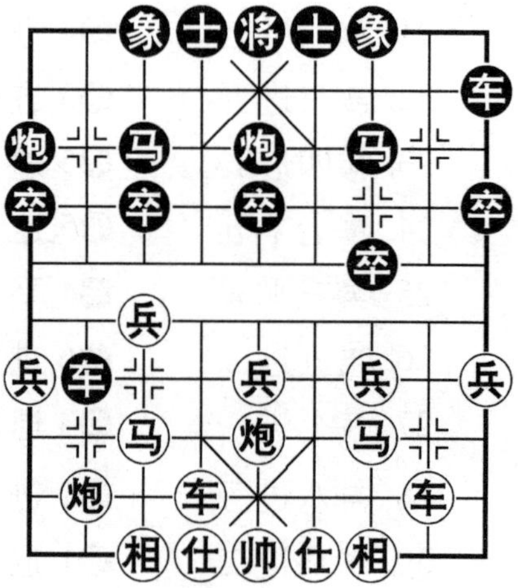

| 9. …… | 马7进6 |
| 10. 车六进四 | 车2平3 |

平车压马，交换，机灵的着法！

| 11. 车六平四 | 车3进1 |
| 12. 车二平四 | |

交换之后，红方左翼弱点难以处理。如改走炮八进五车9平4，炮八平五士4进5，黑优。

| 12. …… | 炮5平6 | 13. 后车平六 | 车9平2 |

图4-1

14. 炮八进四	车3进2	15. 炮八平三	士4进5
16. 炮三进二	象3进5	17. 车六进二	车3退4
18. 兵五进一	车3平2		
19. 兵五进一	前车进1（图4-2）		

如图4-2形势，黑方兑车一举消除红方攻击计划，确立了黑方优势。

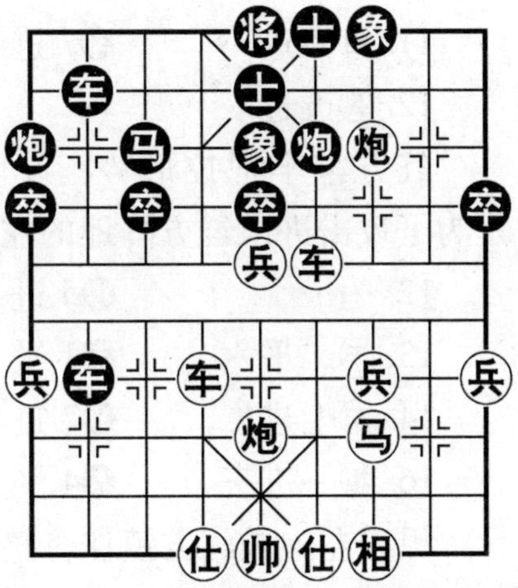

20. 车四退二	前车平4		
21. 车四平六	卒5进1		
22. 马三进五	马3进5		
23. 炮三进一	马5进3！		
24. 车六进三	车2进5		
25. 马五进七	炮6进3		

图4-2

黑方进炮后，发动全面进攻，红方已是顾此失彼，战斗进入尾声。

26. 车六平七	马3进5	27. 仕四进五	车2平7
28. 相三进一	马6平3	29. 车七退二	马5进3
30. 相一进三	炮1进4		

黑胜势。

第五局

1. 炮二平五	炮8平5	2. 马二进三	马8进7
3. 车一平二	马2进3	4. 马八进七	卒7进1
5. 兵七进一	车2进4	6. 马七进八	车9进1
7. 车九进一	车9平4	8. 仕四进五	炮2平7
9. 车九平七	炮5退1	10. 车二进八（图5-1）	

如图5-1形势，红方对黑方右翼的攻击引而不发，先走右车牵住黑方车炮是极好的次序！如改走兵七进一则卒3进1，

车七进四 车4进1，车二进八 象3进5，车七进一 车1进1，黑方有炮5平3反击。反而形势乐观。

10. ……   车1进1
11. 相三进一   卒7进1
12. 兵五进一

红方牢牢把控形势，冲中兵是为了攻击进入红方阵地的左炮。

12. ……   炮5进4
13. 车二平六   车1平4
14. 车七进二   象7进5   15. 马八进七   马7进8
16. 相一进三   车4平7

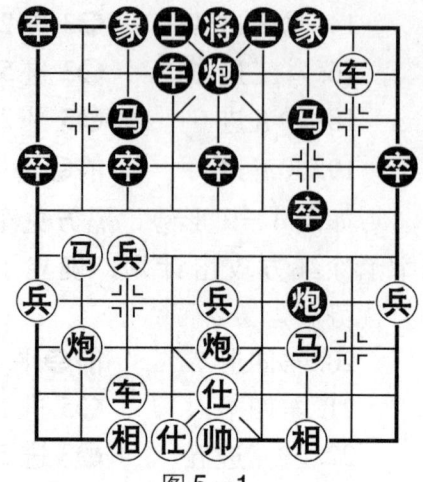

图5-1

黑方左炮被红方镇住，整体子力松散，形势被动。如改走车4进3，炮八平七，红优。

17. 车七平五   炮5平6   18. 兵七进一   车7进4
19. 马七进五（图5-2）

马吃中象，从中路突破，算度精确！

19. ……   象3进5
20. 兵七进一   炮6退3
21. 兵七进一   车7平2
22. 炮八平六   士6进5
23. 兵七进一   炮6退1
24. 车五进三   马8进6
25. 炮五进五   士5进6
26. 车五退三   炮7退6
27. 马三进四   车2平6
28. 兵七平六   炮7进9
29. 兵六平五

红胜。

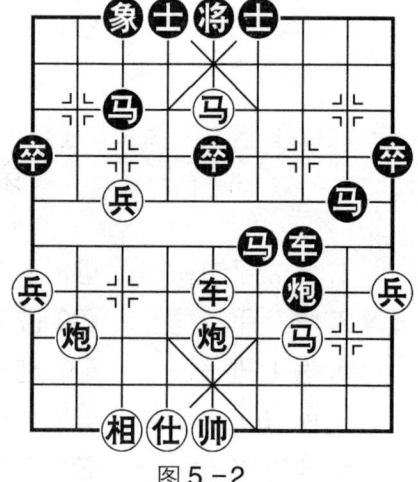

图5-2

第六局

1. 炮二平五　　炮8平5　　2. 马二进三　　马8进7
3. 车一平二　　卒7进1　　4. 马八进七　　马2进3
5. 兵七进一　　炮2进4　　6. 马七进八　　车9进1
7. 车九进一　　车9平4　　8. 车九平七　　车4进6
9. 炮八平九　　车4退4（图6-1）

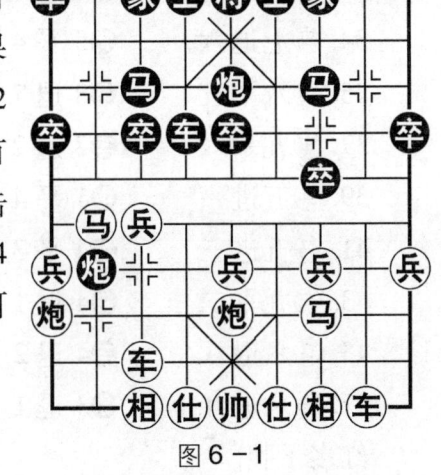

如图6-1形势，黑退车卒行线是新的防守次序，从实战效果看，不太理想。可考虑走：①炮2进3，仕四进五车4退5，黑方有车1平2捉马，并有炮2平1反击之着。②炮2进3，仕四进五车4平2，马八退七车2退3，亦可防御。

图6-1

10. 仕四进五　　炮2平7
11. 马八进七　　炮5退1
12. 兵七进一　　车1平2　　13. 车七进三　　车2进7
14. 炮五平六　　马7进6　　15. 相三进五　　车4进2

如马6进5，车七平四，伏有车二平四着法，红仍优势。

16. 车二平四　　车4平3　　17. 相五进七　　马6退7
18. 车四进八　　车2平3　　19. 相七进五　　炮5平1
20. 车四退一　　象3进5　　21. 马七进九（图6-2）

如图6-2形势，红马奔袭卧槽，并伴有七兵过河，优势得以扩大。

21. ……　　　　马3退2　　22. 马九进七　　马2进4
23. 车四退四　　卒7进1　　24. 兵五进一　　象5进3

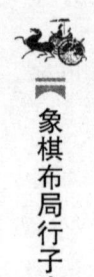

25. 车四平六	将5进1
26. 相五进三	马7进8
27. 相三退五	象7进5
28. 炮九进四	炮7平1
29. 相七退九	前炮退2
30. 炮九平八	车3平2
31. 相九退七	卒9进1
32. 炮六进六	炮1平4
33. 车六平九	炮4进3
34. 马七退六	将5平4
35. 炮八平五	马8退7	36. 炮五平三	炮4平7
37. 车九平六	车2退2	38. 马三进五	炮1退2
39. 兵五进一	炮1平4	40. 车六平九	士4进5
41. 马五进三	炮4平3	42. 相七进九	炮3平1
43. 车九平二	将4退1	44. 兵五平四	车2平4
45. 马六退八	车4退2	46. 兵四平三	象5进7
47. 马八进九	象3退1	48. 马三进一	

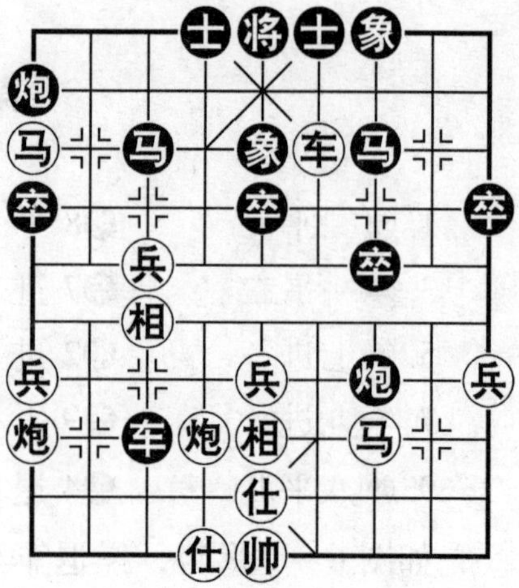

红多子胜。

图6-2

第七局

1. 炮二平五	炮8平5	2. 马二进三	马8进7
3. 车一平二	卒7进1	4. 马八进七	马2进3
5. 兵七进一	车9进1	6. 车二进四	车1进1
7. 炮八进二	（图7-1）		

如图7-1形势，黑方第5、6回合，形成顺炮缓开车布局中新的战术——双横车。从实战效果看，并不理想。

| 7. …… | 车9平8 | 8. 车二进四 | 车1平8 |

9. 马七进六　　车8进5
10. 车九进二

红进车攻守兼备之着，继续保持对黑方右翼的压力！

10. ……　　　　士4进5
11. 车九平七　　炮5平6
12. 炮五平六　　象7进5
13. 相七进五　　炮6进1
14. 车七退一　　车8退3

黑车进而复退，已造成亏损。

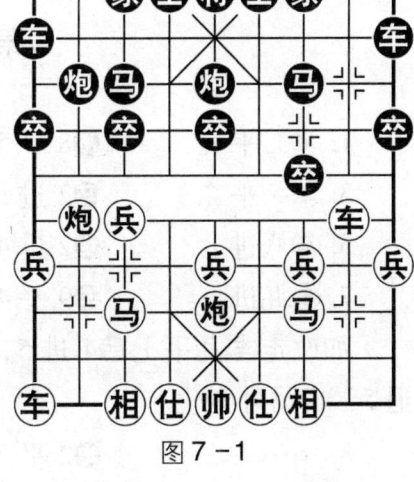

图7-1

15. 炮六平七　　炮6退1   16. 炮八进二　　车8进2
17. 车七平六　　卒9进1   18. 马六进七　　车8平6
19. 马七退六　　马7进6   20. 马六进四　　车6退1
21. 炮七进五　　炮6平3   22. 车六进五　　车6进3
23. 马三退一　　（图7-2）

如图7-2形势，红方已经取得兵种上的优势，黑方防卫艰难。

23. ……　　车6退3

黑方如车6平8，红方仕六进五，并无捉死马之着，红仍优势。

24. 马一进二　　车6平5
25. 马二进一　　车5进2
26. 马一进三　　车5平1
27. 兵一进一　　车1平7
28. 炮八平五　　车7平5
29. 仕六进五　　炮3退1   30. 炮五退一　　炮3平1
31. 车六进二　　炮1进1   32. 帅五平六

红胜。

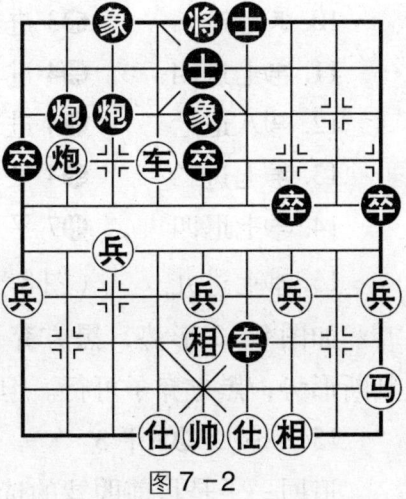

图7-2

第八局

1. 炮二平五　　炮8平5　　2. 马二进三　　马8进7
3. 车一平二　　马2进3　　4. 兵七进一　　卒7进1
5. 马八进七　　炮2进4　　6. 马七进八　　车9进1
7. 车九进一　　车9平4　　8. 仕四进五

如改走车九平七车4进5，炮八平九炮2进3，仕四进五车4退5，成另外变化。

8.……　　　　炮2平7　9. 车九平七　卒7进1（图8-1）

如图8-1形势，黑方此时常见着法有象3进1、炮5退1两种应法。现黑方不顾红方兵七进一渡河，强行7卒过河，这一次序显示了黑方强烈的对攻愿望。

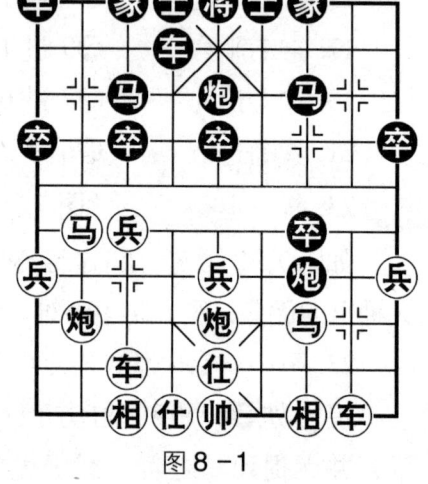

图8-1

10. 兵七进一　　卒3进1
11. 车七进四　　车4进4
12. 马八退七　　车4进1
13. 车七进二　　车4平3
14. 车七退四　　炮7平3
15. 相七进九　　（图8-2）

如图8-2形势，黑方弃子后有7路卒直接威胁红马，粗略判断形势，黑方弃子可行。但以下黑方如何进行反击呢？

15.……　　炮5平3

追回一子是目前明智的选择。如改走车1平2，兵五进一马7进6，车二进五（很重要!）马6进4，车二退二车2进6，车二平六，红优。

16. 兵五进一　　后炮进5

17. 车二进三　　　后炮平7
18. 马三进五　　　炮3退1
19. 兵五进一　　　车1平2
20. 炮八平七　　　士4进5
21. 车二退一

退车经研究实是改进之着。如改走车二进三炮3退3，车二进一象3进5，马五进三车2进6，黑方足可周旋。

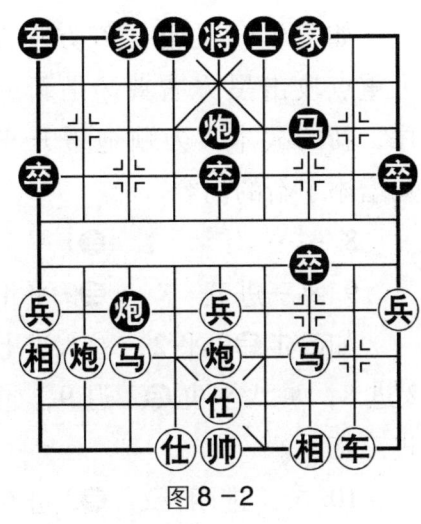

图8-2

21. ……　　　　卒5进1
22. 马五进三　　　象3进5
23. 车二进四　　　马7进6　　24. 车二平四　　　炮3退2
25. 马三进五　　　炮7平5　　26. 帅五平四　　　车2平4
27. 马五退七　　　车4进4　　28. 炮七进三　　　车4平3
29. 马七进五　　　马6进8

误算！应走马6进7，车四退三接下来变化是马7进8，帅四进一炮5退1，车四平二将5平4，车二退二炮5平2，车二进四炮2退1，和势。

30. 帅四进一　　　车3平4　　31. 马五退三　　　车4进2
32. 车四平九　　　马8进7　　33. 马三进二

红胜势。

第九局

1. 炮二平五　　　炮8平5　　2. 马二进三　　　马8进7
3. 车一平二　　　马2进3　　4. 马八进七　　　卒7进1
5. 兵七进一　　　炮2进4　　6. 马七进六　　　炮2平7
7. 车九平八　　　车9进1　　8. 炮五平七（图9-1）

如图 9-1 形势，红方炮五平七重点攻击黑方右翼，是新的次序，新的战术，为顺炮缓开车布局增添了新的内容。

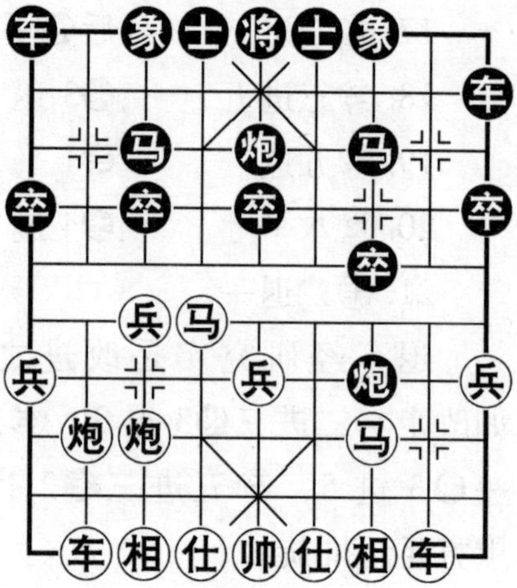

8.……　　　　　车1平2
9. 相三进五　　　车9平4

如改走车9平2，炮八进七车2进8，炮八平九车2退9，车二进三红优。

10. 车二进四　　　车2进6
12. 仕四进五　　　马3退1

退马避开红方威胁，实战效果不佳。此着可考虑走炮7退1，马六进七车2平3，炮七平六车4进2，黑方应付自如。

12. 炮七平六　　　车4平6　　　13. 车二退一　　　卒7进1
14. 相五进三　　　车6进4　　　15. 马六退五　　　车6平7
16. 车二平三　　　车7进1　　　17. 马五进三　　　炮5平2
18. 炮六平四　　　炮2进5　　　19. 前马退五　　　炮2进1
20. 炮四退一　　　炮2退1　　　21. 车八进一　　　车2退3
22. 马三进四　　　炮2退3　　　23. 马四进六（图 9-2）

如图 9-2 形势，黑方虽努力得回一子，但也付出了沉重的代价，形势发展前景仍不乐观。

23.……　　　　卒3进1

弃卒形成劣势残局是无奈的选择。如改走车2退1，马五进七，红方优势仍大。

24. 兵七进一　　　炮2平4　　　25. 兵七平六　　　车2进5
26. 炮四平八　　　马1进2　　　27. 马五进七　　　马7进6
28. 兵五进一　　　象7进5　　　29. 炮八平九　　　马2进3
30. 炮九进五　　　马3进1　　　31. 炮九平一　　　士6进5

图 9-1

32. 炮一平四	马6进7	
33. 兵六进一	马7退8	
34. 兵六平五	马8进9	
35. 马七进六	马9退8	
36. 炮四退三	马1退3	
37. 相七进五	马3退1	
38. 马六进八	马1退2	
39. 炮四平八	马2退1	
40. 后兵进一		

以下已是红方必胜之势。下略。

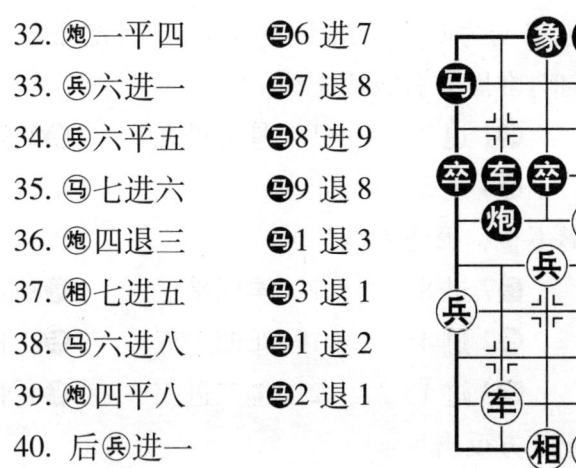

图 9-2

第十局

1. 炮二平五	炮8平5	2. 马二进三	马8进7
3. 车一平二	卒7进1	4. 马八进七	马2进3
5. 兵七进一	炮2进4	6. 马七进八	车9进1
7. 车九进一	车9平4	8. 车九平七	车4进6
9. 炮八平九	车4退5（图10-1）		

红方布局至第8回合，常见的着法是仕四进五，现改走车九平七，意在求变。如图10-1形势，黑方车4退5，这是攻守兼备的好次序。

10. 车七进二	炮2进3
11. 马八退七	炮2平1
12. 车二进一	车1平2

这几个回合红方子力回防，

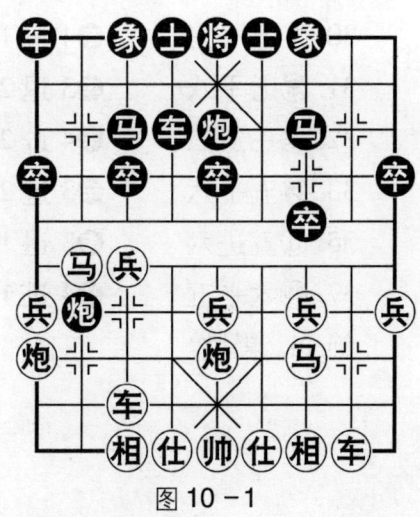

图 10-1

有违初衷，形势从进攻变为防守。第 10 回合红方宜先补仕四进五，仍然将作战方向对准黑方右翼或中线。

13. 车二平九　炮1 退 2　　14. 相七进九　车2 进 4
15. 车九平四　车4 进 2

至此，红方棋形不整，形势不佳！

16. 车四进五　马7 进 8　　17. 车四平三　马8 进 7
18. 相九退七　车2 进 4　　19. 仕四进五　车2 平 3
20. 炮五平四　车3 进 1　　21. 车三进三　车4 平 6

攻中有守，防止红方反击！

22. 车三退三　士6 进 5　　23. 车三进三　士5 退 6
24. 车三退三　卒5 进 1（图 10－2）

如图 10－2 形势，黑方于右马不顾，进攻红方软肋，算度精确。

25. 车三平七　卒5 进 1
26. 车七进一　卒5 平 4
27. 炮四平六　士6 进 5
28. 前车退二　车6 进 3
29. 马三退四　车6 平 4
30. 车七平三　卒4 进 1
31. 车七平八　车3 退 2
32. 车三退二　车4 进 2
33. 帅五平六　车3 进 2　　34. 帅六进一　炮5 平 4
35. 仕五进六　车3 退 1　　36. 帅六退一　卒4 进 1
37. 帅六平五　卒4 进 1

绝杀，黑胜。

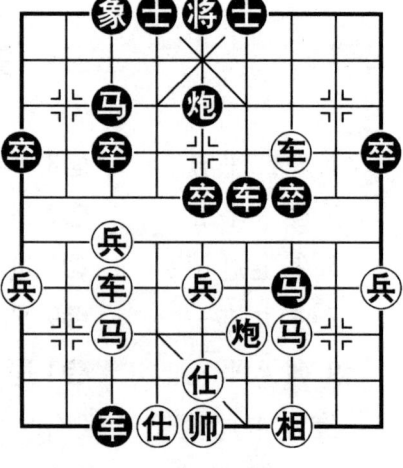

图 10－2

第十一局

1. 炮二平五	炮8平5	2. 马二进三	马8进7
3. 车一平二	卒7进1	4. 兵七进一	炮2进4
5. 马八进七	马2进3	6. 马七进八	车9进1
7. 车九进一	车9平4	8. 车九平七	车4进6
9. 炮八退二	马3退5（图11-1）		

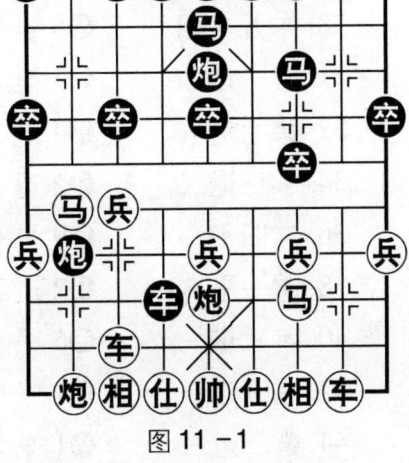

图11-1

如图11-1形势，是顺炮缓开车的一则变例。当第7回合黑方车9平4后，红方常见的着法是仕四进五，现改走车九平七，旨在先发制人，于是引出新的变化！

第九回合黑方马3退5既避开了对方的威胁，又兼顾到右翼的弱点，这是极好的次序。

| 10. 仕四进五 | 车4退3 |
| 11. 兵七进一 | |

红方这时另有选择是：①马八进七炮5平3；②车七进二炮2进1，这两种变化都较乏味。于是采取兵七进一强攻，但风险甚大！

11. ……	车4平3	12. 车七进四	卒3进1
13. 马八进六	炮5平3	14. 相七进九	车1进2
15. 兵五进一	炮2退2		
16. 马六退四	炮2平1（图11-2）		

红方退马捉中卒意在攻击黑方软肋，但被黑方炮2平1，形成如图11-2打边相的有效反击，红方计划化为泡影。

| 17. 马四进五 | 马7进5 | 18. 炮五进四 | 马5进7 |
| 19. 炮五退一 | 车1平2 | 20. 炮五平九 | 卒1进1 |

21. 炮八平七	炮3进7		
22. 相九退七	车2进4		
23. 车二进七	马7退5！		
24. 车二平四	马5进4		
25. 车四退五	车2平7		
26. 兵五进一	卒3进1		
27. 车四平五	马4进2		
28. 兵五平四	象7进5		
29. 兵四平三	马2进4		
30. 车五平四	象5进7		
31. 兵一进一	卒3进1		
32. 相七进五	马4进2	33. 帅五平四	士4进5
34. 马三退二	马2退3	35. 车四进四	车7平9
36. 车四平一	车9平6	37. 帅四平五	马3进2
38. 车一平六	马2进3	39. 车六退五	卒3进1
40. 相三进一	车6平4	41. 仕五进六	车4平1
42. 相五进三	车1平6	43. 仕六进五	卒1进1
44. 马二进三	卒1平2	45. 马三退四	车6进2

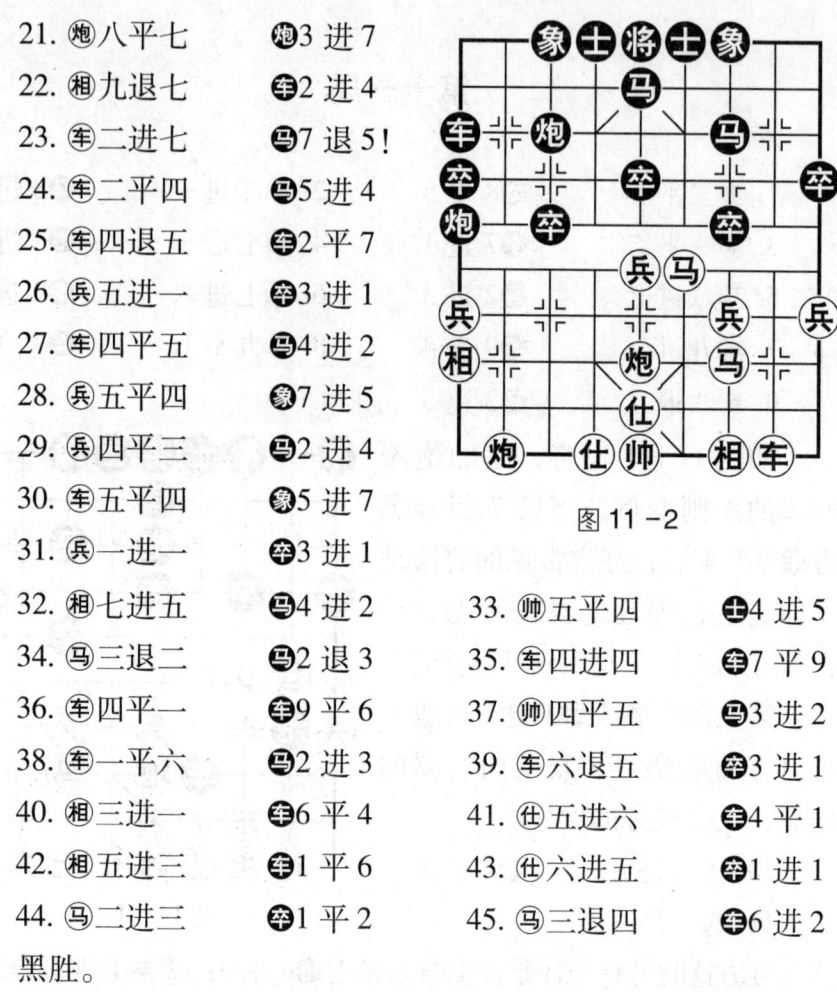

图 11-2

黑胜。

第十二局

1. 炮二平五	炮8平5	2. 马二进三	马8进7
3. 车一平二	卒7进1	4. 马八进七	马2进3
5. 车九进一	炮2平1	6. 车九平六	车1平2
7. 兵七进一	车2进6	8. 炮八退一（图12-1）	

从第五回合起，形成了新型的顺炮缓开车变例，为这种布局提供了新的发展内容。其优劣还需通过大量实战给以证实。黑方

第7回合反击过急，效果不理想，可否考虑走车2进4，以静观形势发展。

8. ……　　　　　车9进1
9. 炮八平七　　　车2进2
10. 车二进一

红方联车强行突破意向明显！

10. ……　　　　马3退2
11. 车六进三　　　车9平6
12. 兵三进一　　　车6进3
13. 炮七平三　　　象7进9
14. 兵三进一　　　象9进7
15. 仕四进五　　　车2退4
16. 炮五平四　　　象7退9
17. 马三进四　　　车6平7
18. 炮四平三　　　车7平6
19. 车二进七　　　士6进5
20. 相三进五（图12-2）

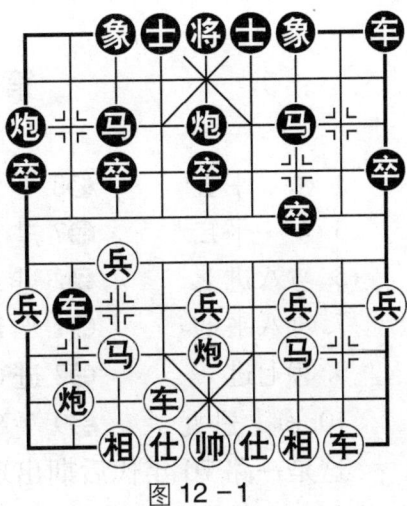
图12-1

这几个回合红方有效地发挥了子力的优势对黑方进行连续性打击，从而确立了绝对优势。

20. ……　　　　车6退4
21. 马四进三　　　象9进7
22. 车六平三　　　车6平8
23. 车二进一　　　马7退8
24. 前炮进三　　　马8进9
25. 马三进二　　　卒9进1
26. 前炮进四　　　炮1退1
27. 马二退三　　　马9进7
28. 车三进二　　　车2平8
29. 前炮平一　　　车8退3
30. 车三平五　　　炮1进1
31. 炮三退一，红方大优。

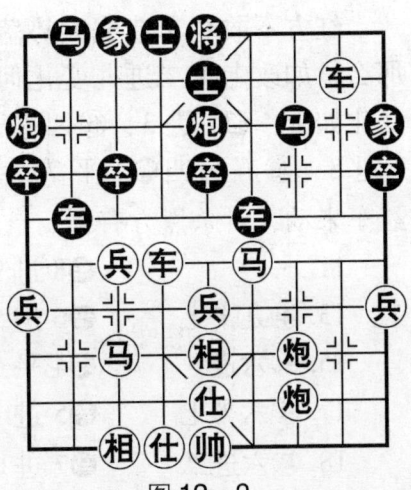
图12-2

第十三局

1. 炮二平五　炮8平5
2. 马二进三　马8进7
3. 车一平二　卒7进1
4. 兵七进一　炮2进4
5. 马八进七　马2进3
6. 马七进六　炮2平7
7. 炮八平七　车1平2
8. 马六进七　炮5平4
9. 兵七进一　车2进6
10. 相七进九　车9平8（图13-1）

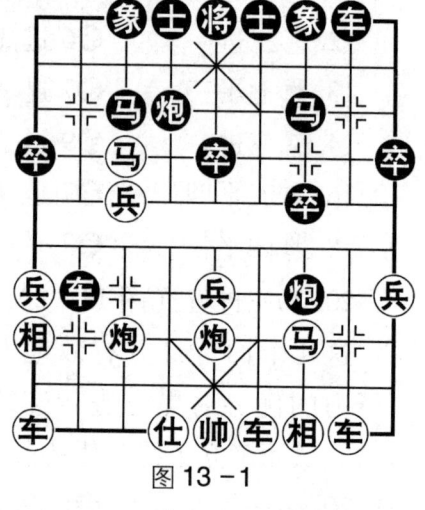

图13-1

这是一路70年代后期出现的顺炮缓开车变例。如图13-1形势，黑方不惜放弃中卒给对方打空头炮换来进攻机会。这是创新而有效的着法。以后实战效果也证明了这点。

11. 兵七平六

红方不敢兑车造成大势落后。那么，如改走车二进九变化何呢？变化如下：炮7进3，仕四进五马7退8，炮五进四车4平7，由于红车未动，对杀黑方有利。

11. ……　　　车8进9
12. 马三退二　马3退1
13. 车九平七　士6进5
14. 仕六进五　车2平5
15. 兵六进一　炮4平6
16. 马七退六　卒5进1
17. 兵六平七　卒5进1
18. 马六进八　马7进6（图13-2）

如图13-2形势，红方所有子力难以对黑方构成威胁，而自己右翼及中线都存在难以消除的弱点，劣势难以逆转。

19. 炮七进三　卒5平4　20. 炮七平三　象7进5
21. 炮三退一　炮6平7　22. 炮五平六　车5退1

23. 炮三进二　　前炮退2
24. 马八进六　　马6退4
25. 炮六进四　　车5退2
26. 炮六平九　　炮7平3
27. 相三进五　　车5平7

红方失子，黑胜。下略。

本局红方第7回合炮八平七值得研究。从现有的实战资料看，这步棋红方如走车九平八，黑方有两个选择：①车1平2，炮八进四车9进1，马六进五车2进3，车八进六马7进5，这路变化双方都能接受。②车9进1，炮八平七车9平4，马六进七车4进2，相三进一车1平2，车八进九马3退2，车二进四炮5平3，仕四进五士4进5，大体均势。

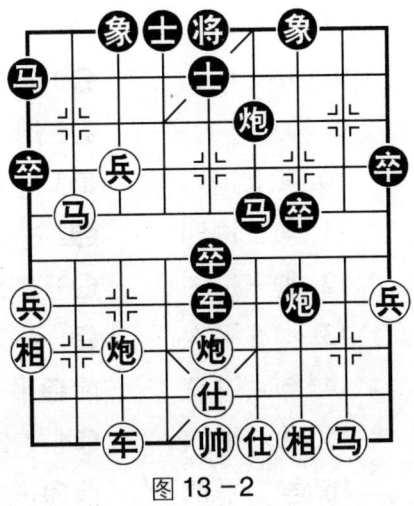

图13-2

第十四局

1. 炮二平五　　炮8平5
2. 马二进三　　马8进7
3. 车一平二　　卒7进1
4. 马八进七　　马2进3
5. 兵七进一　　炮2进4
6. 马七进八　　炮2平7
7. 仕四进五　　车9进1
8. 炮八平七（图14-1）

如图14-1形势，是顺炮缓开车的一路变化。第6回合黑方炮2平7的着法在近年的比赛中较少采用。以下大体变化是车九进一车9平8，车二进九炮7进3，仕四进五马7退8，车九平六炮5平9，车六进三马8进7，黑方得一相，红方子力位置好，各得其所。

现在的情况是第7回合，红方采取的是仕四进五先进行巩固的着法，以后左炮直指黑方右翼，这个次序之变形成新的战斗格局。

9.……	车9平2
9.马八进七	炮5退1
10.马七退六	马3进4
11.车二进四	车2进3
12.相三进一	象3进5
13.炮五平六	车1平2
14.炮六进三	前车平4
15.炮七平六	车4平2
16.车二平四	前车进5
17.车九平八	车2进9（如图14-2）

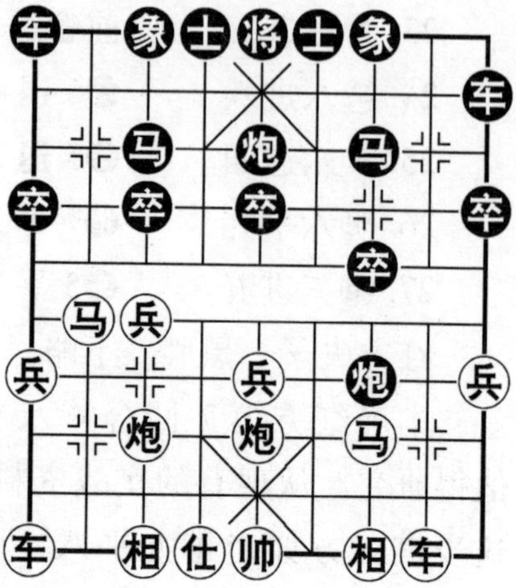

图14-1

16回合时双方形势应是相持之势。如图14-2形势，黑方冷不防车直奔红方底线，形势出现惊人变化。

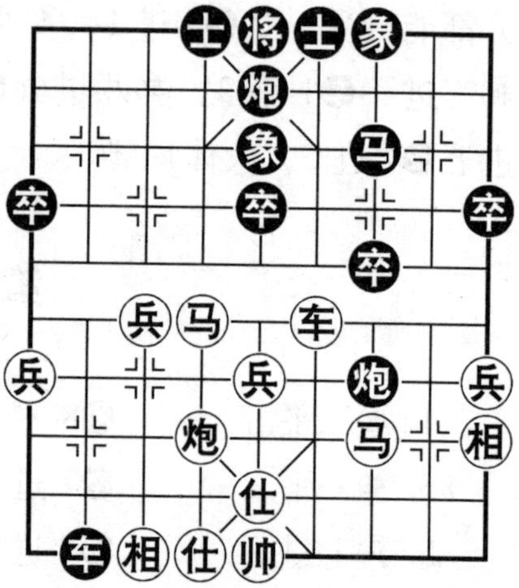

19.相七进九

飞相求稳，如车四退一车2平3，车四平三车3退4，马六退五炮5平2，帅五平四车3平6，仕五进四车2进8，仕六进五车6平3，红方仍有可能丢子。

图14-2

18.……	炮7平1		
19.车四进三	车2退2	20.车四平三	炮5平2
21.马六进七	炮2进1	22.车三进一	士4进5
23.车三平四	车2平1	24.帅五平四	炮2进7
25.帅四进一	炮2退1	26.帅四进一	车1平3
27.相一退三	炮1进1	28.相三进五	车3退1
29.马七进五	车3平5	30.马三退四	

黑方弃子后算度精确，不让红方有丝毫喘息机会，足见功力非凡。

30. ……	车5平8	31. 马五进七	将5平4
32. 马七退六	将4平5	33. 马六进七	将5平4
34. 马四进六	车8进1	35. 帅四退一	车8进1
36. 帅四进一	车8退1	37. 帅四退一	车8平5
38. 马七退五	将4平5	39. 马五进七	将5平4
40. 马七退五	将4平5	41. 马五进七	将5平4
42. 帅四退一	车5平8	43. 马七退六	将4平5
44. 帅四平五	炮2平3	45. 仕五进四	炮1进2
46. 仕六进五	炮3进1	47. 马六退八	车8进2
48. 仕五退四	炮3平6		

黑胜。

第十五局

1. 炮二平五	炮8平5	2. 马二进三	马8进7
3. 车一平二	卒7进1	4. 马八进七	马2进3
5. 兵七进一	车9进1	6. 车二进四	车9平4
7. 兵三进一	卒7进1	8. 车二平三	炮5退1
9. 马七进六	车4进3（图15-1）		
10. 炮八平六	车4平2		
11. 车九进二	车1平2	12. 车九平七	炮5平7
13. 车三平四	炮7平3	14. 四进二	车2平7
15. 马三进四	卒3进1	16. 马六进五	马3进5
17. 马四进五	象3进5	18. 车七平八	卒3进1
19. 车八进四			

弃相必然，缩小黑方反击力度。

19. ……	炮3进8	20. 仕六进五	士4进5
21. 炮六平八	马7进5	22. 炮五进四	车7平4

23. 炮八进五	炮3平1

24. 仕五进六

弃仕利于红帅活动，也便于攻防。

24. ……	将5平4
25. 炮五平六	将4平5
26. 仕四进五	炮1平7
27. 炮六平五	炮7退7
28. 帅五平四	将5平4
29. 炮五进二	

图 15－1

打士，机灵之着，加快了作战进程！

29. ……	车2进2	30. 车四进三	将4进1
31. 车八平九	车2平1	32. 车九平四	象5进3
33. 炮五平一			

红胜。

第二节　顺炮直车对右横车

第一局

1. 炮二平五	炮8平5	2. 马二进三	马8进7
3. 车一平二	卒7进1	4. 马八进七	马2进3
5. 兵七进一	车1进1	6. 炮八进二	车1平4

黑方右横车是90年代兴起的着法，其效果好坏还有待更多实战给予证实。

7. 兵三进一	车4进3	8. 马三进四	车4进3
9. 车九进二	卒7进1	10. 仕四进五	车4进1

11. 马四进三	卒7进1	12. 马七进六	车9进1
13. 马六进四	车9平4	14. 兵七进一	卒3进1
15. 炮八平三	车4退4	16. 车九平六（图1-1）	

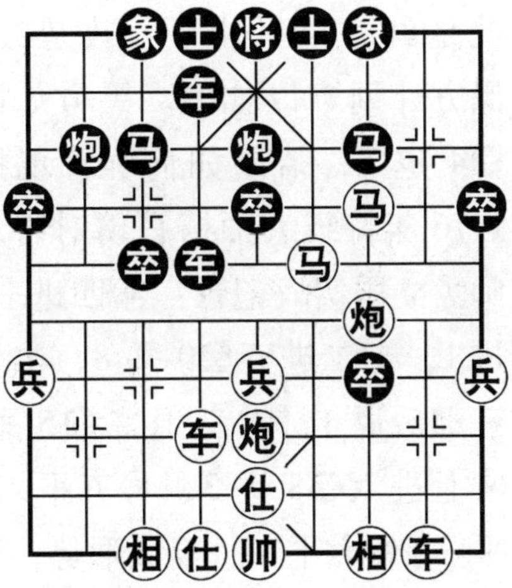

如图1形势，红方不随意吃马，而平车邀兑，消除了隐患，算度精确。如改走炮三进三前车平6，炮三平七炮5进4，黑方少子有攻势。

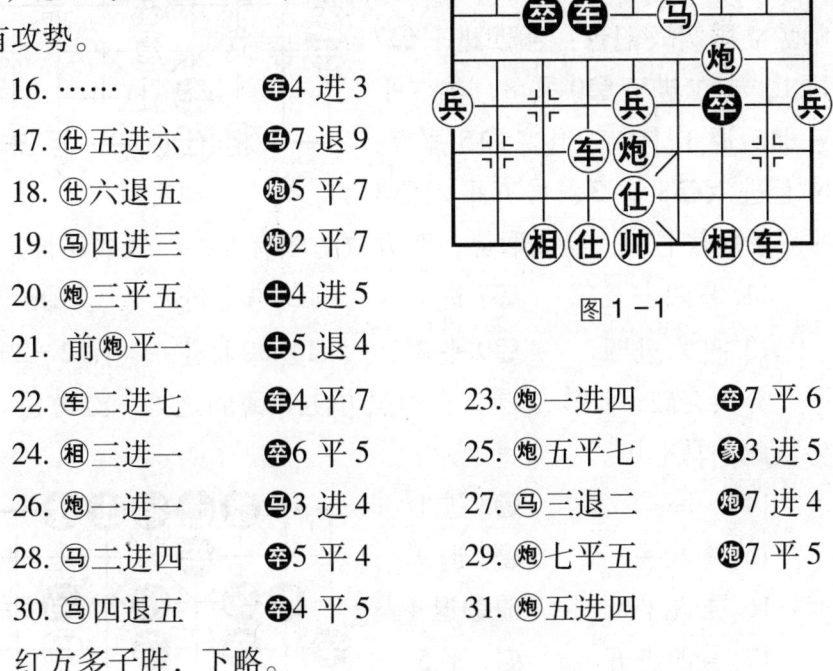

图1-1

16. ……	车4进3		
17. 仕五进六	马7退9		
18. 仕六退五	炮5平7		
19. 马四进三	炮2平7		
20. 炮三平五	士4进5		
21. 前炮平一	士5退4		
22. 车二进七	车4平7	23. 炮一进四	卒7平6
24. 相三进一	卒6平5	25. 炮五平七	象3进5
26. 炮一进一	马3进4	27. 马三退二	炮7进4
28. 马二进四	卒5平4	29. 炮七平五	炮7平5
30. 马四退五	卒4平5	31. 炮五进四	

红方多子胜，下略。

第二局

1. 炮二平五	炮8平5	2. 马二进三	马8进7
3. 车一平二	卒7进1	4. 马八进七	马2进3
5. 兵七进一	车1进1	6. 炮八进二	车1平4
7. 兵三进一	车4进3	9. 马三进四	车4进3
9. 车九进二	卒7进1		

10. 仕四进五　车4进1（图2-1）

如图2-1形势，黑方进车目的是配合左车进行反击。实际情况是红方双马出动，攻势凌厉，黑方计划难以如愿。黑方如改走车4退6，结果如何呢？现摘录1976年特级大师杨官璘对特级大师孟立国实战记录：马四进三 卒7进1，车二进五 车9平8，车二平三 炮5退1，车三退二 炮5平7，马七进六 车8进3，炮五平六 车4

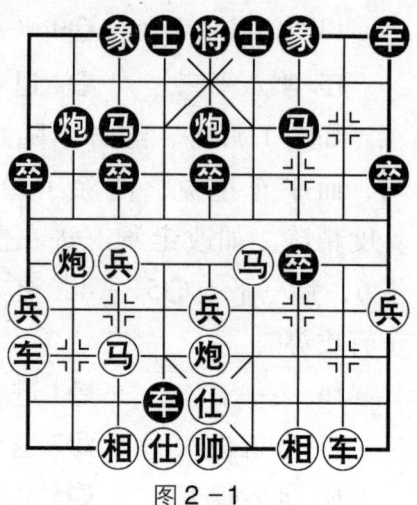

图2-1

平6，炮六平三，至此形势，双方攻防颇有弹性，战线还长。

11. 马四进三　　卒7进1　　12. 马七进六　　车9进1
13. 马六进四　　车9平4　　14. 兵七进一（图2-2）

弃兵突破，把作战矛头直指黑方防守薄弱之处。红方进攻形势从此一马平川。

14. ……　　　　卒3进1
15. 炮八平三　　马7退9
16. 车九平八　　前车退4
17. 马四进五　　炮2平5
18. 马三进五　　象7进5
19. 车八进五　　后车平3
20. 炮五平七　　车3平7
21. 相三进五　　马3退5
22. 车八进一

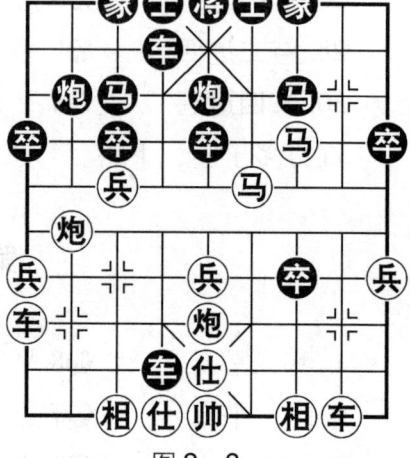

图2-2

红方双马换取黑方双炮后，取得兵种上优势，关键是黑方双车双马位置较差。

22. ……　　　　车7进3　　23. 车八平六　　象3进1

24. 炮三平八　马5进7　　25. 炮八进五　士4进5
26. 车六平七　卒3进1　　27. 炮八平九　车7平8
28. 车二平四　车4退2　　29. 车七退四　车8平2
30. 车四进六　象1进3　　31. 车四平三　车4平1
32. 车七平二　车1退2　　33. 车二进四　车2进2
34. 车三进一　车2平5　　35. 车二平一　车1平4
36. 车一退二　车4进4　　37. 兵一进一　卒5进1
38. 车一平五　卒5进1　　39. 车三退三　车4进1
40. 炮七进二　卒5平6　　41. 车五退三　卒6平7
42. 兵一进一　车4平6　　43. 车五进三　前卒平6
44. 车五平九　卒7进1　　45. 车九退一　车6平9
46. 兵一平二　车9平8　　47. 兵二平三　车8进4
48. 仕五退四　卒6进1　　49. 仕六进五　卒6进1
50. 炮七平五

红胜，下略。

第三节　顺炮直车对横车

第一局

1. 炮二平五　炮8平5　　2. 马二进三　马8进7
3. 车一平二　车9进1　　4. 马八进七　车9平4
5. 兵三进一　卒3进1　　6. 车二进五　炮5退1
7. 车二平七　车4进1　　8. 马三进四　马2进3
9. 炮八进四　象3进5（图1－1）

如图1形势，黑方常见着法是炮5平3，炮八平七象3进5，车七退一炮3进2，车九平八炮2退2，车七进二炮2平3，车七平八马3进4，马四进六车4进2，车八平七，红方稍优。

此时，黑方调整次序，目的是集中子力，从红方右翼发起反击。

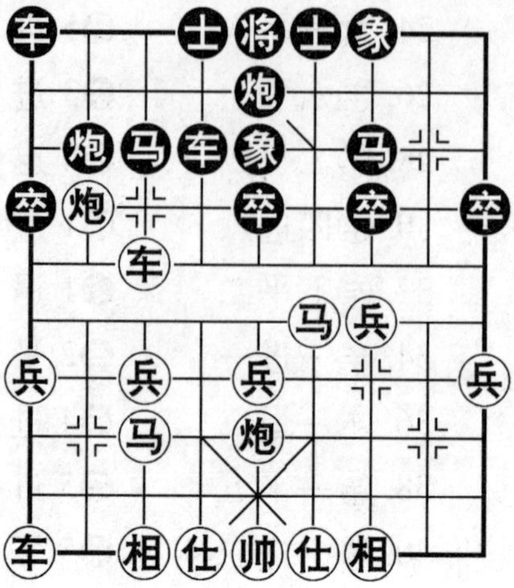

10. 炮八平三　　　炮5平7
11. 车七退一　　　炮7平3

如改走炮7进2，马四进三马3进2，炮五平四，红多兵占优。

12. 车七平八　　　车1进2
13. 炮五平三　　　炮3平2
14. 车八平七　　　马3进2
15. 车七进四　　　马2进4
16. 车七平八　　　马4进3　　17. 仕四进五　　　马3退5
18. 车九平八　　　炮2平3　　19. 相七进五　　　士6进5
20. 后炮退一

图 1-1

黑方反击计划未能如愿，红方取得多兵优势。

20. ……　　　　马5退4　　21. 前炮平二　　　象5进7
22. 马四进六　　　车4进2　　23. 后车进五　　　车4进2
24. 兵三进一　　　象7进5　　25. 炮三进三　　　马7退9
26. 炮三平九

红胜。

第二局

1. 炮二平五　　　炮8平5　　2. 马二进三　　　马8进7
3. 车一平二　　　车9进1　　4. 马八进七　　　卒3进1
5. 车二进四　　　车9平3（图2-1）

如图 2-1 形势，黑方第 3、5 回合的目的显然是打乱红方的布局步调，给红方造成选择上的难点。但是黑方子力偏于一隅，在子力的展开上也存在着弱点。

6. 炮八平九	炮2平3
7. 车九平八	炮3进4
8. 炮五平四	马2进3
9. 相七进五	

红方引而不发，等待机会，着法老练！

9. ……	车1进1
10. 车二平三	车3平2
11. 车八进八	车1平2
12. 车三进二	车2平6
13. 仕六进五	车6进1
14. 兵三进一	炮5退1
15. 兵三进一	炮5平7
16. 马三进四（图2-2）	

如图2-2形势，红方抓住黑方子力松散弱点进行有效打击。

| 16. …… | 车6进3 |

如不交换，改走车6平4，车三平四炮7进3，车四平三，黑方形势仍较困难。

17. 车三进一	炮7平2
18. 车三进二	卒3进1
19. 兵三平二	象3进5
20. 车三退二	将5进1
21. 炮九退二	炮7平4
22. 炮九平七	马3进4
23. 兵五进一	

挺中兵精妙！是打破黑方防线的必要手段！

| 23. …… | 卒3进1 | 24. 炮七进三 | 马4进3 |
| 25. 车三退四 | 炮2进5 | 26. 马七退九 | 车6平5 |

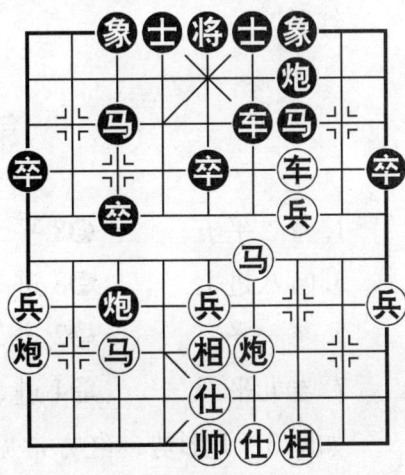

图2-2

27. 马九进八	炮4平5	28. 炮四平一	马3退4
29. 马八退九	马4进2	30. 马九退七	马2退4
31. 马七进八	车5平2	32. 马八退六	炮5退1
33. 炮一进四	车2进3	34. 车三进五	将5进1
35. 炮一进三	象5退7	36. 车三进一	将5进1
37. 车三退一	将5进1	38. 车三退四	马4进3
39. 炮一退五	卒5进1		

应走炮5退1尚可周旋，变化为马六进五车2进1，仕五退六马3进4，仕四进五马4退5，车三进二。

40. 炮一平五	马3退5	41. 车三进三	将5退1
42. 车三平六	马5进7	43. 兵二进一	卒5进1
44. 马六进七	车2进1	45. 仕五退六	卒5进1
46. 马七进六	卒5进1	47. 马六进四	将5退1
48. 车六进一			

红胜。

第三局

1. 炮二平五	炮8平5	2. 马二进三	车9进1
3. 马八进七	炮8进7	4. 兵三进一	车9平4
5. 车一平二	马2进3	6. 兵七进一	炮2平1
7. 车九平八	车4进5	8. 车二进六（图3-1）	

如图3-1形势，红方常见变化是马三进四车4平3，马四进六车3进1，马六进七炮1进4，炮八进七，形成复杂多变之势。此时，红方进车卒行线，是新的进攻次序，增添了顺炮布局变化的新内容。

8. ……	车4平3	9. 车二平三	马3退5

退马保持多变，如改走车3进1，车三进一车1平2，炮八进

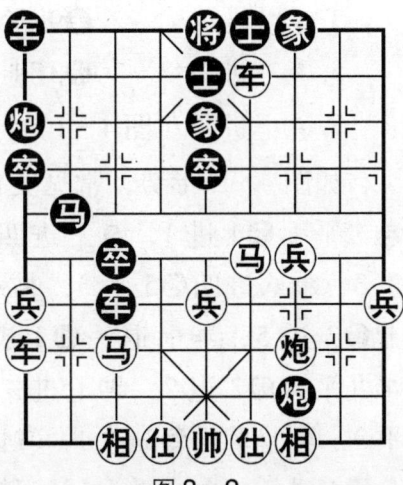

四卒3进1，兵七进一车3退3，车三退二，红优。

10. 炮八进四　　卒3进1
11. 车八进二　　卒3进1
12. 马三进四　　炮5平2
13. 车八平九　　卒5进3
14. 炮八退五　　士4进5
15. 炮五平三　　炮2进1
16. 车三退一　　象3进5
17. 车三进二　　马3进2
18. 车三进一　　炮2进5
19. 车三平四　　炮2平7（图3-2）

图3-1

如图3-2形势，双方都面临在复杂形势下的准确计算和判断。实战从结果看黑方炮2平7并不理想。如改走象7进9，变化如下：炮三进一炮1退1，车四退二马2进4，炮三平七炮2退5，炮七平六炮2平6，马七进六卒3平4，炮六退一，仍属红优。

20. 马四退五　　车3平2
21. 车九退一　　车1平4
22. 车九平三　　象7进9　　23. 车四退三　　卒3进1
24. 马七退九　　车2进3　　25. 兵五进一　　车4进6
26. 兵五进一　　马2进1　　27. 相七进九　　马1进3
28. 炮三平七　　卒3进1　　29. 马九进七　　车2退2
30. 车三平七　　炮1进5　　31. 兵五进一　　象9退7
32. 车四平五　　炮1平5　　33. 兵五进一　　象7进5

图3-2

第一章　顺炮类

31

34. 车五进二	车4退3	35. 兵三进一	车4平3

红方以兵换双象,并弃还一子,但黑方双车炮被锁住,红胜势已定。

36. 马五进六	车3进2	37. 马六进四	车3退1
38. 车五退五	卒1进1	39. 四进五	车3退2
40. 马五进三	将5平4	41. 马三退四	士5进4
42. 马四退六	车3进1		

以下马六退五得子,红胜。

第四局

1. 炮二平五	炮8平5	2. 马二进三	马8进7
3. 车一平二	车9进1	4. 马八进七	车9平4
5. 兵三进一	卒3进1	6. 车二进五	炮5退1
7. 兵七进一(图4-1)			

如图4-1形势,常见变化是车二平七车4进1,马三进四马2进3,炮八进四炮5平3,炮八平七象3进5,车七退一炮3进2,车九平八炮2退2,车七进二炮2平3,车七平八马3进4,马四进六车4进2,车八平七,红稍优。红方挺七兵旨在打乱对方战术,寻求新的变化。

图4-1

7. ……	卒7进1		
8. 车二退一	卒3进1		

双方各攻一翼,但从实战效果看,黑方并不理想。可考虑走卒7进1,车二平三象7进5,兵七进一炮5平7,车三平六车4平

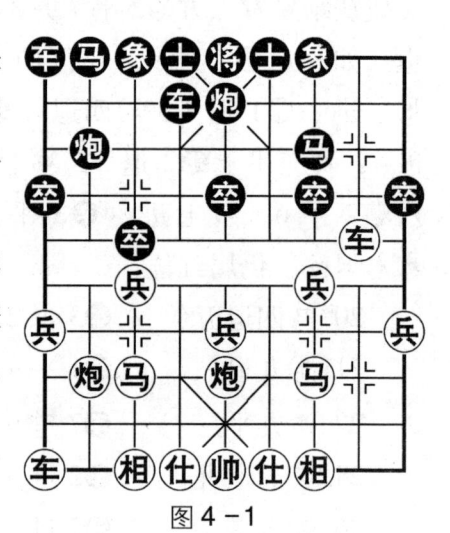

3，黑方可以周旋。

9. 兵三进一	卒3进1	10. 马七退八	马2进3
11. 兵三进一	马7退9	12. 仕四进五	车4进7
13. 车二平七	马3进4	14. 马三进四（图4-2）	

进马兑马至关重要，一举消除了黑方反击之势，而黑方的弱点则难以解决。

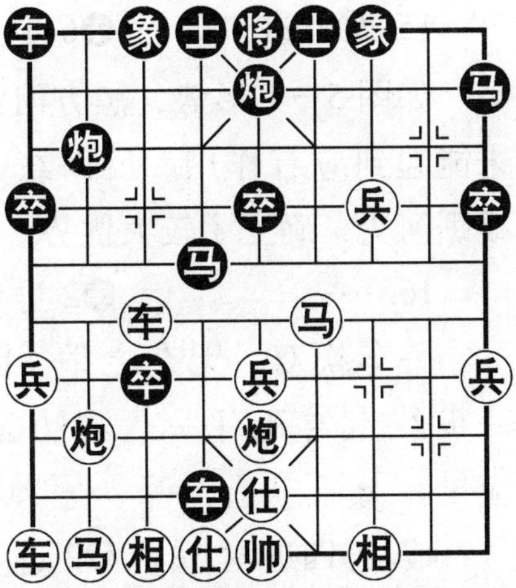

14. ……	马4进6
15. 车七平四	车4平2
16. 车九进二	车1进2
17. 炮五进四	炮5进5

如改走象3进5，帅五平四炮5进2，车四进五将5进1，炮八平二，仍是红优。

图4-2

18. 帅五平四	炮2平6	19. 炮八平四	车2退3
20. 车四进二	车2平5	21. 炮四进五	炮5退3
22. 炮四平五			

红胜。

第五局

1. 炮二平五	炮8平5	2. 马二进三	马8进7
3. 车一平二	车9进1	4. 马八进七	车9平4
5. 车二进四			

走巡河车是稳健的变化，避免形成"两头蛇对双横车"的熟套布局。

| 5. …… | 马2进3 | 6. 兵七进一 | 车4进5 |
| 7. 相七进九 | 炮2平1 | 8. 车二平六 | 车4平3 |

9. 車九平七　　車1平2　　10. 兵三进一　　車2进4

黑方走巡河车似太从容，应走車2进6较为有力。

11. 車六进二　　車7进1　　12. 車六平七　　馬3退5
13. 兵三进一　　車2平7　　14. 馬三进四　　車7平6
15. 炮八进二　　車6平2　　16. 仕六进五（图5-1）

如图5-1形势，黑方河沿车未能起到应有作用。反而红方马雄踞河头，确立了较大优势。

16. ……　　　車2进1

一车换双，无奈之举。因下一步红走車七平六，黑方甚难应付。

17. 馬四进六　　車2进1
18. 馬六退七　　車2平3
19. 后車平六　　炮5平2
20. 車六进二　　炮2进5　　21. 車六进六　　炮2平5
22. 相三进五　　馬5进6　　23. 車七进三　　士6进5
24. 車七退二　　馬6进8　　25. 車七平九　　車3进1
26. 相九退七　　車3退1　　27. 車九退一　　車3平5
28. 車六退四　　象7进5　　29. 兵一进一　　馬7进6
30. 車六平三　　馬8进7　　33. 兵九进一

红胜势。

图5-1

第六局

1. 馬八进七　　卒3进1　　2. 炮二平五　　炮8平5
3. 馬二进三　　馬8进7　　4. 車一平二　　車9进1
5. 車二进四　　車9平3　　6. 車二平六（图6-1）

第5回合黑方车9平3，针对性明确，不让红方顺利打开右翼。但其弱点是子力偏于一隅开展不易。

如图6-1形势，红方车二平六，以后兵三进一活跃右翼是正确的选择。

6.……　　　　　　卒7进1
7. 兵三进一　　　　卒7进1
8. 车六平三　　　　马2进3
9. 炮八平九　　　　炮5退1

如改走马3进2，红方兵九进一，从边线进攻，红方易走。

10. 车九平八　　　炮5平7　　11. 车三平四　　　车1进2
12. 马三进二　　　车3平4　　13. 马七退五　　　马3进4
14. 车四平六　　　车4进1　　15. 炮五平三（图6-2）

图6-1

如图6-2形势，红方兑炮有效打开了相持之势，优势得到扩大。

15.……　　　　　　炮7平2

弃象力求一搏，如炮7进6，马五进三马4退3，车八进四，仍是红优。

16. 炮三进七　　　士6进5
17. 车八平九　　　前炮进4
18. 炮九平六　　　后炮平4
19. 马五进三　　　炮2退2
20. 车六平八　　　马4进3
21. 炮六进六　　　车4退1
22. 相七进五　　　车1平2　　23. 仕四进五　　　车4进3

图6-2

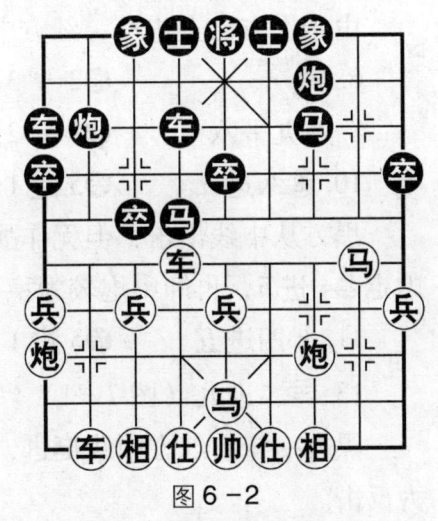

24. 车九平七	马3进4	25. 马三进四	车4平5
26. 马四进三	车5平8	27. 炮三平一	马4退5
28. 车八平五	炮2退1	29. 马三进一	炮2平3
30. 车七平九	卒5进1	31. 车五退一	车8进1
32. 马一进二	马7退6	33. 马二退四	马6进8
34. 车五平三	士5进6	35. 马四进二	马8退6
36. 马二退一	马6进8	37. 车三进五	象3进5
38. 马一进二	象5退7	39. 车三进一	将5进1
40. 车三平五	将5平4	41. 车五平六	将4平5
42. 车九进二			

红胜势。

第七局

1. 炮二平五	炮8平5	2. 马二进三	车9进1
3. 车一平二	马8进7	4. 马八进七	车9平4
5. 兵三进一	马2进1	6. 炮五平四	

由于黑方已上边马，红方中炮及时调整作战方向。

6. ……	炮2平3	7. 相七进五	卒3进1
8. 车九平八	车1平2	9. 炮八进四	车4进2
10. 炮八进二	卒5进1		

黑方从中线出击，但无作战子力配合，造成棋形不整。宜考虑走士4进5，再卸中炮较为稳妥。

11. 仕四进五	卒5进1	12. 兵五进一	马7进5
13. 车二进九（图7-1）			

黑方一味向红方中线挺进，但底线防务空虚，受到红方强有力反击。

13. ……	马5进4	14. 马三进四	马4进3

15. 车八进二

红方暂时不吃回一子，而集中炮力攻击黑方左翼，算度精确，着法精彩！

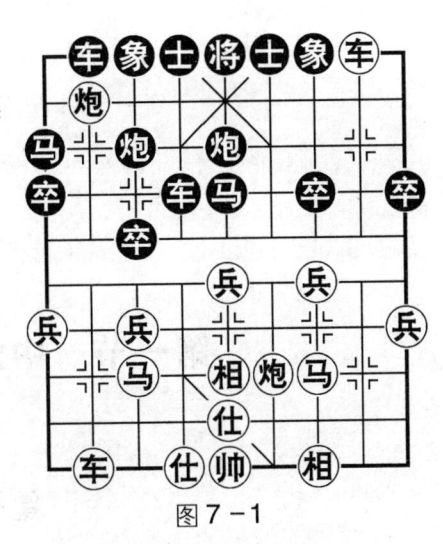

15. ……	士4进5
16. 车二平三	马3退5
17. 车三退三	车4平7
18. 马四进三	炮3进4
19. 车八进五	炮3平9
20. 炮四进三	炮9进3
21. 相三进一	马5进7
22. 马三进五	象3进5

如图7-2形势，红方车吃中象后，伏有炮四平三之着，黑方难以应付。至此，红方胜局已定。

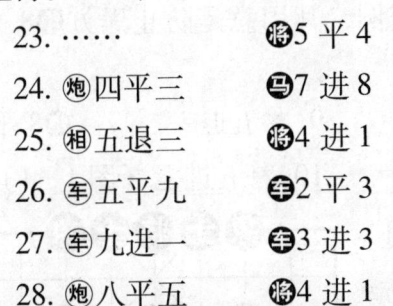

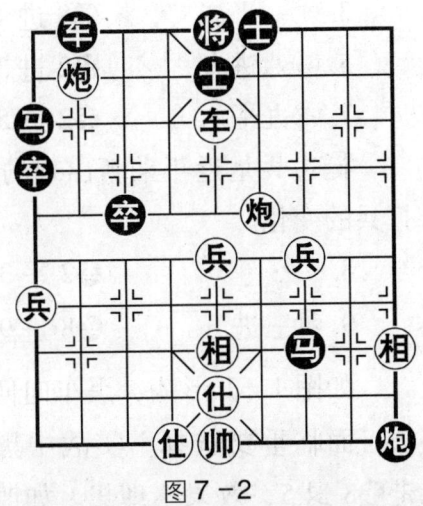

23. 车八平五（图7-2）

23. ……	将5平4
24. 炮四平三	马7进8
25. 相五退三	将4进1
26. 车五平九	车2平3
27. 车九进一	车3进3
28. 炮八平五	将4进1
29. 炮五平一	车3平8
30. 仕五退四	卒3进1
31. 兵五进一	卒3平4
32. 炮三进三	车8退2
33. 兵五进一	卒4平5
34. 车九退一	将4退1
35. 兵五进一	

红胜。

图7-1

图7-2

第二章　列炮类

第一节　中炮对半途列炮

第一局

1. 炮二平五　　马8进7　　2. 马二进三　　车9平8
3. 车一平二　　炮8进4　　4. 兵三进一　　炮2平5
5. 马八进九　　马2进3　　6. 兵七进一　　车1平2
7. 车九平八　　车2进5　　8. 兵九进一

挺边兵是近年来新出现的变例，其用意是防止黑方炮8平1打兵的变化。

8. ……　　　　车2平3　　9. 炮五退一　　炮8平7
9. 相三进五　　车8进9　　10. 相五进七（图1-1）

如图1-1形势，黑车向何处去，面临重要选择。实战中黑方走车8退5，效果不理想。如改走车8平7将如何呢？试演如下：相七进五车7退1，炮五平八车8平4，以后黑方有车5进1，向红方中路进攻，形势不错。

11. ……　　　　车8退5
12. 炮八平七　　卒3进1

图1-1

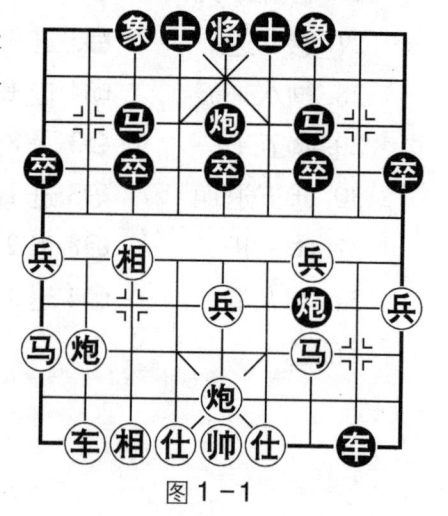

13. 相七退五	马7退5	14. 兵五进一

可考虑走车八进八更为有力！

14. ……	卒7进1	15. 兵三进一	车8平7
16. 车八进三	卒3进1	17. 相五进七	炮5进3
18. 相七退五	炮5进3	19. 仕四进五	象9进5
20. 马九进八	卒9进1		

挺边卒缓着，应改走马3进2或车7平2均可。

21. 车八平六	车7平2	22. 车六进五	象3进1
23. 车六退四	炮7退5	24. 马三进五	炮5退7
25. 车六平七	马3退1	26. 炮七平八	车2平5

27. 马八进七（图1-2）

由于黑方一直不愿简化局势，导致在互缠中失误处于下风。如图1-2红方弃子，一举取胜。

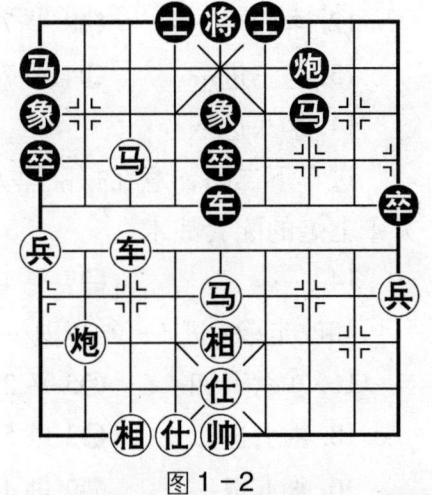

27. ……	车5进2
28. 马七进五	炮7平6
29. 炮八进六	车5平4
30. 车七平四	炮7退8
31. 车四进四	马8进6
32. 马五进七	车4退5
33. 炮八平六	

图1-2

至此，无论黑马1进3或马1退3，红炮六退二将5进1，炮六平八，黑必失马，红胜。

第二局

1. 炮二平五	马8进7	2. 马二进三	车9平8
3. 兵三进一	炮8平9	4. 马八进七	炮2平5

5. 车九平八	马2进3	6. 兵七进一	车1进1
7. 车一进一	车8进4	8. 车一平四	卒7进1
9. 车四进三	车1平4	10. 马七进六	车4进3

11. 炮八平七（图2-1）

如图2-1形势，红方常见走法是炮五平六卒7进1，车四平三车4平7，车三进一车8平7，相七进五炮5平6，炮八平七象7进5，形成大体均势。现改为炮八平七，效果颇佳。

11. ……	卒7进1
12. 车四平三	车8平7
13. 车三进一	车4平7
14. 车八进八	

图2-1

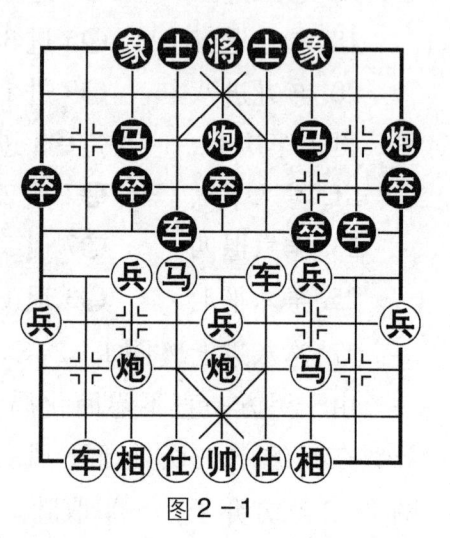

进车下二路，意在打乱黑方防守部署，十分凶悍。这也是红方平七炮的配套战术。

| 14. …… | 车7平4 | 15. 车八平三 | 马3退5 |

如改走车4进1，车三退一，黑方右翼底象留有弱点。

16. 马六退四	炮5平2	17. 炮七进四	炮2退1
18. 炮七进二	象3进5	19. 马四进二	车4平8
20. 炮五退一	炮9进4	21. 炮五平六（图2-2）	

这几个回合红方紧盯黑方双马的弱点，攻击手段强劲有力！如图2-2形势，红方平炮做杀，以下还有连续打击着法。

21. ……	象5退3	22. 炮六平三	炮9平7
23. 炮三进二	车8进1	24. 车三退一	车8平3
25. 炮三进六	马5退7	26. 炮七平二	马7进9
27. 相三进五	车3退1	28. 马三进一	车3平6
29. 车三退一	车6退3	30. 炮二退四	士6进5

31. 车三平五	卒9进1		
32. 炮二平五	将5平6		
33. 仕四进五	卒9进1		
34. 马一进三	车6进4		
35. 车五平九	卒9平8		
36. 马三进四	车6退1		
37. 车九平八	炮2平1		
38. 炮五平八	卒8进1		
39. 炮八退一	卒8进1		
40. 炮八退一	卒8进1		
41. 炮八退一	卒8进1		
42. 车八平七	炮1进1		
43. 炮八平七	象3进5	44. 车七平六	马9进8
45. 马四退六	马8进9	46. 车六进三	士5退4
47. 马六进五	士4进5	48. 马五退四	

图2-2

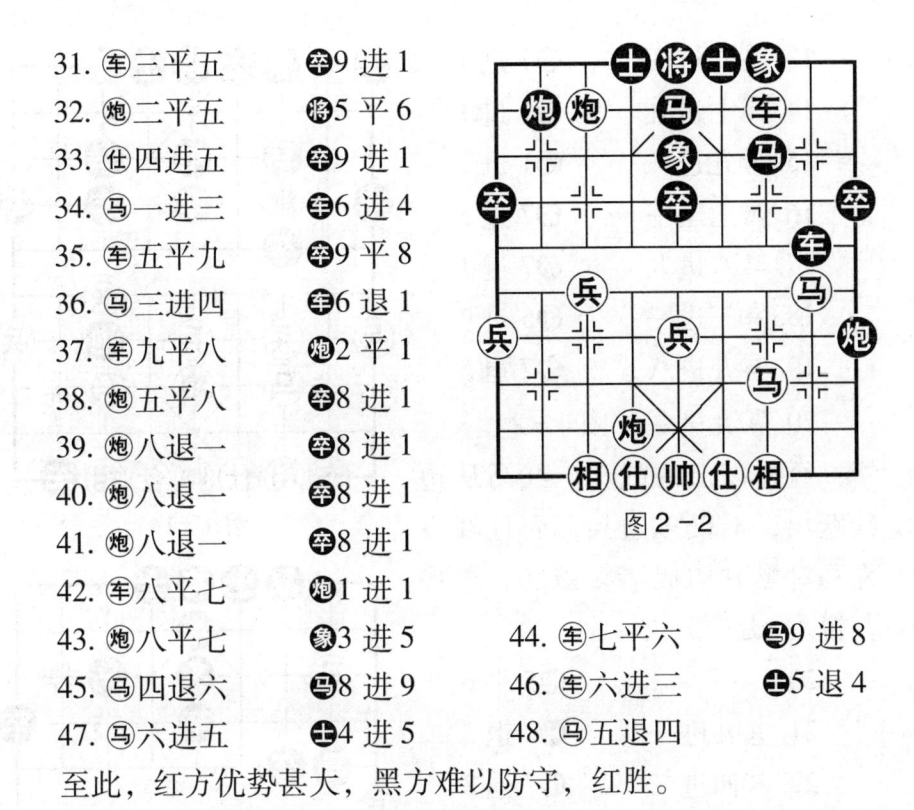

至此,红方优势甚大,黑方难以防守,红胜。

第三局

1. 炮二平五	马8进7	2. 马二进三	车9平8
3. 车一平二	炮8进4	4. 兵三进一	炮2平5
5. 马八进七	马2进3	6. 车九平八	卒3进1
7. 炮八进四	炮8平7		
8. 炮八平七	车8进9（图4-1）		

如图4-1形势,是半途列炮布局的常见阵式。此时,黑方常见的走法是象3进1,静观变化。实战黑方车8进9兑车较为罕见。表面上看,黑方似乎占有便宜,但从以后局势发展证实,黑方兑车是布局次序上的一个失误。

9. 马三退二	车1平2	10. 车八进九	马3退2
11. 相三进一	马2进1	12. 炮七进一	炮5退1

13. 马二进四	炮7进1		
14. 马七退九	卒1进1		
15. 马九进八	马1进2		
16. 炮七退一	象7进5		
17. 马八进九	卒7进1		
18. 兵三进一	象5进7		
19. 马九进八	象7退5		
20. 兵九进一（图4-2）			

经过以上的战斗，红马从边线跃出，不仅多边兵，而且红方左马对黑方构成诸多威胁，攻势甚锐。

20. ……	炮5平6		
21. 兵九进一	马2退3		
22. 马四进二	炮7退3		
23. 马二进三	炮6平7		
24. 兵五进一	马7进8		
25. 兵五进一	后炮进4		
26. 相一进三	卒5进1		

图4-1

图4-2

红方优势逐步扩大，黑方只好弃象。

27. 炮七进三	将5进1	28. 炮七平四	马8进9
29. 炮四退二	马3进4	30. 马八退六	将5退1
31. 炮四退六	马4进3	32. 马六进七	将5进1
33. 炮五平八	将5平4	34. 炮八进六	将4进1
35. 兵九进一	卒5进1	36. 兵九平八	炮7平5
37. 仕四进五	卒5平6	38. 帅五平四	

以下红方兵八平七绝杀，红胜。

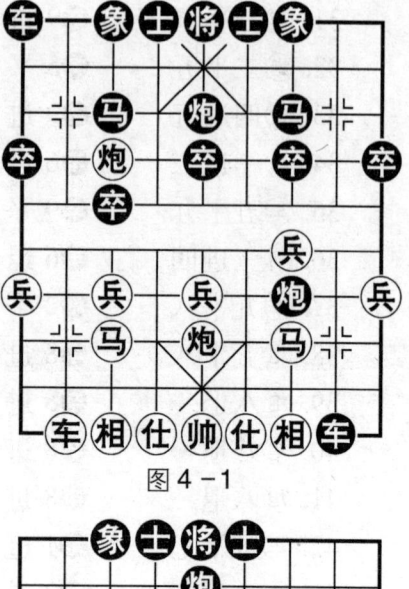

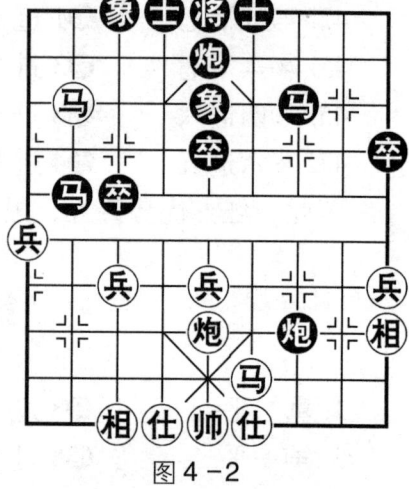

第四局

1. 炮二平五　　　马8进7
2. 马二进三　　　车9平8
3. 兵三进一　　　炮8平9
4. 马八进七　　　炮2平5
5. 兵七进一　　　马2进3
6. 车九平八　　　车1进1
7. 车一进一　　　车8进4
8. 车一平四　　　卒7进1
9. 车四进三　　　车1平4
10. 炮八进三（图6-1）

如图6-1形势，红进炮打车旨在将形势引入复杂多变的激战。如改走马七进六，变化如下：车4进3，炮五平六卒7进1，车四平三车4平7，车三进一车8平7，相七进五炮5平6，对此结果，红方不能满意。

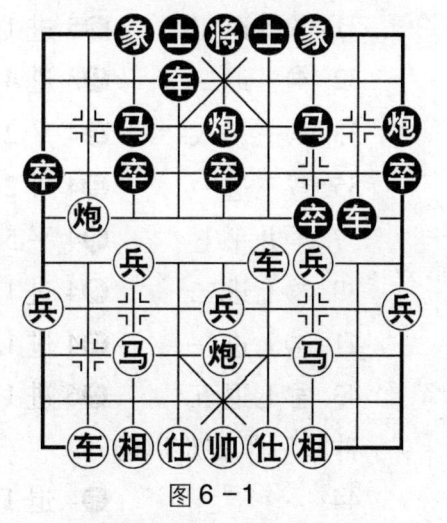

10. ……　　　　车8进2
11. 兵七进一　　　卒3进1
12. 炮八平三　　　马7进8

图6-1

从实战效果看，上马过于冒进，宜走士6进5为好。

13. 马七进六　　　炮9进4
14. 马六进四　　　炮9平5
15. 马三进五　　　炮5进4
16. 仕四进五（图6-2）

如图6-2形势，黑方炮打边兵再打中兵，未能达到反击的目的，反而留下了右翼、中路之弱点。以下黑方难以为计。

16. ……　　　　车4平6　　　17. 车四退二　　　象3进5
18. 车八进三　　　象5进7　　　19. 兵三进一　　　马8进9
20. 马四退五　　　车6平6　　　21. 马五进三　　　车6平5
22. 车八平二　　　车5平3　　　23. 相七进五　　　卒3进1
24. 车二平一　　　卒3平4

进入车马残局，由于黑方少象，形势困难！

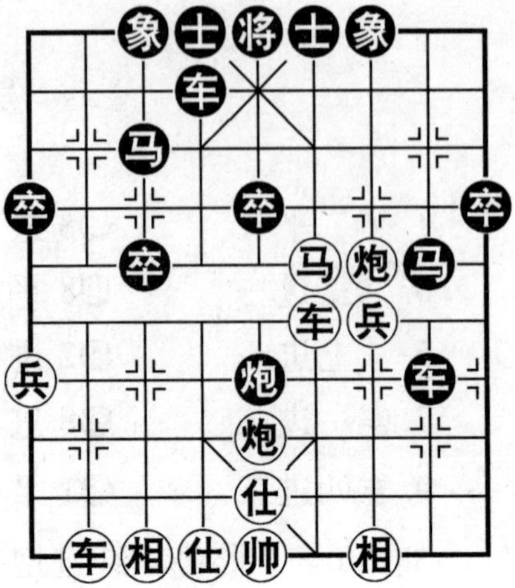

25. 兵三平四	车3退3		
26. 马三进二	士4进5		
27. 车一进三	将5平4		
28. 兵九进一	车3平4		
29. 车一进三	卒5进1		
30. 车一平三	车4退1		
31. 马二退三	卒5进1		
32. 车三退二	马3进4		
33. 车三平八	车4平2	34. 车八平九	卒5平6
35. 马三进一	车4平2	36. 马一进二	马2进4
37. 车九平七	卒4平5	38. 马二进四！	车2平4
39. 车七进二	将4进1	40. 车七退一	将4退1
41. 车七进一	将4进1	42. 帅五平四	卒5进1
43. 车七退五	卒6进1	44. 兵四进一	

图6-2

冲兵后黑方难以防守。

44. ……	车4退1	45. 马四退五	车4平5
46. 车七进四	将4退1	47. 车七进一	将4进1
48. 马五退六			

红胜势。

第五局

1. 炮二平五	马8进7	2. 马二进三	车9平8
3. 兵七进一	炮8平9	4. 马八进七	炮2平5
5. 兵三进一	马2进3	6. 车九平八	车1进1
7. 车一进一	车8进4	8. 车一平四	车1平4

9. 炮八进三（图7－1）

如图7－1形势，红方骑河炮是创新次序。目的是不让黑方顺利兑7卒打开河沿，以继续对黑方保持高压姿态。如改走车四进三卒7进1，这是黑方希望形成的变化。

9.……　　　　　车4进5
10. 车四进五　　车4平3
11. 车八进二　　炮5平4
12. 仕六进五　　炮4进1
13. 车四进二　　士4进5
14. 炮五平四　　炮4退2
15. 车四退二　　炮4进2
16. 车四进二　　象3进5
17. 炮四进一（图7－2）

如图7－2形势，红方进炮打车，从实战效果看，急于求成适得其反。此时应走相七进五，优势可观。

17.……　　　　车3退1
18. 相七进五　　车3平7
19. 炮四进二　　车8平6
20. 车四退三　　车7进2
21. 炮八进二　　卒3进1
22. 车八进四　　炮4退3
23. 车八平七　　卒7进1
24. 车四平六　　马7进8
25. 车六进三　　马8进7
26. 马七进八

失误！造成黑方一马换双相，红方下风。宜走马七进六炮6进5，车六退四车7平8，以后战线颇长。

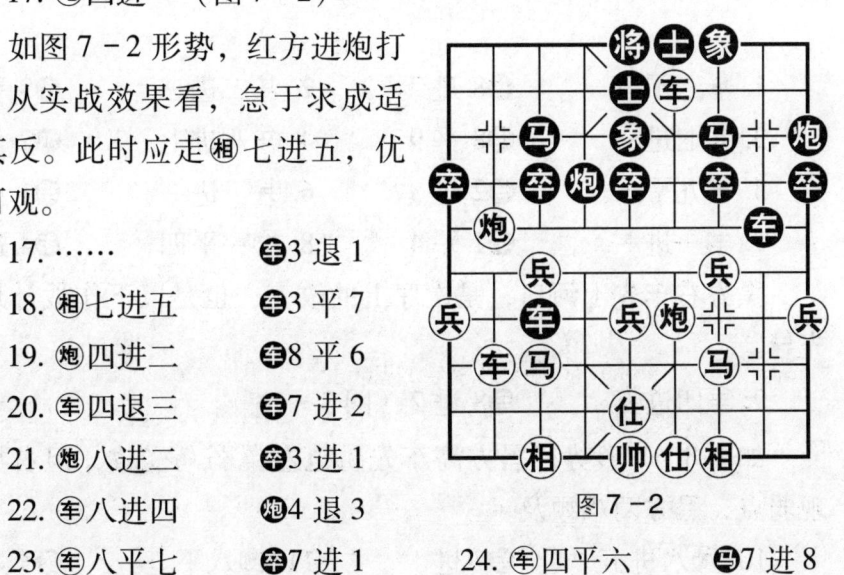

45

26. ……	马7进5	27. 相三进五	车7平5
28. 马八进六	炮9平8	29. 帅五平六	车5平2
30. 炮八平九	车2进2	31. 帅六进一	车2退1
32. 帅六进一	车2退1	33. 帅六退一	炮8退1
34. 车六进一	将5平4	35. 仕五进六	车2进1
36. 帅六退一	车2进1	37. 帅六进一	车2退1
38. 帅六退一	炮8进8	39. 仕四进五	车2进1
40. 帅六进一	炮8平3	41. 车七平六	将4平5
42. 马六进四	士5进6	43. 仕五进四	卒3进1
44. 炮九进二	车2退5	45. 马四进二	卒3进1
46. 马二进一	炮3平7		

黑胜势。

第六局

1. 炮二平五	马8进7	2. 马二进三	车9平8
3. 兵七进一	炮8平9	4. 马八进七	炮2平5
5. 车九平八	马2进3	6. 兵三进一	车1进1
7. 车一进一	车1平4	8. 车一平四	车4进3

黑方右车先上河口，是次序上的改变，也是以下作战计划的先导。

9. 车四进五	车8进2（图8-1）

如图8-1形势，黑方高车先防范左翼弱马受攻，但右翼出现弱点，黑方两难顾及。

10. 炮八进五	卒7进1	11. 炮八平五	象3进5
12. 车八进七	卒7进1		

黑方弃马用7路卒过河寻求对攻。如改走马3退5，兵五进一，红方中线攻势猛烈。

13. 车八平七	卒7进1		
14. 马三退五	士6进5		
15. 车七退一	炮9进4		
16. 兵七进一	车4进3		
17. 炮五平一	马7进8		
18. 车四进二	车8平6		

黑方所有进攻路线均被红方坚守，于是只能通过兑车，寻找作战机会。

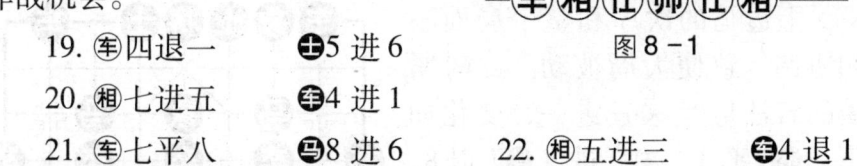

19. 车四退一	士5进6		
20. 相七进五	车4进1		
21. 车七平八	马8进6	22. 相五进三	车4退1
23. 相三进五	车4退6	24. 兵五进一	炮9平8
25. 相五退三	车4进6	26. 马七进八	卒5进1

27. 马五进六（图8-2）

图8-1

黑方弃子后，一直攻势凌厉，但红方防守却滴水不漏，堪称功力上乘。如图8-2形势，红方跃出中马，一举消除了黑方攻势。

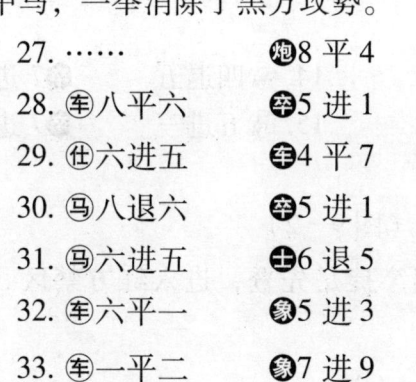

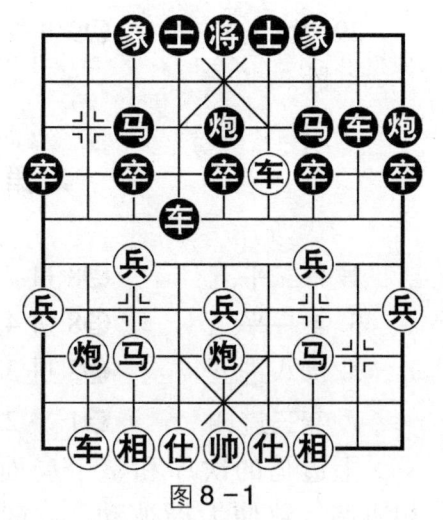

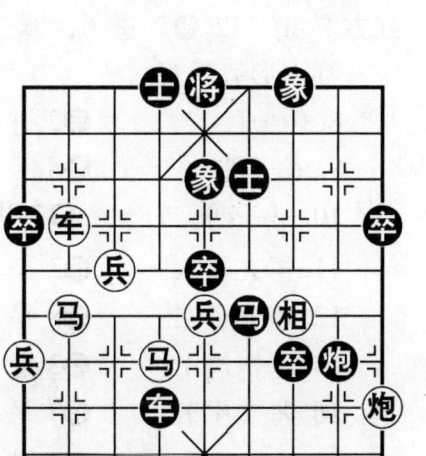

27. ……	炮8平4		
28. 车八平六	卒5进1		
29. 仕六进五	车4平7		
30. 马八退六	卒5进1		
31. 马六进五	士6退5		
32. 车六平一	象5进3		
33. 车一平二	象7进9	34. 车二进三	士5退6
35. 马五进六	将5进1	36. 车二退一	将5进1
37. 车二退一	将5退1	38. 马六退四	将5平6

图8-2

39. 炮一进三　　象9进7　　40. 炮一平七

红胜。

第七局

1. 炮二平五　　马8进7　　2. 马二进三　　车9平8
3. 车一平二　　炮8进4　　4. 兵三进一　　炮2平5
5. 炮八进五　　马2进3　　6. 炮八平五　　象7进5
7. 马三进四　　车1平2　　8. 马八进九（图9-1）

上边马的次序和整个局面不相协调，致使大局被动。此时紧凑的着法应是兵三进一，变化如下：炮8平3，车二进九7退8，马八进九3退1，兵三进一，以下黑方如：①车2进4，炮五平四红方易走。②车2进6，炮五退一，红方形势乐观。

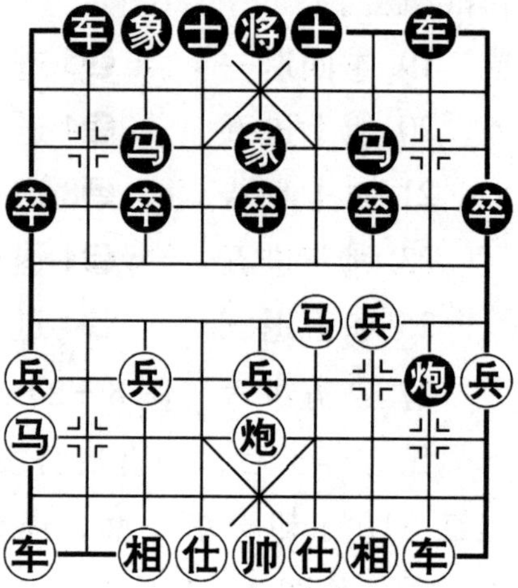

8. ……　　　　车2进4
9. 兵三进一　　炮8平7
10. 兵三平二　　卒7进1！
11. 车九平八　　车2平6
12. 炮五平二　　车8平7　　14. 马四退五　　卒7进1
14. 车八进七　　马3退5　　15. 马五进三　　卒7进1
16. 炮二平五　　卒7平6
17. 兵二进一　　卒6进1（图9-2）

图9-1

如图9-2形势，黑方过河卒捷足先登，进入红方禁区。从此红方进入防守困境。

18. 炮五平六

如兵二进一卒6平5，兵二平三卒5平6，黑大优。

18. ……　　　　马7进8　　19. 车八平六　　车7进6

20. 相三进五	卒6进1		
21. 兵九进一	马5进7		
22. 兵二进一	卒6进1		
23. 车二平四	车6进5		
24. 帅五平四	马7进6		
25. 仕六进五	车7平9		
26. 帅四平五	马8进6		
27. 马九进八	士6进5		
28. 车六进一	车9进3		
29. 仕五退四	前马进8		
30. 马八进七	马8进7	31. 帅五进一	车9平6
32. 兵二进一	马6进7	33. 帅五平六	车6平3

黑胜。

图 9-2

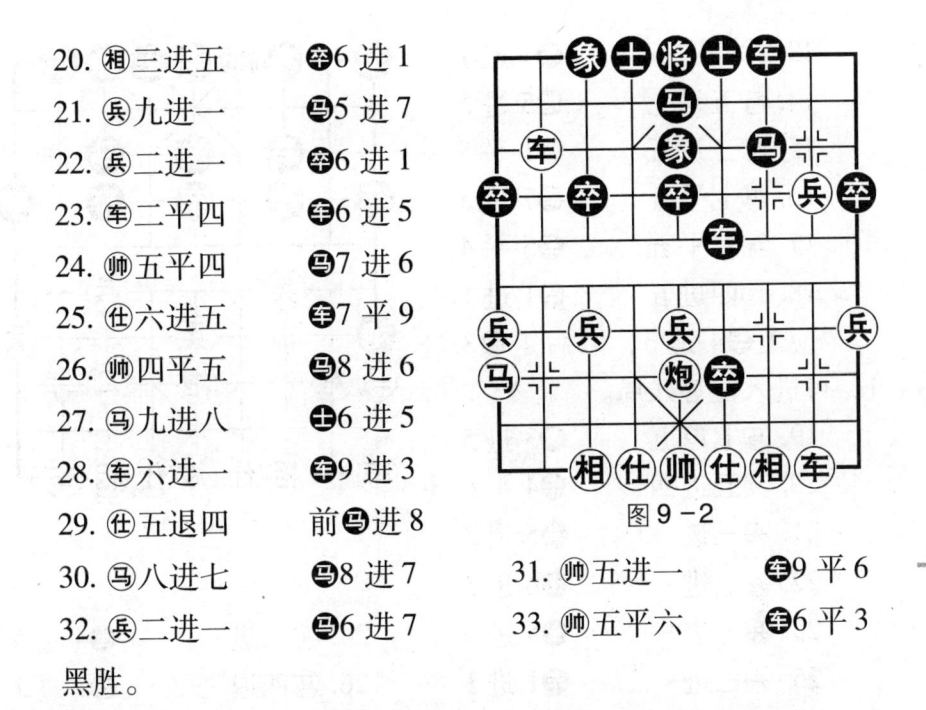

第八局

1. 炮二平五	马8进7	2. 马二进三	车9平8
3. 车一平二	炮8进4	4. 兵三进一	炮2平5
5. 马八进九	马2进3		
6. 兵七进一	炮8平1（图10-1）		

如图 10-1 形势，黑方打兵形成各攻一翼之势，这是出人意料的次序，从实战效果看，颇有成效。此时常见变化是车1平2，车九平八车2进5，炮五平六，另有攻防。

7. 车二进九	炮1进3	8. 车二退三	车1平2
9. 炮八平七	车2进8	10. 车二平三	马3退5
11. 炮七进四	车2退1	12. 马三进四	车2平1

红方利用黑方窝心马弱点弃子攻杀，黑方没有选择，只能应战，双方立即进入激战时刻。

13. 马四进五	车1退1		
14. 马五退七	炮5进5		
15. 相三进五	车1平5		
16. 炮七平五	马7进5		
17. 车三平五	车5平4		
18. 仕四进五	卒1进1		

应走车4退3，以后走象3进1，可进入优势残局。

19. 马七退五	象3进5		
20. 马五进四	车4平6		
21. 兵三进一	马5退3		
22. 兵七进一	士6进5		
23. 兵七进一	士5进6	24. 兵三进一	士4进5
25. 兵三进一	卒1进1	26. 马四退三	卒9进1
27. 马三进二	炮1退3	28. 兵七进一	炮1平5
29. 兵三进一	车6平9	30. 帅五平四	车9平6
31. 帅四平五	车6平8	32. 帅五平四	车8平6
33. 帅四平五	车6平8	34. 帅五平四	车8进3
35. 帅四进一	车8退1	36. 帅四退一	车8进1
37. 帅四进一	车8退5	38. 兵三平四	炮5平6

图10-1

误算致败。应走炮5平8，兵四平五将5进1，马二进一车8平6，仕五进四车8退5，黑方优。

39. 兵四平五	士6退5	40. 车五平四	

红胜势。

第九局

1. 炮二平五	马8进7	2. 马二进三	车9平8
3. 车一平二	炮8进4	4. 兵三进一	炮2平5
5. 马三进四			

进马是加快进攻步调的一种战术，易引起对攻。

5.……	马2进3	6. 马四进六	车1平2
7. 马八进七	车2进2	8. 炮八进四	车8进4
9. 兵三进一	卒7进1		

红方弃兵使局势进入复杂的对攻阶段。如改走车九平八车8平4，车二进三炮5平4，兵五进一象7进5，红稍易走。

10. 车九平八　　卒3进1
11. 马六进四　　车8退3（图11-1）

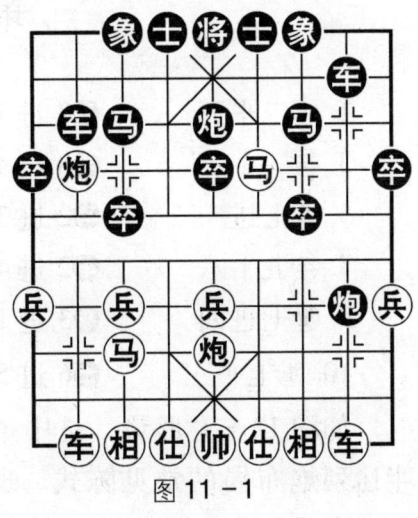

如图11-1，红方进马是次序上的创新。过去这步棋，红方走炮八平七，以下变化是车2进7，马七退八马3退2，马六进四车8进1，双方进入对攻阶段。

12. 炮五平三　　马3进4

黑方弃子是极为正确的判断，此时跃马对红方进行有效反击。

13. 炮三进五　　马4进5
14. 马七进五　　炮5进4
15. 炮三平二　　炮8平6
16. 车二进四　　炮5退2
17. 帅五进一（图11-2）

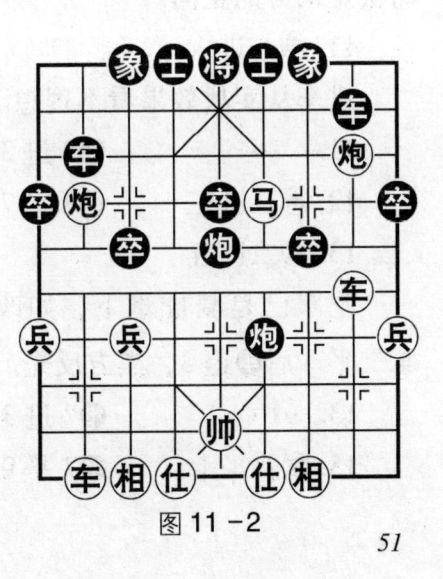

如图11-2形势，黑方弃子后颇有攻势，但实战黑方选择走车8平6，给红方有了反击机会。应走车2平4，攻击路线较为宽畅。

17.……　　　　车8平6
18. 车八进四　　炮6平1
19. 炮二退一　　炮1平9
20. 帅五平六　　炮9退2

此时仍宜走车2平4。

图11-1

图11-2

21. 车二平四　　卒1进1　　22. 炮二平五　　卒3进1
23. 车八退二　　卒3进1　　24. 帅六平五　　卒3进1
25. 车八进一　　卒3平4　　26. 车四退一　　卒1进1
27. 炮八平七　　车2平3　　28. 马四进五　　将5进1
29. 车八进五
红胜。

第十局

1. 炮二平五　　马8进7　　2. 马二进三　　车9平8
3. 车一平二　　炮8进4　　4. 兵三进一　　炮2平5
5. 兵七进一　　马2进3　　6. 马八进九　　车1平2
7. 车九平八　　车2进4　　8. 炮八平七　　车2平8
9. 炮七进四　　象3进1
10. 炮七平三　　士6进5（图12-1）

如图12-1形势，是中炮对半途列炮布局的常见陈式。现轮红方走子，进攻的次序正确与否，将决定局势的走向。

11. 车八进六

进车从实战效果看不理想。

11. ……　　　　车8进3
12. 炮三进三　　炮8平7
13. 车二进五

吃车已是骑虎难下，如改走车二平一后车退3，黑方反先。

13. ……　　　　炮7进3
15. 车八平七　　炮7平9　　14. 仕四进五　　车8进1
16. 车七进一　　车8进5

图12-1

17. 仕五退四	车8平7	18. 车七平五	车7退2
19. 仕四进五	车7进2	20. 仕五退四	车7退4
21. 仕四进五	车7进4	22. 仕五退四	马7进8

黑方攻势太大，红方认负。

第二节　中炮两头蛇对半途列炮

第一局

1. 炮二平五	马8进7	2. 马二进三	车9平8
3. 兵七进一	炮8平9	4. 马八进七	炮2平5
5. 车九平八	马2进3	6. 兵三进一	车1进1

7. 马七进八（图1-1）

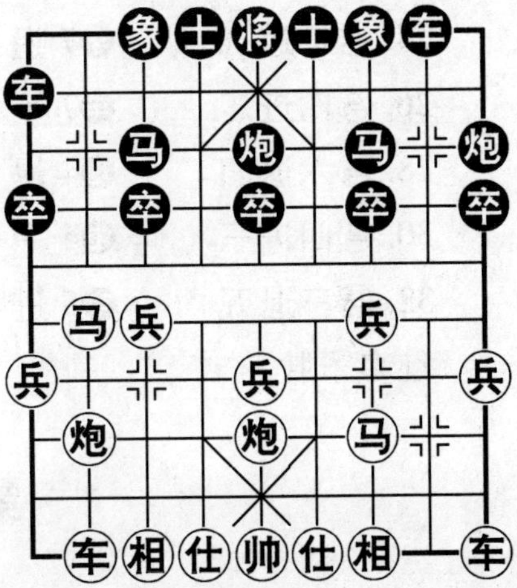

如图1-1形势，红方常见的着法是车一进一、炮八平九两种变化。现红方马七进八是新的攻法，目标为黑方右翼。

7. ……　　　　车8进4
8. 车一平二　　车8进5
9. 马三退二　　车1平4
10. 马二进三　　车4进3
11. 马八进七　　卒7进1

图1-1

兑卒必然。如改走车4平2，炮八进二，红优。

12. 炮八平七　　车5退1　　13. 兵三进一　　炮5平7
14. 车八进三

红方如兵五进一急攻中路，时机尚未成熟，现进车兵线是攻守兼备之着。

14. ……	车4平7	15. 炮五平六	马7进8
16. 相七进五	炮9平7	17. 马三进四	炮8进7
18. 马七退六（图1-2）			

如图1-2形势，黑方虽然集四子于红方右翼，但难于构成有效攻势，于是红方退马，先发制人。

18. ……	马7进6		
19. 帅五进一	车7进5		
20. 炮六退一	前炮进6		
21. 帅五平四	前炮平4		
22. 炮七进五	车7退1		
23. 帅四进一	卒5进1		

图1-2

24. 车八进三	车7退2	25. 车八平四	士4进5
26. 马四进二	车7平5	27. 炮七平三	炮7平8
28. 马六退四	炮4退6	29. 炮三退四	车5退1
30. 马四进三	炮4平6	31. 车四进一	士5进6
32. 马三退五	卒5进1	33. 炮三进五	

红多子胜。

第二局

1. 炮二平五	马8进7	2. 马二进三	车9平8
3. 车一平二	炮8进4	4. 马八进七	炮2平5
5. 兵三进一	马2进3	6. 兵七进一	车1平2
7. 车九平八	车2进4	8. 炮八平九	车2平8
9. 车八进六	炮5平6		

如改走炮8平7，红方可选择车二平一或车八平七，另有

攻防。

10. 兵五进一　　象7进5　　11. 车八退三（图2）

如图2形势，红方退车锁住黑方双车炮，并伺机以七路马向黑方右翼发动进攻。这是控制局势的有效着法。红方如改走马七进五炮8平7，车二平一士6进5，形势红方甚难把握。

11. ……　　　　士6进5
12. 马七进八　　卒3进1
13. 兵七进一　　象5进3
14. 炮九平七　　象3进5
15. 车八平四　　炮8进2

如改走车8平5，马八进七车5进1，炮五退一，黑方中线难守。!

16. 兵五进一　　卒7进1
17. 马三进五　　卒7进1　　18. 兵五进一　　卒7平6
19. 车四进一　　炮8平5

此时黑方中线难守，败势已定。如改走象5退3，车四进三士5进6，马五进四，红方亦是胜势。

20. 仕六进五　　前车进5　　21. 兵五进一　　马7进8
22. 兵五进一　　士4进5　　23. 车四进三　　马3退4
24. 车四进一

红胜。

第三局

1. 炮二平五　　马8进7　　2. 马二进三　　车9平8
3. 车一平二　　炮8进4　　4. 兵三进一　　炮2平5

5. 马三进四　　马2进3　　6. 马四进六　　车1平2
7. 马八进七　　马7退5（图3-1）

如图3-1，黑方常见着法是走车2进2保马，现退中马意在寻求变化。

8. 兵七进一　　车2进4
9. 马六退八　　车2平8

可考虑走车2平6利于肋道防守。其构思是尽快出动中马，以后再走士6进5或卸中炮，进行攻防。

10. 车九进一　　炮8进1
11. 车九平六　　炮5平7　　12. 车六平四　　炮7进3
13. 车四进一　　炮8退2　　14. 马八进七　　炮8平3
15. 车二进五　　炮3平4　　16. 仕六进五　　车8进4
17. 马七进六　　车8平3
18. 炮八平七　　卒7进1（图3-2）

如图3-2形势，战斗至此，黑方的作战计划非常圆满，但关键时刻，黑方没有及时出动中马，而空走7路卒让红方有机可乘。应走马5进7，形势较乐观。

19. 车四进五　　象7进5
20. 车四进一　　炮3平2
21. 炮五平一

黑方忽略了红方有炮五平一绝杀之着。至此，大势已去，难以挽回。

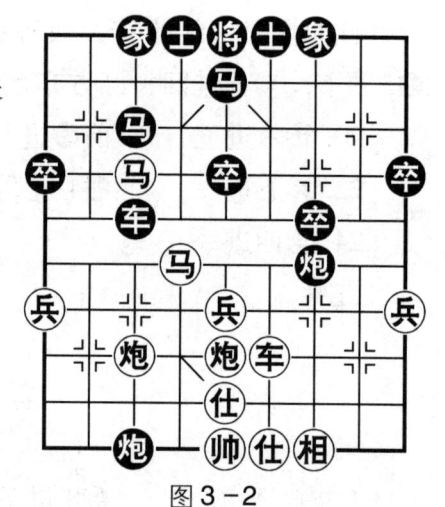

21. ……   马3退1
22. 马七进六
红胜。

第四局

1. 炮二平五   马8进7   2. 马二进三   车9平8
3. 车一平二   炮8进4   4. 兵三进一   炮2平5
5. 兵七进一   车1进1

此着宜选择走马2进3，可保留车1平2变化为妥。

6. 马八进七   车1平8   7. 车九平八   炮8平7
8. 车二平一   马2进3   9. 仕四进五   前车进3
10. 炮八进三（图4-1）

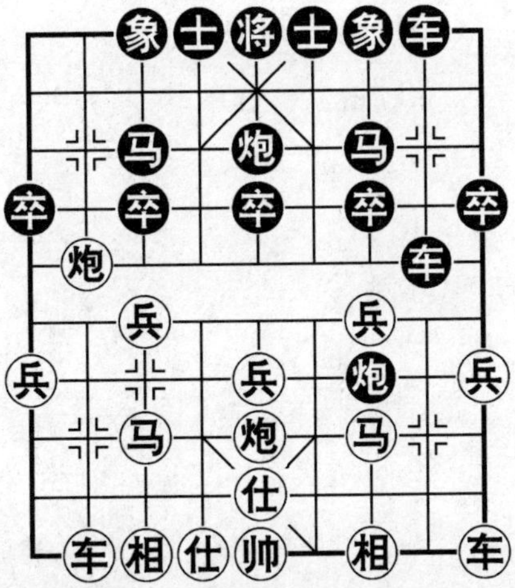

如图4-1形势，红方炮八进三控制河沿，打破了黑方出快车，企图急速打开卒林线的作战计划，保持优势。

10. ……   后车进1
11. 车八进四   后车平2
12. 炮八进一   卒3进1
13. 车一平二   车8进5
14. 马三退二   马3退1

图4-1

如改走卒3进1，车八平七马3进4，炮八平六，红优。

15. 炮八平三   车2平4   16. 炮三进三   士6进5
17. 马七进八   卒3进1   18. 马八进九   炮5进4
19. 马二进三   炮5平6
20. 兵三进一   （图4-2）

如图4-2形势，红方三兵渡河，黑方少象、双马受制，红

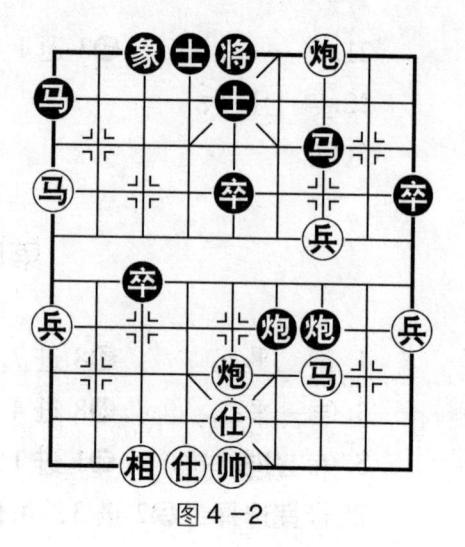

方优势逐渐扩大。

20.……　炮7进3
21. 马三进五　炮6退3
22. 马九进八　象3进5
23. 炮三退一　炮6平8
24. 帅五平四　炮8进6
25. 帅四进一　炮7平3
26. 马五进七　炮3平1
27. 炮五进五　士5进4
28. 兵三进一　马7退9
29. 马八退六　将5进1
30. 炮五平二　马9退7
31. 马六进四

红胜。

图4-2

第三章 中炮过河车对屏风马平炮兑车

第一局

1. 炮二平五　　马8进7　　2. 马二进三　　车9平8
3. 车一平二　　卒7进1　　4. 车二进六　　马2进3
5. 兵七进一　　炮8平9　　6. 车二平三　　炮9退1
7. 兵五进一　　士4进5　　8. 兵五进一　　炮9平7
9. 车三平四　　卒7进1　　10. 马三进五　　卒7平6

弃卒是为了减缓红方攻势。如改走卒7进1，马五进六车8进8，形成激烈对攻。

11. 车四退二　　卒5进1　　12. 炮五进三　　马3进5
13. 车四进四　　炮2退1　　14. 车四退二　　象3进5（图1-1）

如图1-1形势，黑方飞象是次序上的失误，造成局势失控。应先走车8进4捉中炮，待红方炮八平五后再飞象3进5，以后战线漫长。

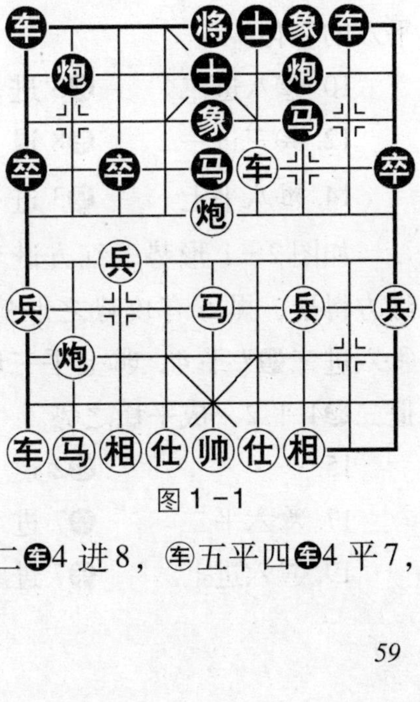

15. 炮八平三　　马7进8
16. 车四平五　　马8进6
17. 马五进四　　炮7进6
18. 车九进二　　马6进4

图1-1

进马简化局势。黑方如改走车1平4炮五进二象7进5，车五退二车4进8，车五平四车4平7，

相三进一 炮7平8，至此，进入激烈对攻，黑方总感觉勉强。

19. 车九平六　　马4退5　　20. 车五退一　　炮7平8
21. 车五平八　　炮2进8　　22. 车八退五　　车1平3
23. 车八进五　　炮8进2　　24. 仕六进五　　车8进6

黑方形势虽差，还是应走车8进2坚守。

25. 兵一进一　　士5进6　　26. 车六进四　　士6进5
27. 车六平一　　炮8平9　　28. 车一平二

红优。

第二局

1. 炮二平五　　马8进7　　2. 马二进三　　车9平8
3. 车一平二　　马2进3　　4. 兵七进一　　卒7进1
5. 车二进六　　炮8平9　　6. 车二平三　　炮9退1
7. 马八进七　　士4进5　　8. 马七进六　　炮9平7
9. 车三平四　　车8进5

进车捉马，尽早将布局定型，防止红方选择炮八平七或炮八平六的变化。

10. 炮八进二　　象3进5　　11. 炮五平六　　卒3进1
12. 兵三进一　　车8退1　　13. 兵七进一　　象5进3
14. 炮八平七　　马3进4　　15. 车四进二　　（图2-1）

如图2-1形势，红方进车捉炮招法强悍，以下双方将形成红方得子、黑方有攻势之形势。红方如改走车六进三卒7进1，炮六进三炮7平4，炮七平三车8平7，相七进五象4进2，车四退二炮4平2，成平稳之势。

15. ……　　　　炮2退1　　16. 炮六进三　　炮2平6
17. 炮六平二　　卒7进1　　18. 炮二进一　　车1平4
19. 马六进七　　卒7进1　　20. 马三退五　　炮6进7

21. 車九平八　馬7进6
22. 炮二平三　象7进5
23. 炮七平八　車4进8
24. 炮八进五　馬6进4

宜走将5平4尚有机会。

25. 炮八平九　士5进4
26. 車八进九　将5进1
27. 馬七进八　将5平6
28. 炮九退一　士6进5
29. 馬八退九　车6进1
30. 車八退七　炮7平1
31. 車八平四　卒7平6
32. 馬五进四　车6退2
33. 兵五进一（图2-2）

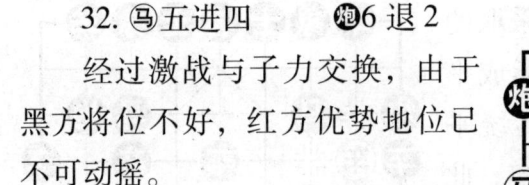

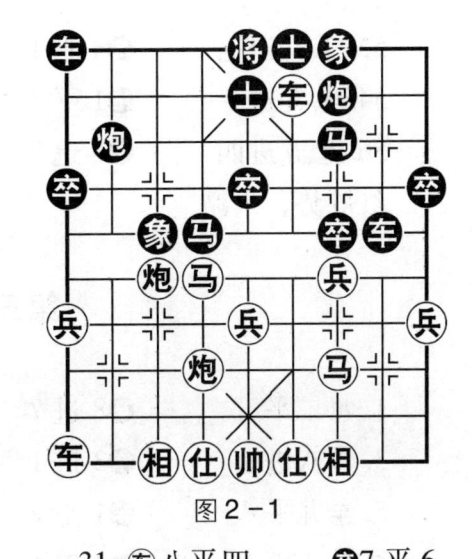

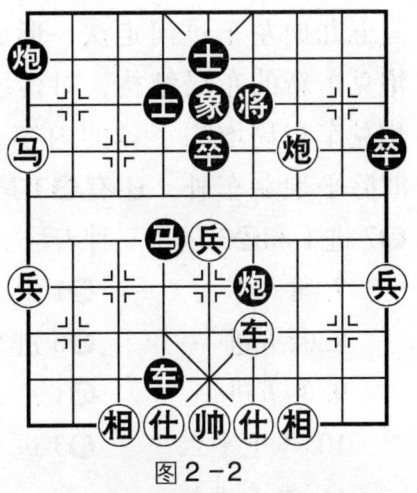

经过激战与子力交换，由于黑方将位不好，红方优势地位已不可动摇。

33. ……　将6退1
34. 車四进一　士5进6
35. 仕四进五　炮1平3
36. 相七进九　车4平2
37. 帥五平四　将6平5
38. 車四进四　卒5进1
39. 車四退一　卒5进1
40. 炮三进一　象3退1
41. 馬九进七　车2退6
42. 馬七退六　车2进2
43. 馬六进八　炮3平4
44. 炮三退三　车2平7
45. 炮三平六　车7进5
46. 帥四进一　车5平4
47. 馬八进六　车7退3
48. 兵九进一　车7平9
49. 馬六退八　车9退2
50. 馬八进七　车9平4
51. 馬七退九　卒4进1

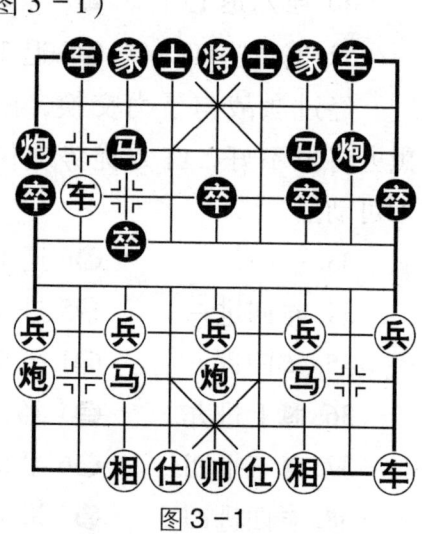

52. 马九退七	炮4平1	53. 相九进七	卒4平5
54. 兵九进一	炮1平3	55. 车四平五	车4平6
56. 仕五进四	车6退2	57. 车五退三	

红胜势，下略

第三局

1. 炮二平五	马8进7	2. 马二进三	车9平8
3. 马八进七	卒3进1	4. 炮八平九	马2进3
5. 车九平八	车1平2		
6. 车八进六	炮2平1（图3-1）		

如图3-1形势，红方采取的是五九炮左车过河走法，形成平炮兑车新的布局结构，对传统平炮兑车布局增添了新的内容。此时除平炮兑车外，还有象3进5、车7进1和马3进4三种着法。

7. 车八平七	炮1退1		
8. 兵五进一	士6进5		
9. 兵五进一	炮1平3		
10. 车七平六	象3进5		
11. 马七进五			

图3-1

布局至此，红方子力效率充分发挥，黑方应法尚待探讨。

11. ……	卒5进1	12. 车六平三	卒5进1
13. 车三进一	卒5进1	14. 马三进五	车2进3
15. 车一平二	炮8进6	16. 马五进四	车2平5

平中车必然之着。如走车2平6，车二进一车8进8，车三进二车6退3，马四进六红胜。

17. 车三退三　　车5进1　　18. 马四进三　　车8进1
19. 马三退一　　车8进2　　20. 炮五退一（图3-2）

如图3-2形势，红方退中炮，攻击黑方中线、底线弱点，黑方顾此失彼，防守困难了！

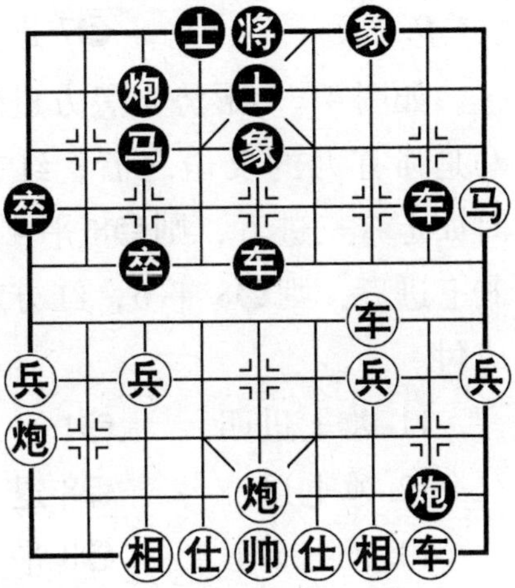

　20. ……　　　　马3进4
21. 炮九平五　　车5平6
22. 车三进五　　车6退4
23. 车三退四　　车6进2
24. 车三平六　　将5平6
25. 后炮平八　　车6进7
26. 帅五进一　　车8退2
27. 车六平二　　车8平9　　28. 后车进三　　车9平2
29. 炮八平六

红胜势。

图3-2

第四局

1. 炮二平五　　马8进7　　2. 马二进三　　车9平8
3. 车一平二　　卒7进1　　4. 车二进六　　马2进3
5. 兵七进一　　车8平9　　6. 车二平三　　炮9退1
7. 马八进九　　车8进8

常见的变化是车8进5，兵五进一马3退5，炮八进四炮2平5，马九进七炮9平7，车三平四卒5进3，车九进一，双方攻防有序。现黑方进车下二路易引起激烈对攻，红方很难把握形势。

8. 炮八平七

攻击方向值得商榷，从实战效果看，宜走兵五进一较好。

　8. ……　　　　马3退5　　9. 炮五进四

打中卒造成激战，冒险之举。如改走车三退一象3进5，车三平六马5退3，至此，黑方棋形较佳，但红方可控制形势。

9.…… 马7进5 10.车三平五 炮2进5（图4-1）

如图4-1形势，黑方进炮打马是强有力的反击之着，红方此时如走相三进五，则车8平4，如相七进五，则车8平6，红方难以应付。

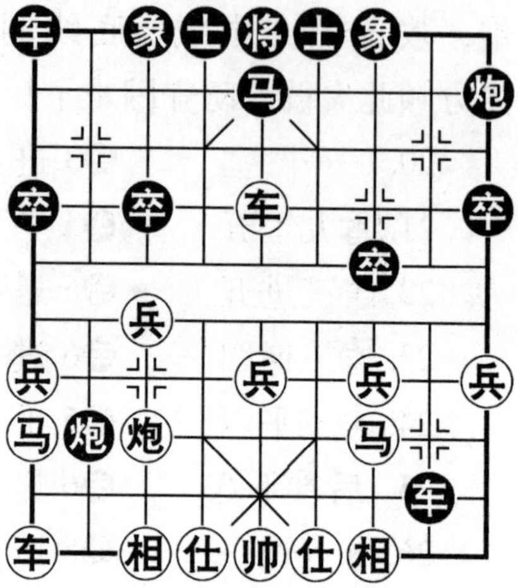

11. 炮七进四　　车1平2
12. 炮七退一　　车8退1
13. 炮七平五　　车8平7
14. 车九进一　　车7退1
15. 车九平四　　车7平5
16. 仕四进五　　车2进4　　17. 帅五平四　　炮9退1
18. 炮五退一　　车2进2　　19. 帅四平五　　车5平6
20. 车四进二　　车2平6（图4-2）

从11回合起，红方努力进行攻击，但都难以如愿。至如图4-2形势，红方失子，败局已定。

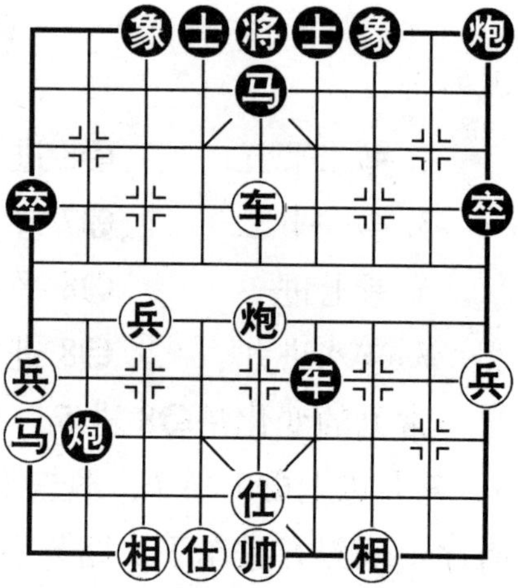

21. 车五平一　　马5进6
22. 炮五退二　　炮9进6
23. 兵九进一　　炮2退4
24. 车一退二　　炮2平3
25. 仕五退四　　马6进7
26. 车一进二　　马7进6
27. 帅五进一　　炮3平5
28. 马九进八　　车6平2
29. 帅五平六　　车6进8　　30. 车一平四　　车2进2

图4-1

图4-2

31. 帅六进一　炮9进1　　32. 炮五退一　马8退6
33. 相七进五

如炮五进一马6进7，炮五退一马7退6，炮五进一车2退1，帅六退一车2平5，黑胜。

33. ……　　　马6退5

黑胜。

第五局

1. 炮二平五　　马8进7　　2. 马二进三　　车9平8
3. 车一平二　　马2进3　　4. 兵七进一　　卒7进1
5. 车二进六　　炮8平9　　6. 车二平三　　炮9退1
7. 马八进七　　士4进5　　8. 马七进六　　炮9平7
9. 车三平四　　车8进5　　10. 炮八进二　　象3进5
11. 仕四进五（图5-1）

如图5-1形势，红方上士，含有静观其变之意，是新变化，新次序。

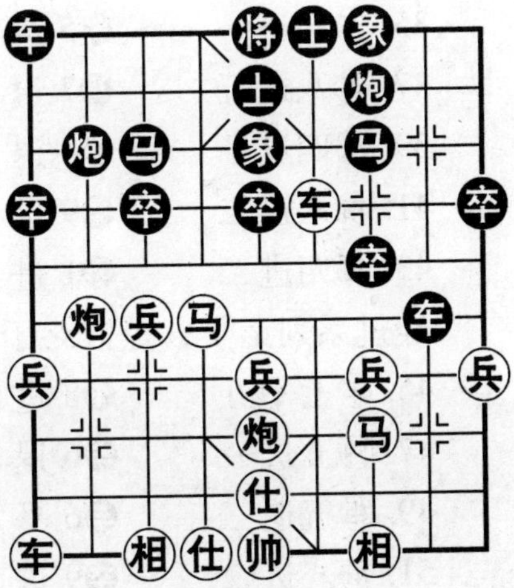

11. ……　　　炮2进1
12. 车四退四　　炮8退3
13. 炮五平七　　马7进8
14. 车四进二

高车颇有疑问，以后再和黑方兑车等于亏损一步棋，应先相七进五。

14. ……　　　马8进7
15. 相七进五　　车8平6
16. 车四进三　　士5进6
17. 炮八退一　　马7退8
18. 马三进四　　炮2进2　　19. 马四进五　　马3进5
20. 马六进五　　车1平4　　21. 炮八平七　　车4进3

图5-1

22. 马五退三　　炮2进1（图5-2）

如图5-2形势，黑方弃士打中兵，是有力反击之着，从此掌握了形势的主动权。

23. 马三退五　　车4平5
24. 前炮进三　　炮2平9
25. 相三进一　　炮7进5
26. 后炮进一　　马8进6

先弃后取，仍牢牢把握形势。

27. 后炮平三　　炮9平5
28. 炮三平四　　车5进2
29. 车九平八　　马6进8
30. 车八进九　　将5进1
31. 车八退一　　将5退1　　32. 车八进一　　将5进1
33. 车八退一　　将5退1　　34. 炮四退二　　马8进7
35. 车八退一　　将5退1　　36. 车八退一　　将5退1
37. 车八退五　　马7退9　　38. 炮七平八　　马9进8
39. 炮四进一　　马8退7　　40. 车八平六　　车5退2
41. 炮八退二　　卒9进1　　42. 炮四退二　　士6退5
43. 炮四进二　　卒1进1　　44. 车六平七　　车5平8

经过系列运子，黑方终于发动攻城之战，胜利在望。

45. 车七平五　　车8进6　　46. 仕五退四　　车8平6
47. 帅五进一　　车6退2　　48. 车五平三　　马7进6
49. 相五退三　　车6平2　　50. 帅五平一　　马6退7
51. 炮八进二　　卒9进1　　52. 炮八平五　　马7进9
53. 兵七进一　　卒9平8　　54. 兵七进一　　马9进7
55. 兵七平六　　马7退6　　56. 帅五平四　　车2平4
57. 车三平四　　马6进8　　58. 帅四进一　　将5平4
59. 炮五退五　　车4进1　　60. 车四平八　　卒8平7

黑胜。

第六局

1. 炮二平五	马8进7	2. 马二进三	车9平8
3. 兵七进一	卒7进1	4. 马八进七	马2进3
5. 车一平二	象3进5	6. 车二进六	炮8平9
7. 车二平三	车8进2	8. 炮五平四（图6-1）	

如图6-1形势，红方卸中炮，迫使黑方上士，阻止黑方炮2退1或炮2进1反击，旨在控制局势，稳步进取。

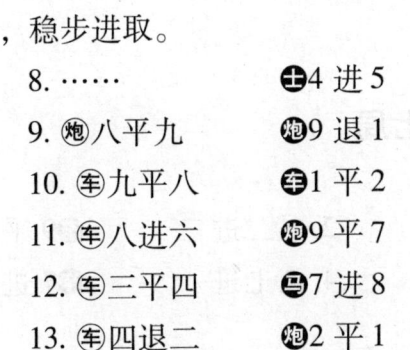

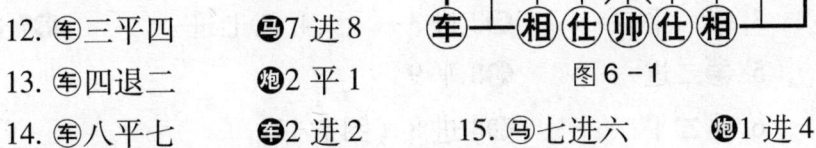

8.……	士4进5		
9. 炮八平九	炮9退1		
10. 车九平八	车1平2		
11. 车八进六	炮9平7		
12. 车三平四	马7进8		
13. 车四退二	炮2平1		
14. 车八平七	车2进2	15. 马七进六	炮1进4

图6-1

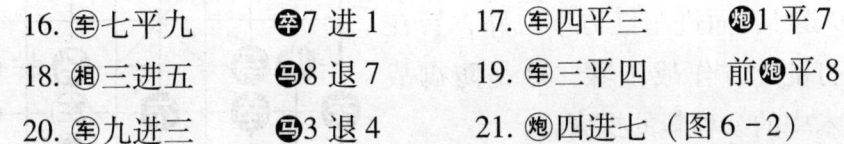

如改走炮7进2，车四进二，炮1进4，炮四进一，红优。

16. 车七平九	卒7进1	17. 车四平三	炮1平7
18. 相三进五	马8退7	19. 车三平四	前炮平8
20. 车九进三	马3退4	21. 炮四进七（图6-2）	

如图6-2形势，黑方一直沉浸在对攻构思中，造成红方炮打士捷足先登，一举确定胜势。

21.……	士5退6	22. 炮九平六	士6进5
23. 车四进四	炮7进6	24. 炮六进七	车2平4
25. 炮六退一	士5退4	26. 马六进七	车4平3
27. 炮六平七	象5退3	28. 车九平七	车3进1

29. 车四平六	炮8进3	
30. 相五退三	炮7平4	
31. 车六退六	将5进1	
32. 车七平六	车3退2	
33. 前车平三	车3进4	
34. 车六平八	车3退3	
35. 车八进七	马7进8	
36. 车八平五	将5平4	
37. 车三退一	将4进1	
38. 车三平五		

红胜。

图 6-2

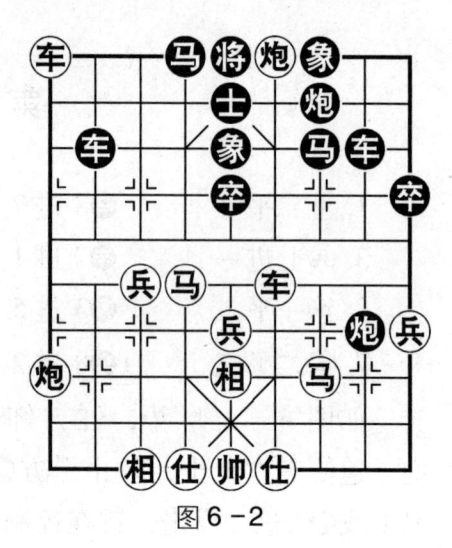

第七局

1. 炮二平五	马8进7	2. 马二进三	车9平8
3. 车一平二	马2进3	4. 兵七进一	卒7进1
5. 车二进六	炮8平9		
6. 车二平三	车8进8 (图7-1)		

如图7-1形势，黑方不走炮9退1，而进车红方下二路，旨在打乱红方作战步骤，这是防御战术中的一种新的探索。

7. 马八进七	炮9退1
8. 兵五进一	炮9平7
9. 车三平四	马7进8
10. 兵五进一	士4进5
11. 马三进五	

可考虑先走兵五平六后再走

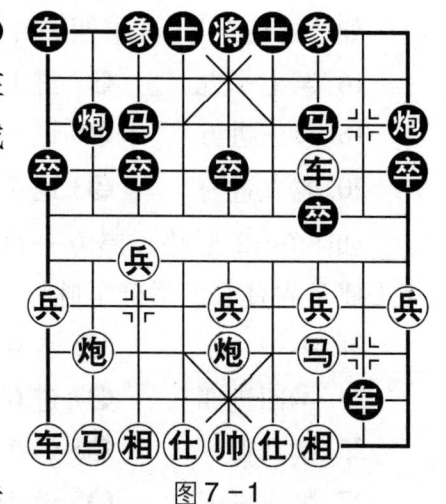

图 7-1

马三进五，可减弱黑方反击。

11. ……　　　　卒7进1　　　12. 车四平三　　马8退7
13. 车三平四　　卒7进1　　　14. 仕四进五　　车8进1
15. 马五进六　　象3进5　　　16. 马七进八　　马7进8
17. 车四平三　　马8退9　　　18. 车三进二　　马9退7
19. 炮八进五　　卒7平6　　　20. 马六进七　　卒6进1
21. 车九平八（图7-2）车8平7
22. 仕五退四　　卒6平5
23. 炮八进二

操之过急。宜先相七进五仍是可战之局。

23. ……　　　　前卒平6
24. 兵五进一　　马7进8
25. 车八进三　　马8进7
26. 车八平六　　车1平2

吃炮后，黑方快速入局。

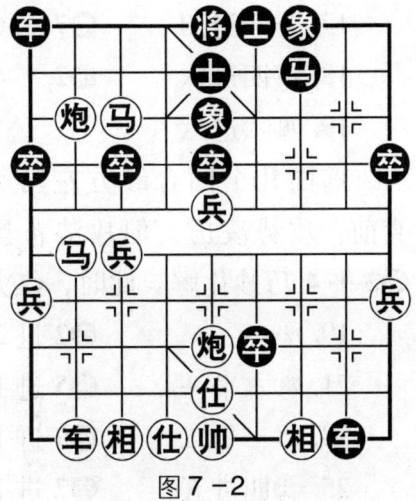

27. 马七进八　　卒6进1
28. 仕六进五　　马7进6　　　29. 相七进五　　卒6平5

黑胜。

图7-2

第八局

1. 炮二平五　　马8进7　　　2. 马二进三　　车9平8
3. 车一平二　　马2进3　　　4. 兵七进一　　卒7进1
5. 车二进六　　卒8平9　　　6. 车二平三　　炮9退1
7. 马八进七　　士4进5　　　8. 炮八平九　　车1平2
9. 车九平八　　炮9平7　　　10. 车三平四　　马7进8
11. 车四进二　　炮2退1　　　12. 车四退三　　象3进5

13. 车八进七　　马8进7　　14. 车四退二　　炮7进1
15. 炮五平六（图8-1）

如图8-1形势，红方常见着法是马七进六，现卸中炮显然是另辟蹊径，旨在求变。

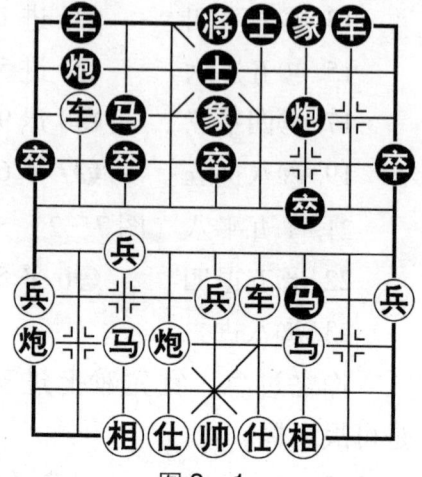

15. ……　　　　马7退8
16. 马七进六　　卒7进1
17. 马六进四　　炮7平6
18. 马四进六　　炮2平4
19. 炮六进六

前面几个回合红方左马勇往直前，攻势凌厉，但攻势被黑方炮2平4巧妙化解。此时，红方果断弃车，发动新一轮攻势。

图8-1

19. ……　　　　车2进2　　20. 马六进七　　士5进4
21. 炮六平一　　将5进1　　22. 车四进四　　车8平9
23. 炮一平二　　车9进1　　24. 炮二退二　　车2进5
25. 仕四进五　　卒7进1　　26. 马三退四　　车9平6

如图8-2形势，战斗高潮尚未过去，黑方弃象兑车，以寻求作战机会，算度精确。

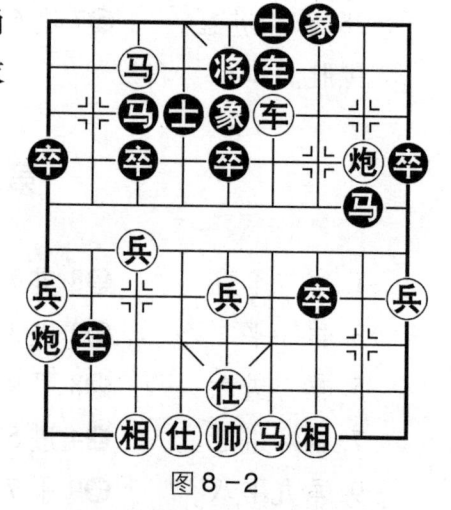

27. 车四平五　　将5平4
28. 车五进二　　马8进6
29. 炮九退一　　士4退5
30. 炮九平六　　车2进1
31. 炮二退五　　马6进8
32. 马七退九　　卒7平6
33. 车五平七　　车6进1
34. 马九退七　　卒6进1　　35. 马七退六　　马3进4

图8-2

36. 車七退四	卒6进1	37. 車七平六	士5进4
38. 馬六退五	將4平5	39. 炮六平四	車6进6
40. 炮二进一	車6退1		

战斗至此，黑方退车捉炮，红方必将失子，胜负已成定局。整个作战过程双方弈来精彩，不失为上乘佳局！

41. 馬五进七	車2平1	42. 相三进五	車6平8
43. 兵七进一	車1退2	44. 馬七进五	車1平5
45. 馬五进三	車5退2	46. 車六平五	卒5进1

以下为黑胜残局。

第九局

1. 炮二平五	馬8进7	2. 兵七进一	卒7进1
3. 馬二进三	車9平8	4. 車一平二	馬2进3
5. 車二进六	炮8平9	6. 車二平三	炮9退1
7. 馬八进七	士4进5	8. 馬七进六	炮9平7
9. 車三平四	車8进5		

伸车捉马含有减少红方选择之意。如先走象3进5，红方有炮八平七或炮八平六的变化。

10. 炮八进二	象3进5	11. 車九进一	

此时红方大多选择走炮五平六。现走横车意在开辟新的作战渠道。

11. ……	卒7进1	12. 炮八平九	車1平2

13. 炮五平八（图9-1）

如图9-1形势，黑方宜走車1平3，不给对方利用造成黑方选择上的难度。

13. ……	車2平4	14. 炮八平六	車4平2
15. 馬六进七	馬7进8	16. 車四平三	馬8退9

17. 车三退二　　车8平7

18. 炮九平三（图9-2）

如图9-2形势，红方不仅多兵，而且多子位置十分理想，布局次序变动计划，收到了满意的效果。

图9-1

18. ……　　　　炮2进4
19. 炮三进三　　炮2平3
20. 马七退六　　炮7进5
21. 相三进五　　卒5进1
22. 车九平二　　车2进3
23. 车二进六　　马3进2
24. 兵七进一　　象5进3
25. 炮三平一　　象7进9
26. 马六进八　　车2进1
27. 车二平一　　车2退1
28. 车一平三　　炮7平6

黑方少象，兵种不佳，形势极为艰难。

29. 车三退二　　车2平5
30. 马三进四　　象3退5
31. 马四进五　　象5进7　　32. 炮六进四　　炮3退3
33. 马五退三　　炮6平1　　34. 炮六平二　　将5平4
35. 兵一进一　　炮1退2　　36. 炮二进三　　将4进1
37. 马三进五　　将4进1　　38. 马五退七　　将4平5
39. 炮二退八　　炮1平2　　40. 马七退六　　炮3平5
41. 炮二平五　　将5平6　　42. 马六进五　　卒9进1
43. 马五进三　　卒9进1　　44. 炮五平四

图9-2

红胜。

第十局

1. 炮二平五　　马8进7　　2. 马二进三　　车9平8
3. 车一平二　　马2进3　　4. 兵七进一　　卒7进1
5. 车二进六　　炮8平9　　6. 车二平三　　炮9退1
7. 马八进七　　士4进5　　8. 车七进六　　炮9平7
9. 车三平四　　车8进5　　10. 炮八进二　　象3进5
11. 仕四进五（图10-1）

如图10-1形势，红方此时常见着法是炮五平六、车九进一两种。现红方上士静观局势之变是新的次序。

11. ……　　　　炮2退1
12. 炮五平六　　卒7进1
13. 兵三进一　　车8平7
14. 相七进五　　车7退1
15. 马三进四　　炮2平4

兑炮消极，宜走车1平3，坚守为好。

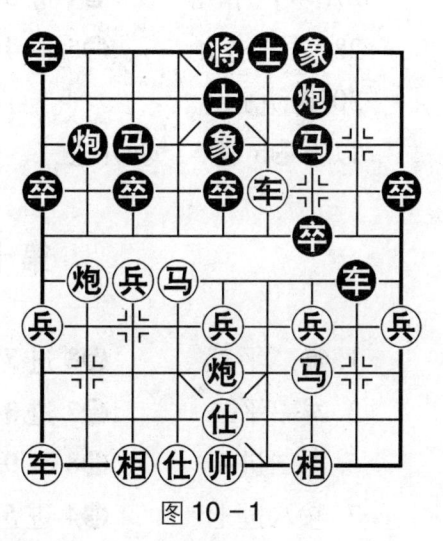

16. 炮六进六

应走炮八进四，仍能控制局势。

16. ……　　　　炮7平4　　17. 车四平三　　车7退1
18. 马四进三　　车1平2
19. 车九平八　　车2进4（图10-2）

如图10-2形势，黑方高车河口急于反击，由于右翼存在弱点，给红方提供了先发制人的机会。如改走车2进3，坚守战线

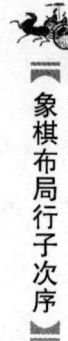

颇长。

20. 兵七进一　　车2平3
21. 炮八进四　　车3平7

仍宜车3平4坚守。

22. 马六进八　　车7退1
23. 马八进七　　炮4退1
24. 马七进九　　炮4平2
25. 炮八平六　　炮2平4
26. 炮六退二　　卒5进1
27. 炮六平九　　炮4进3
28. 车八进九　　士5退4
30. 马九退七

以下士6进5, 炮九进三, 红胜。

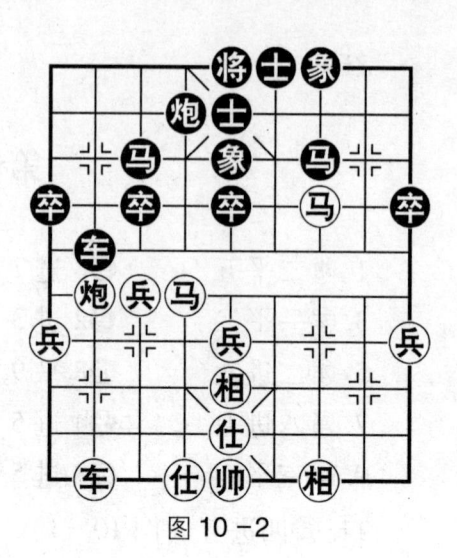

第十一局

1. 炮二平五　　马8进7　　2. 马二进三　　车9平8
3. 车一平二　　马2进3　　4. 兵七进一　　卒7进1
5. 车二进六　　炮8平9　　6. 车二平三　　炮9退1
7. 马八进七　　士4进5　　8. 炮八平九　　车1平2
9. 车九平八　　炮9平7　　10. 车三平四　　马7进8
11. 车四退二（图11-1）

如图11-1形势，红方退车河口是新的作战次序，旨在以逸待劳。如走车八进六卒7进1, 车四退一卒7进1, 马三退五象7进5, 以后作战较为激烈。

11. ……　　马8进7

也可选择炮7进5着法，红如相三进一, 则炮2进4, 这样, 黑方子力活动空间较大。

12. 炮五平六　　　炮2进4
13. 相七进五　　　象3进5
14. 仕六进五　　　马7退8
15. 车四平二　　　卒7进1
16. 车二平三　　　炮7进6
17. 车三退二　　　马8进9
18. 车三进四　　　车8进4
19. 车三平一　　　卒3进1
20. 车一退二　　　马9进8
21. 炮六退一　　　马8退7
22. 车一平三

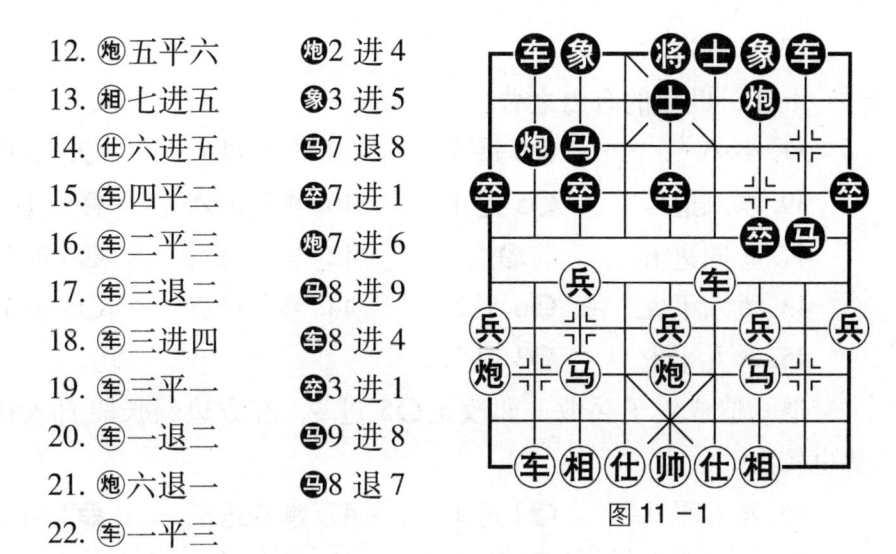

图 11-1

虽然子力相同，但黑方运子的效率总不尽人意。

22. ……　　　　　卒3进1　　　23. 车三平七　　　车8平3
24. 车七进一　　　象5进3　　　25. 马七进六　　　炮2进1
26. 车八平七

如图 11-2，红方平车捉象后，将对黑方右翼发动攻势，优势将逐渐扩大。

26. ……　　　　　象7进5
27. 炮六平八　　　车2平4
28. 车七进四　　　炮2退6
29. 炮九平六　　　炮2平4
30. 炮六进六　　　车4进1
31. 车七平八

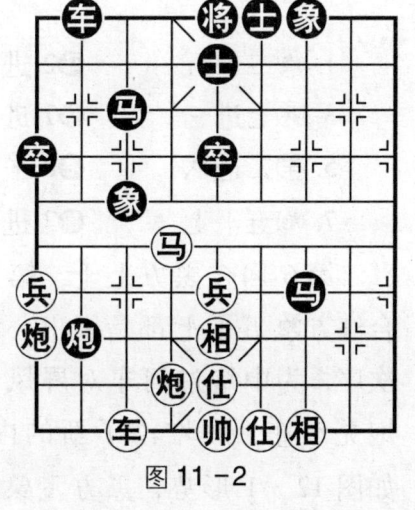

兑炮后红方已取得兵种上优势。如不兑炮，红方亦可考虑走马六退七。

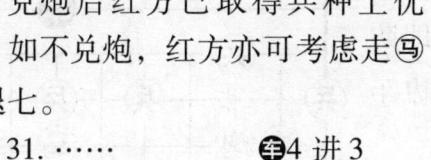

图 11-2

31. ……　　　　　车4进3　　　32. 炮八平六　　　车4平5
33. 马六退七　　　车5平4　　　34. 马七进六　　　车4平5
35. 车八退一　　　马7退6　　　36. 车八进四　　　马3退4

37. 仕五进六

上仕，助攻的有力之着！

37. ……	马6进5	38. 马六进七	车5平6
39. 车八退四	马5退4	40. 马七进六	士5进4
41. 仕四进五	前马退3	42. 马六退八	车6退3
43. 炮六平九	车6平2	44. 炮九进五	象3退1
45. 炮九平七	马3退2		

退马造成失子兵败。如改走象5进3，红方边兵长驱直入优势也较大。

46. 炮七平八	车2进1	47. 炮八进三	车2退2
48. 车八进六	象1退3	49. 兵九进一	

以下红方已是必胜残局。下略。

第十二局

1. 炮二平五	马2进3	2. 马二进三	马8进7
3. 兵七进一	卒7进1	4. 车一平二	车9平8
5. 车二进六	炮8平9	6. 车二平三	士4进5
7. 炮五平七	象3进1（图12－1）		

第6回合黑方上士，第7回合红方炮五平七都是别出心裁的次序，为中炮过河车对屏风马平炮兑车布局，增添了新的内容。如图12－1形势，黑方飞象即防止了红方冲士兵攻马，又为边车腾出路。

8. 炮七进四	车1平4
9. 相七进五	车8进6

图12－1

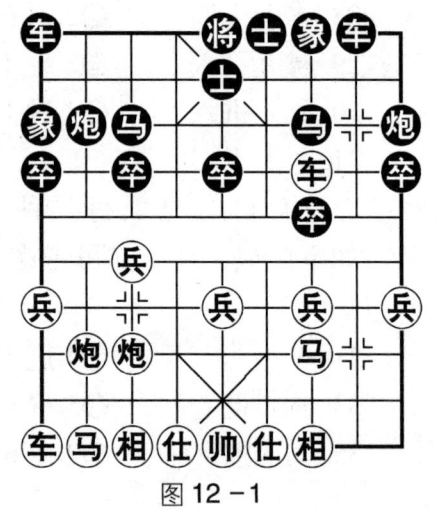

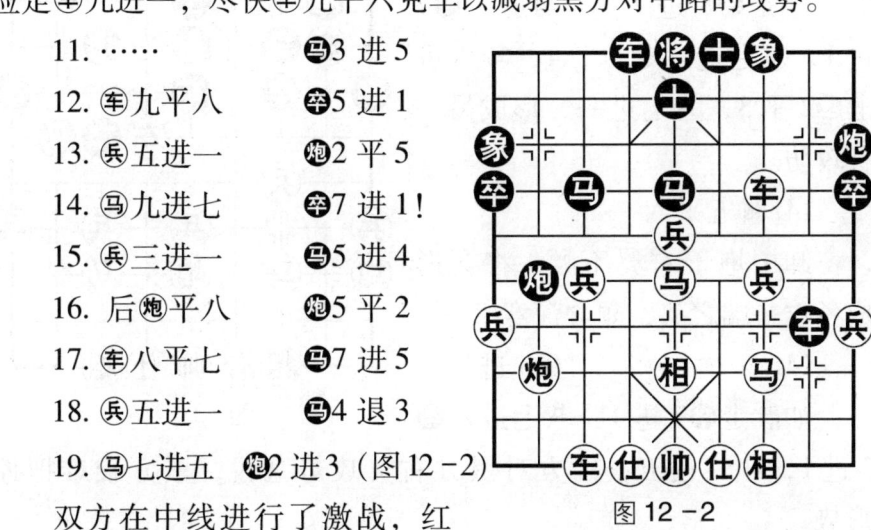

10. 炮八平七　　卒5进1　　11. 马八进九

黑方双马受制，出路在哪里呢？向中路突破应是当前的选择。恰好中路防御正是红方的软肋。可见，上边马贻误了大局。应走车九进一，尽快车九平六兑车以减弱黑方对中路的攻势。

11. ……　　　　马3进5
12. 车九平八　　卒5进1
13. 兵五进一　　炮2平5
14. 马九进七　　卒7进1！
15. 兵三进一　　马4进4
16. 后炮平八　　炮5平2
17. 车八平七　　马7进5
18. 兵五进一　　马4退3
19. 马七进五　　炮2进3（图12-2）

图12-2

双方在中线进行了激战，红方终难抵挡黑方反击之势。

20. 兵七进一　　车4进5　　21. 马五退四　　马5进3
22. 车三平七　　车4进2　　23. 炮八平七　　车8平6
24. 炮七进二　　炮2退1　　25. 兵五进一　　马3进5
26. 仕六进五　　炮2平5　　27. 仕五进六　　马5进4

黑胜。

第十三局

1. 炮二平五　　马8进7　　2. 马二进三　　车9平8
3. 车一平二　　马2进3　　4. 兵七进一　　卒7进1
5. 车二进六　　炮8平9　　6. 车二平三　　炮9退1
7. 马八进七　　士4进5　　8. 炮八平九　　车1平2
9. 车九平八　　炮9平7　　10. 车三平四　　马7进8

11. 车四进二　　炮2退1　　12. 车四退三　　象3进5

13. 车八进七　　炮7进1（图13-1）

如图13-1形势，黑方常见的次序是马8进7，车四退二炮7进1，马七进六车2平4，马六进七炮2平3，仕七进一，形成另一种攻防。

14. 炮五平六

卸中炮于右翼不顾，将会形成各攻一端之势，颇含深意。

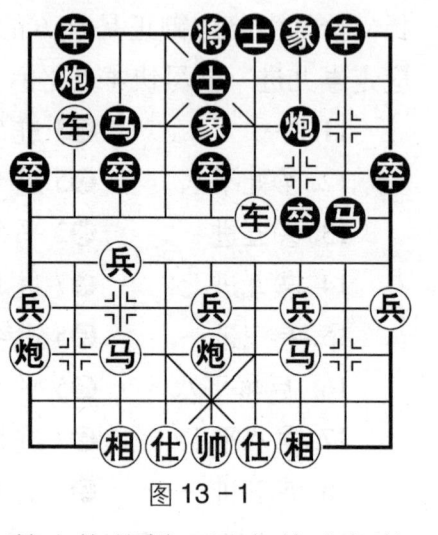

14. ……　　　马8进7

如改走卒7进1，马七进六卒7进1，马三退五，红方对黑方右翼攻势甚锐，黑方较难把控形势。

图13-1

15. 车四进一　　马7退8　　16. 马七进六　　卒7进1

17. 车四平三　　士5退4

黑方退士，必将呈现一决胜负的激战！如改走卒7进1，马三退五卒7平6，马五进七，形势较为平和，红方易走。

18. 马六进四　　炮2平7
19. 车八进二　　后炮进2
20. 车八退二　　前炮平6
21. 炮九进四　　马3退5
22. 车八进二　　卒5进1
23. 炮九进三　　马5退3
24. 炮六进四（图13-2）

图13-2

如图13-2形势，红方进炮击中了黑方软肋，捷足先登。

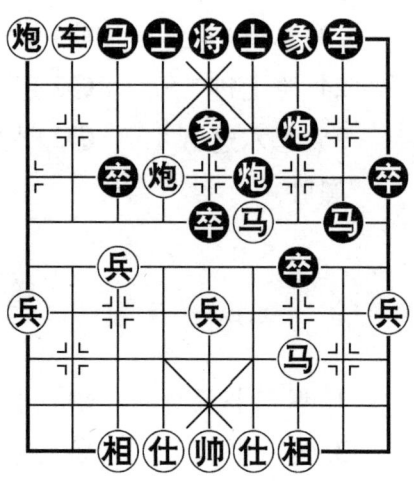

24. ……	将5进1	25. 车八退一	将5退1
26. 炮六平五	士6进5	27. 车八平五	将5平6
28. 车五平六	卒7进1	29. 马四进二	炮7进1
30. 马二进三	炮7平5	31. 前马退五	象7进5
32. 车六进一	将6进1	33. 车六平二	

红胜势。

第十四局

1. 炮二平五	马8进7	2. 马二进三	车9平8
3. 车一平二	卒7进1	4. 车二进六	马2进3
5. 兵七进一	炮8平9	6. 车二平三	炮9退1
7. 马八进九			

上边马战术近年较少运用，其作战意图是平七路炮，抢出左车，攻击黑方右翼。

7. ……　　车1进1（图14-1）

如图14-1形势，黑方抬车罕见的反击战术，目标是红方的右翼。

8. 兵五进一

进攻黑方中线，效果并不理想。可考虑走车九进一，以下车1平6，车三退一，采取先防备，再伺机进攻较妥。

8. ……	车1平6
9. 兵五进一	士6进5
10. 炮八平七	

如改走兵五进一将5平6，兵五平四炮9平7，炮五平四，交

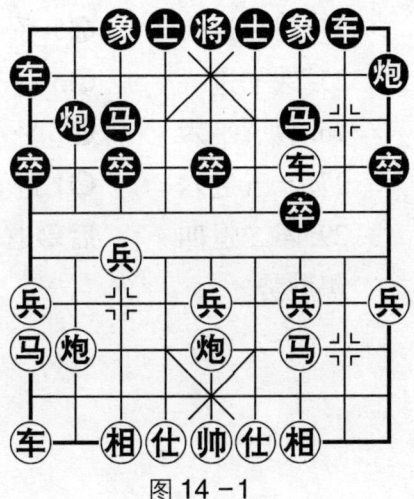

图14-1

换后红方出子速度不畅，黑方易走。

10. ……	炮9平7	11. 炮七进四	象3进1
12. 车三平四	车6进2	13. 炮七平四	马3进2
14. 炮四平九			

如改走兵七进一象1进3，车九进一车8进6，黑方易走。

14. ……	马2进4	15. 马三进五	卒5进1
16. 车九平八	炮2平5	17. 马五进六	炮5进5
18. 相七进五	马4进6		
19. 车八进一	车8进3	（图14-2）	

如图14-2形势，黑方子力位置俱佳，6路马对红方构成较大威胁，黑方优势明显。

20. 炮九退一	车8平6		
21. 车八平二	马7进6		
22. 仕六进五	后马进7		
23. 车二进八	士5退6		
24. 车二退一	车6平4		
25. 兵七进一	马6进7		
26. 帅五平六	炮7平4		
27. 仕五进六	象1进3	28. 马九进七	象3退1
29. 车二退四	后马退5		

图14-2

黑胜势。

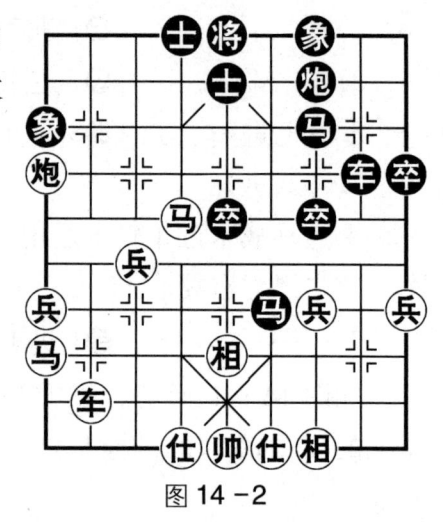

第四章　中炮对屏风马双炮过河

第一局

1. 兵七进一　马8进7　　2. 马八进七　卒7进1
3. 炮二平五　马2进3　　4. 马二进三　炮2进4
5. 兵五进一　炮8进4（图1-1）

如图1-1，形成中炮对双炮过河阵式。由于红方车一平二和车九平八都未出动，黑方的双炮过河难以构成对红方的反击。

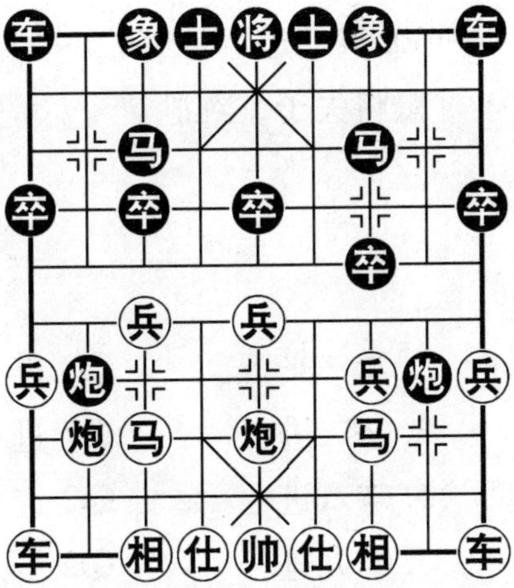

6. 兵五进一　士4进5
7. 马三进五　象3进5
8. 兵三进一　车9平8
9. 兵三进一　象5进7
10. 马五进六　车1平3
11. 马七进五　卒5进1
12. 炮五进三　象7退5　　13. 炮八平三　马3进5
14. 车九平八　车8进4　　15. 马五进三　炮2平7
16. 车一平二　车3平4　　17. 炮五进二（图1-2）

图1-1

红方在部署好子力后从中线突破进行有效打击，一气呵成。

18. ……　　　　象7进5　　18. 马六进五　车8平4
19. 仕四进五　炮8退2　　20. 炮三平五　炮8平5
21. 马三进五　车4平5

81

22. 车二进七

红方进车捉马，步步进逼，有力！

22. …… 马7进6
23. 马五进三 马5退6
24. 车八进五 车5进3
25. 相三进五 前马进4
26. 车二平五 车4进3
27. 车八进四 车4退3
28. 车八退六 炮7平6
29. 车五退三 炮6退4
30. 车八进四

黑将失子，红胜。

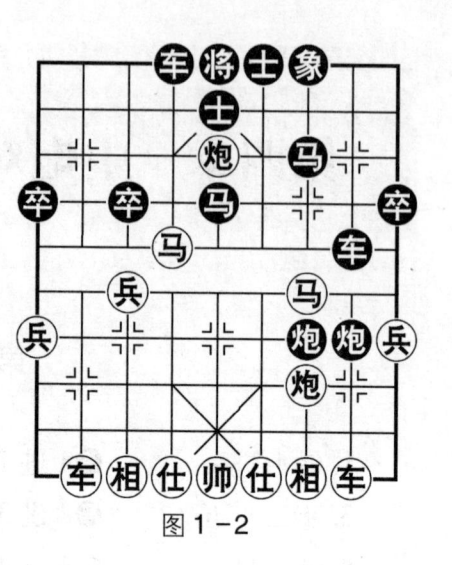

图1-2

第二局

1. 炮二平五 马8进7 2. 兵七进一 车9平8
3. 马二进三 卒7进1 4. 车一平二 马2进3
5. 马八进七 炮2进4 6. 兵五进一 炮8进4
7. 车九进一 炮2平3 8. 相七进九 车1平2
9. 车九平六 炮3平5（图2-1）

如图2-1形势，黑方如改走炮3平6或车2进6，变化较为复杂。相对来讲炮3平5变化较为稳当易掌握。

10. 仕六进五 车2进7 11. 马三进五 车2退1
12. 车六进六 炮8平5 13. 车二进九 马7退8
14. 车六平七 象7进5 15. 车七退一 马8进7
16. 兵五进一 炮5退1

只能退炮，如车5进1，马七进五车2平5，车七平三红优。

17. 车七平六　　车2平3
18. 帅五平六（图2-2）

如图2-2形势，红方出帅弃子，直击黑方中路，这让黑方始料未及。

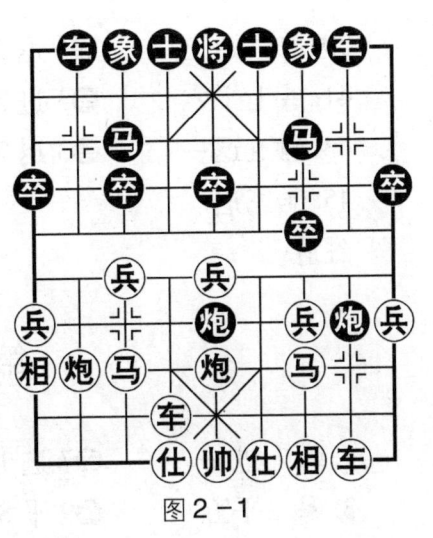

18. ……　　士6进5

补士必然，如车3进1，车六进三将5进1，兵五进一马7进6，车六退四车3退1，兵五平四马6进7，车六进三将5退一，兵四进一，红胜势。

19. 兵五进一　　车3进1
20. 兵五进一　　象3进5
21. 炮五进五　　士5进4
22. 车六平三　　车3退1

如马7退6，炮五平一车5平4，车三平五士4进5，炮一进二，马6进8，车五平二，红优。

23. 车三进一　　车3平4
24. 仕五进六　　车4进1
25. 帅六平五　　车4退1
26. 车三退二　　车4平5
27. 帅五平六　　炮5平6
28. 炮五退二　　炮6退4
29. 车三进四　　将5进1
30. 车三退四　　将5退1
31. 仕四进五　　车5进2
32. 车三进四　　炮6退1
33. 炮五退三　　车5平7
34. 兵七进一　　车7进1
35. 帅六进一　　车7退1
36. 帅六退一　　车7平1
37. 帅六平五　　车1平6
38. 兵七进一　　车6退1

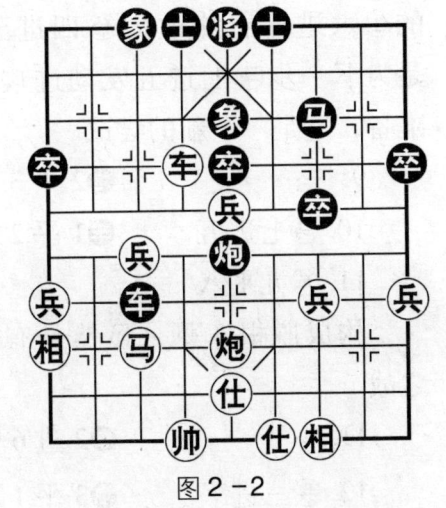

图2-1

图2-2

39. 相九退七	车6退1	40. 兵七进一	车6平3
41. 兵七平六	车3进3	42. 帅五进一	车3退1
43. 帅五退一	车3退2	44. 兵六平五	士4进5
45. 车三退一			

红胜。

第三局

1. 兵七进一	卒7进1	2. 马八进七	马8进7
3. 炮二平五	车9平8	4. 马二进三	马2进3
5. 车一平二	炮2进4	6. 兵五进一	炮8进4
7. 兵五进一	象3进5	8. 兵五平六	士4进5

如改走马7进6，另有攻防。

9. 仕四进五（图3-1）

如图3-1所示，红方将传统的仕六进五着法改为仕四进五，是为下一步马七进五发动进攻做准备，这是一个新的尝试。

9. ……	炮2平3
10. 马七进五	车1平2
11. 车九平八	

构成脱根车炮，显然是有备之战。

图3-1

11. ……	车2进6		
12. 兵三进一	炮3平1	13. 兵三进一	

红弃子，显示决胜负作战姿态。

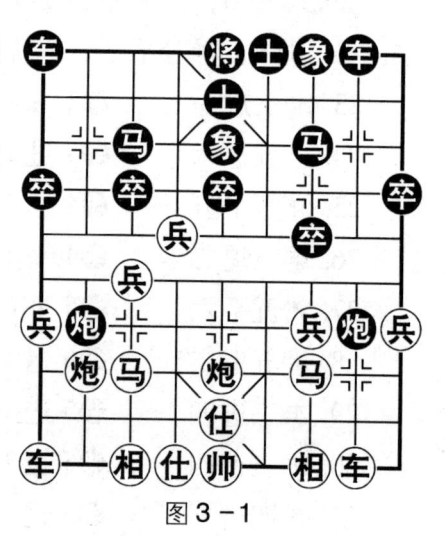

13. ……	炮1平5	14. 马三进五	车2平5
15. 兵三进一	车5平2		

平车锁住红方车炮稳妥。如改走㊉8 平 7，俥二进九马 7 退 8，㊉八进六㊉7 平 8，俥八进七车 5 平 7，以下将有一场恶战，生死未卜。

16. 兵三进一　　车 8 进 4　　17. 兵六进一　　车 8 平 7

黑方对自己形势估计偏于乐观，此时仍宜卒 3 进 1，兵六平七马 3 退 4，黑方足可抗衡。

18. 兵六平七　　炮 8 平 3　　19. 前兵进一　　炮 3 退 4
20. 仕五进六　　卒 5 进 1（图 3-2）
21. 俥八平九　　卒 5 进 1
22. 炮八平七　　炮 3 平 7
23. 俥九进六　　炮 7 进 7
24. 仕六退五　　卒 5 进 1
25. 炮五平六　　车 2 平 3
26. 炮七平八　　车 3 进 3
27. 俥九进三　　士 5 退 4
28. 炮八进七　　象 5 退 3
29. 俥九退三　　士 6 进 5
30. 俥九平五　　车 3 平 2
31. 炮八平六　　将 5 平 4　　32. 俥五进二　　炮 7 平 4
33. 仕五退六　　象 7 进 5　　34. 兵七进一　　卒 5 进 1
35. 俥二进九　　象 5 退 7　　36. 兵七平六

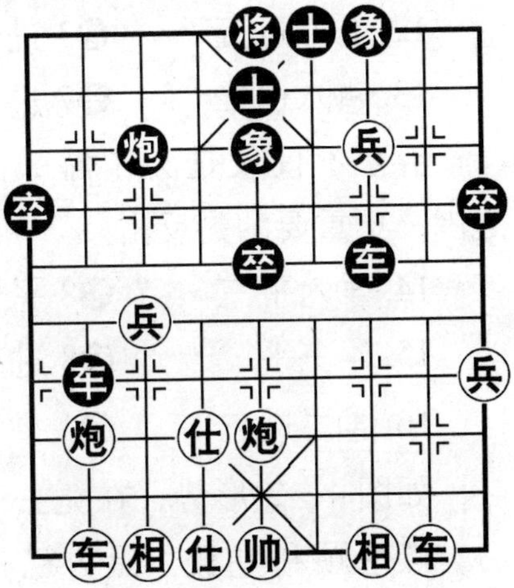

图 3-2

红胜。

第四局

1. 炮二平五　　马 8 进 7　　2. 马二进三　　车 9 平 8
3. 兵七进一　　卒 7 进 1　　4. 马八进七　　马 2 进 3
5. 俥一平二　　炮 2 进 4　　6. 兵五进一　　炮 8 进 4

7. 俥九进一　　炮2平3　　8. 相七进九　　车1平2
9. 俥九平六　　车2进6　　10. 兵三进一　　卒7进1
11. 俥六进二　　炮8进2（图4－1）

近年来，棋手们对中炮对双炮过河布局进行了改革和创新，丰富了这个布局的内容。如图4－1形势，黑方炮8进2是对炮8退2和马7进6着法的改进。

12. 仕六进五　　象3进5
13. 炮八退二　　卒7进1！

弃卒不仅仅是为了解3路炮之围，更重要的是反击。

14. 俥六平三　　炮8平7
15. 俥三平二　　车8进6
16. 俥二进三　　炮3平7（图4－2）

图4－1

如图4－2形势，在兑去一车后，黑炮顺利左移，黑方已进入反击通道。

17. 炮八平七　　士4进5
18. 马七进六　　马7进6！
19. 兵五进一　　马6进5
20. 兵七进一　　车2平3
21. 马六进八　　车3平2
22. 马三退一　　马5退3！
23. 马一进三　　前马退5
24. 马八进七　　马5进6
25. 俥二退三

图4－2

为防黑方炮7平8做杀之着，退车无奈。

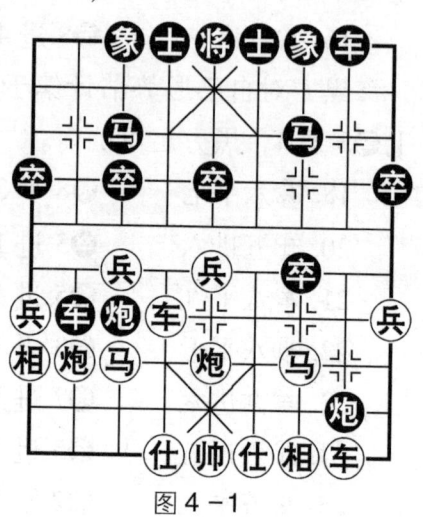

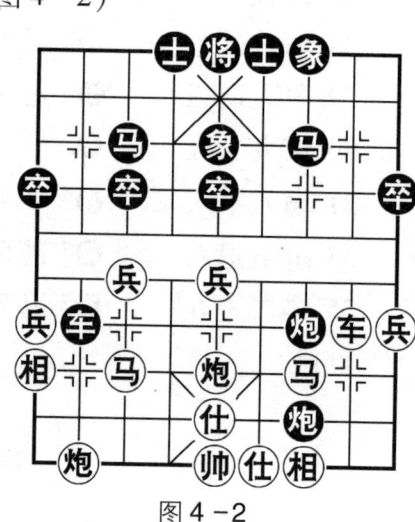

25.……	卒5进1	26. 兵七平六	卒5进1
27. 炮七平六	前炮平8	28. 炮五平四	炮8退1
29. 相三进五	炮8平6	30. 仕五进四	马6进4
31. 炮六进一	炮7平5	32. 相五退三	车2进2
33. 车二进一	炮5平4	34. 车二进二	炮4进2
35. 仕四进五	车2进1		

黑胜。

第五局

1. 炮二平五	马8进7	2. 马二进三	车9平8
3. 车一平二	马2进3	4. 兵七进一	卒7进1
5. 马八进七	炮2进4	6. 兵五进一	炮8进4
7. 车九进一	炮2平3	8. 相七进九	车1平2
9. 车九平六	车2进6	10. 兵三进一（图5-1）	

如图5-1形势，常见变化是车六进六象7进5，车六平七士6进5，仕四进五炮8退1，兵三进一炮8平5，车二进九马7退8，马三进五，卒7进1，形成各得其所，双方可以接受的形势。此时，红方挺三兵是新次序，为"双炮过河"布局的攻防增添了新的内容。

10.……	卒7进1		
11. 车六进二	炮8进2		
12. 兵一进一	象3进5	13. 马三进一	炮8退3
14. 仕六进五	卒7平6（图5-2）		

图5-1

如图 5-2 形势，黑方平卒是在实战基础上的改进着法，颇有成效。如改走炮8退1，马一进三炮8平7，车二平一车8进5，马三退四马7进6，车一进三炮3平9，车六平八炮9进3，车八平四红优。

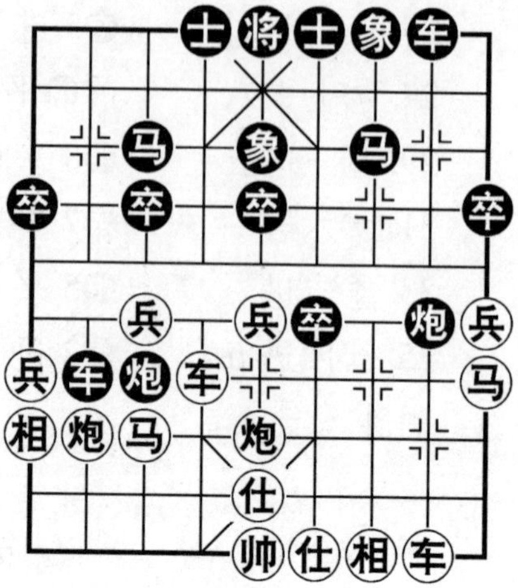

图 5-2

15. 炮八退二	炮8进2		
16. 仕五进六	卒3进1		
17. 兵七进一	象5进3		
18. 兵五进一	象3退5		
19. 兵五进一	马3进5		
20. 炮八平七	士4进5	21. 马一退三	炮8平5
22. 车二进九	炮5平3	23. 车二退六	炮3平7
24. 车六平七	车2退2	25. 车七平八	车2平5
26. 仕六退五	炮7退4	27. 车八进六	士5退4
28. 车二平六	士6进5	29. 炮七平六	

应改走炮七进八还有些机会。

29. ……	马5退3	30. 车八退五	马7进5
31. 相九退七	卒6进1	32. 相三进一	马5进7
33. 炮六进二	炮7平5	34. 帅五平六	卒6平5
35. 车六进三	车5平3	36. 相七进九	卒5进1
37. 炮六进二	炮5进5	38. 相九进七	车3平6
39. 相七退五	车6进5	40. 帅六进一	炮5平9
41. 炮六平二	马3进5	42. 相五退三	车6退1
43. 帅六退一	车6进1	44. 帅六进一	炮9退3

黑胜势。

第五章　中炮过河车对屏风马左马盘河

第一局

1. 炮二平五　　马8进7　　2. 马二进三　　车9平8
3. 车一平二　　卒7进1　　4. 车二进六　　马2进3
5. 兵七进一　　马7进6　　6. 炮八进三（图5-1）

如图1-1形势，红方炮八进三骑河，直击黑方盘河马，乃令人寻味的次序。

7. ……　　　炮2进1

进炮显然是针对红方骑河炮采取的应法。积极的着法应是卒7进1，变化如下：炮五进四马3进5，车二平五炮8平5，炮八平五士4进5，兵三进一（如车五平四车8进4，黑优）炮5进2，车五退一马6进7，红虽多兵，但双马位置不佳，黑方形势乐观。

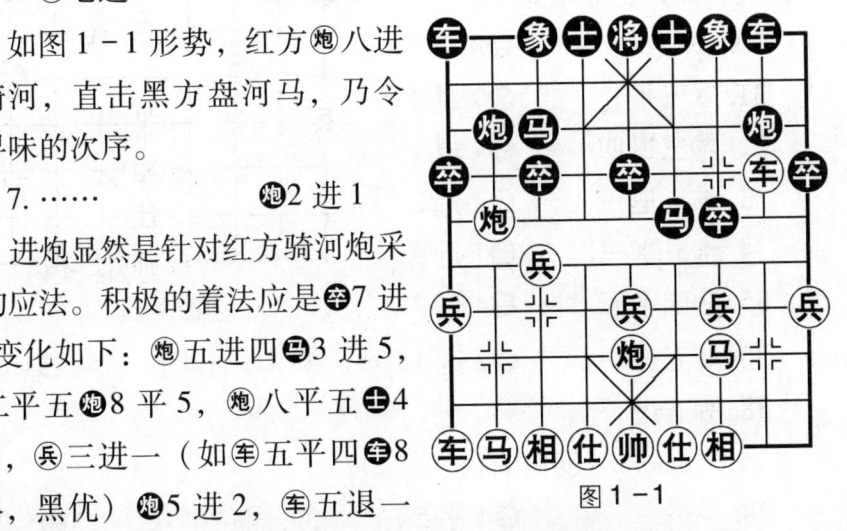

7. 车二退二　　卒7进1　　8. 车二平三　　炮8平6
9. 马八进七　　象3进5　　10. 车九进一　　士4进5
11. 车九平六　　车8进6　　12. 炮八退二　　车1平4
13. 车六进八　　士5退4　　14. 兵五进一　　车8进2

进车希望保持多变的作战形势。如改走车8平7，形势平和。

15. 仕六进五　　士4进5　　16. 马三进五　　马6进5

图1-1

17. 马七进五	炮2进2	18. 车三进二	炮2退2
19. 兵五进一	卒3进1	20. 车三退二	卒5进1
21. 兵七进一	炮2平5	22. 马五进七	炮5进4
23. 相七进五	车8退5	24. 炮八平五	卒5进1
25. 车三平五	象5进3	26. 车五进一	象3退5
27. 兵三进一	将5平4	28. 兵三进一	炮6平9
29. 兵三平四	车8进2	30. 炮五进四	（图1-2）

第14回合黑方车8进2，勉强求变，造成中线、右翼不断受到攻击。现红炮打中象，红方优势扩大，黑方防守艰难。

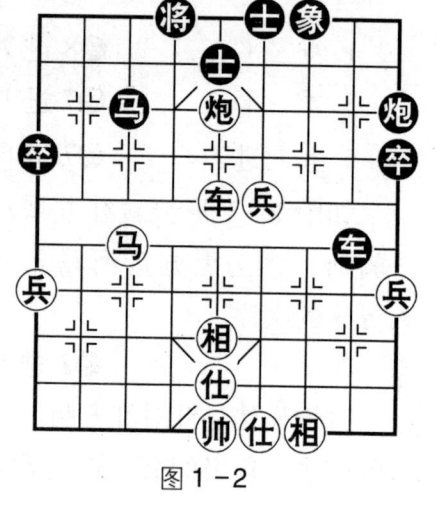

30. ……	车8平4		
31. 炮五平三	炮9进4		
32. 炮三退四	车4退1		
33. 车五退一	马3进2		
34. 车五平三	象7进5		
35. 兵四平五	车4进2		
36. 兵五进一	马2进1	37. 马七进五	车4退2
38. 兵五进一			

图1-2

弃子攻城，算度精确！

38. ……	车4平5	39. 车三平六	士5进4
40. 兵五平六	将4平5	41. 兵六进一	士6进5
42. 车六平二！	马1退2	43. 仕五进四	马2退4
44. 车二进五	士5退6	45. 炮三进六	士6进5
46. 炮三退八	士5退6	47. 车二退六	炮9退1
48. 车二平七	炮9平5	49. 仕四进五	马4退2
50. 车七进四	士6进5	51. 车七平八	

红胜势，下略。

第二局

1. 炮二平五　　　马8进7　　2. 马二进三　　　车9平8
3. 车一平二　　　马2进3　　4. 兵七进一　　　卒7进1
5. 车二进六　　　马7进6　　6. 马八进七　　　象3进5
7. 车二平四　　　马6进7
8. 马七进六　　　炮8平7（图2）

如图2形势，黑方炮8平7是不明显的次序之误，这将在以后局势发展中得以证实。此时黑方宜走士4进5，变化如下：炮五平六炮8平6，相七进五马7退8，车四平三马8退9，车三平一卒7进1，相五进三炮2进3，马六进七炮2平7，相三进五炮7退3，形成各有顾忌之势。

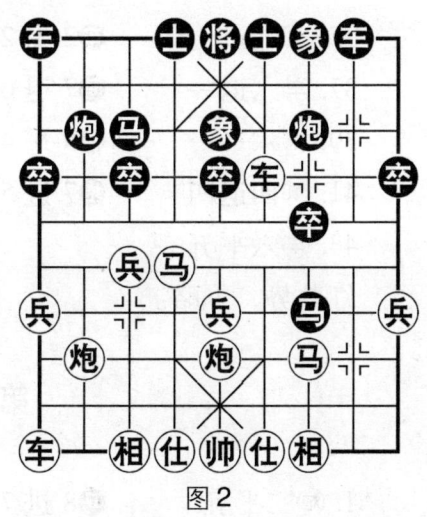

9. 炮五平六　　　士4进5

此时，红方宜先车四平三捉炮免得黑方车8进5，引出新变。

10. 车四平三　　　炮7平6　　11. 相七进五　　　炮2进3
12. 马六进七　　　车1平4　　13. 仕六进五　　　炮2进1
14. 车九平七　　　车4进6

至此，红方左翼车双炮马兵，已对黑方右翼形成攻势，优势显然。

15. 兵七进一　　　车8进5　　16. 马七进九　　　炮2退4
17. 兵七进一　　　车8平2　　18. 兵七进一　　　车2进2
19. 车三平五　　　车4平1　　20. 车五平六　　　象5退3

红方车五平六后伏有兵七平八吃炮，随即走车六进二，黑难应付。

21. 兵七平八	象3进1	22. 兵八平九	车2退7
23. 兵九平八	车1平2	24. 兵八平七	后车进3
25. 车六退二	前车进3	26. 车七平八	车2进6
27. 仕五退六	车2退3	28. 车六进一	象7进5
29. 兵七进一	炮6退1	30. 兵七平六	炮6平7
31. 仕四进五	车2退3	32. 炮六平七	车2平3
33. 炮七平八	车3平2	34. 炮八平七	士5进6
35. 炮七进七	车2退2	36. 车六进二	炮7进1
37. 车六退一	马7退6	38. 兵六进一	将5进1
39. 车六平一	将5平4	40. 炮七平四	将4退1
41. 炮四退四	炮7进5	42. 车一平六	将4平5
43. 车六平五			

红胜势，下略。

第三局

1. 炮二平五	马8进7	2. 马二进三	卒7进1
3. 车一平二	车9平8	4. 车二进六	马2进3
5. 马八进七	士4进5	6. 炮八平九	车1平2
7. 车九平八	马7进6	8. 兵七进一	炮2进4

黑方从第5回合上士开始，在布局次序上进行改变，寻求新的变化。

9. 车二平四	马6进7	10. 马七进六（图3-1）	

如图3-1形势，红方平车捉马，并把七路马跃上河口，既能防止黑方反击，又是组织进攻的好次序。

10. ……	炮8进4	11. 马六进五	马7进5
12. 相七进五	马3进5	13. 车四平五	炮8平7

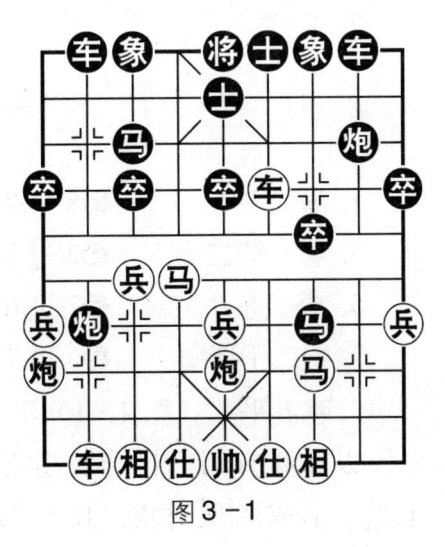

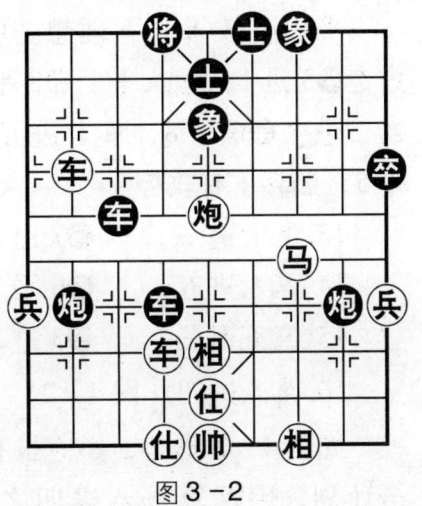

14. 车五平七　　象3进5
15. 炮九进四　　卒9进1
16. 炮九退一

至此，红方确立了兵种全和多兵优势，红马虽位置不理想，但有惊无险。

16. ……　　　卒7进1
17. 炮九平五　　卒7平6
18. 兵七进一　　车8进8
19. 马三退五　　车2平4
20. 马五进七　　车8平3
21. 车八进二　　卒6进1
22. 仕四进五　　炮7平8
23. 车七平二　　卒6平5
24. 马七进五　　车3退4
25. 马五进三　　车4进6
26. 车二平八　　将5平4
27. 后车平六（图3-2）

经过一番争斗，红方弃还二兵，消除了黑方的攻势。现兑车后，红方优势仍在。

27. ……　　　车4进1
28. 仕五进六　　炮2平5
29. 帅五平四　　炮8进3
30. 相三进一　　炮8退7
31. 车八平六　　士5进4
32. 车六退三　　炮5退1
33. 炮五平六　　将4平5
34. 马三进四
红胜。

图3-1

图3-2

第四局

1. 炮二平五　　　马8进7　　2. 马二进三　　　车9平8
3. 车一平二　　　马2进3　　4. 兵七进一　　　卒7进1
5. 车二进六　　　马7进6　　6. 马八进七　　　车1进1
7. 车二平四　　　马6进7　　8. 马七进六　　　卒7进1
9. 炮五平六（图4-1）

以前红方第七回合，多走兵五进一形成激烈对攻，现改为车二平四，易于把控形势。

9. ……　　　　　车8进1
10. 相七进五　　　车1平6
11. 车四平二　　　卒7平6
12. 兵七进一　　　卒6平5

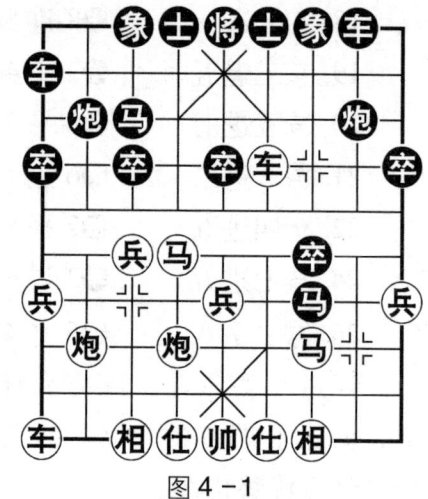

平中卒效果并不理想。可考虑走马3进1，炮八平七炮8平5，车二进二车6平8，炮七进五卒6平5，黑弃子有攻势。

13. 兵七进一　　　马7退6
14. 马六进五　　　车6平5
15. 马五退三　　　车5进2
16. 炮八进四（图4-2）

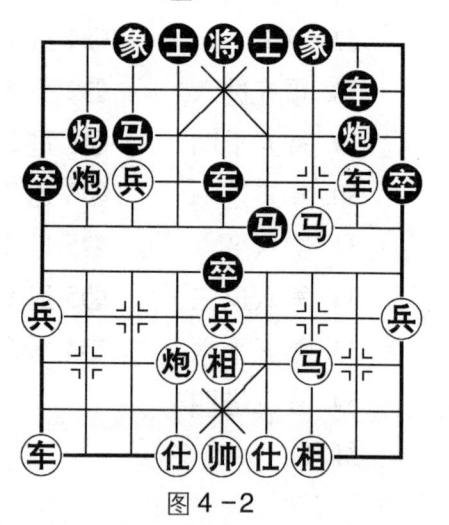

如图4-2形势，黑方虽有反击计划，因漏算炮八进四之着，一切化为乌有。

16. ……　　　　　车5平8
17. 炮八平二　　　炮8平7

图4-1

图4-2

18. 炮二平九	马6进4	19. 兵七进一	马4进2
20. 炮六退一	车8平4	21. 帅五进一	炮7进5
22. 兵七平八	卒5进1	23. 车九平七	象7进5
24. 车七进三	卒5进1	25. 相三进五	马2退3
26. 炮九平五	马3退5	27. 马三进五	车4进2
28. 马五退四	炮7退6	29. 车七平六	

红胜。

第五局

1. 炮二平五	马8进7	2. 马二进三	车9平8
3. 车一平二	马2进3	4. 兵七进一	卒7进1
5. 车二进六	马7进6	6. 马八进七	象3进5
7. 炮八平九	车1平2	8. 车九平八	炮2进6
9. 兵五进一	（图5-1）		

图5-1形势，红方则从中线进攻，击中了黑方软肋。从实战效果看，黑方布局次序尚待研究。如第7回合红方平边炮后，黑方可考虑选择卒7进1，变化如下：车二平四马6进8，车九平八车1平2，马三退五卒7进1，马七进六炮8平9，车八进六士4进5，马五进七车8进4，形成各有顾忌之势。

图5-1

9. ……	卒7进1	10. 车二退五	炮2退2

如改走卒7进1对攻变化如下：兵五进一卒5进1，马三进五马6进5，马七进五炮8进4，马五进六炮2退2，车二平三卒7平

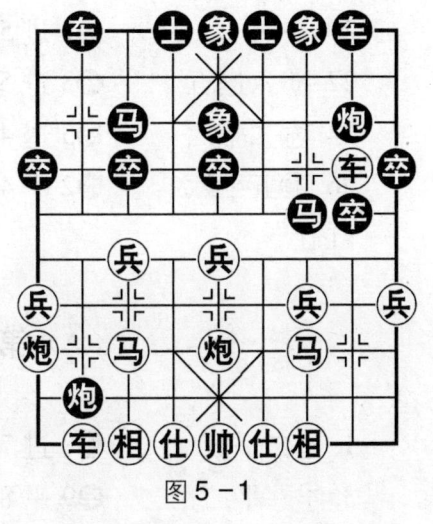

6，㗊三平四红优。

11. 兵三进一　　炮8进4
12. 兵五进一（图5-2）

红方不顾黑方有抽车之举，继续向中线挺进，判断正确！

12. ……　　　　卒5进1

如改走炮8平5，马三进五车8进8，兵五平四炮2平3，炮五进四士6进5，车八进九，红优。

13. 马七进五　　马6进5
14. 炮五进三　　士4进5
15. 马三进五　　车8进4
16. 炮九平五　　炮8进1
17. 兵三进一　　车8平7
18. 车二进一　　车7进2
19. 马五进四　　车7平6
20. 后炮进五

打象入局，精彩！

20. ……　　　　象7进5
21. 马四进五　　车6平5
22. 仕六进五　　马3进5
23. 马五进七　　将5平4
24. 车二平六　　马5退4
25. 炮五平三　　车5平7
26. 帅五平六　　炮2平4
27. 车六进一

红胜。

第六局

1. 炮二平五　　马8进7　　2. 马二进三　　卒7进1
3. 车一平二　　车9平8　　4. 车二进六　　马2进3
5. 兵七进一　　马7进6　　6. 马八进七　　象3进5
7. 车二平四　　马6进7　　8. 马七进六　　士4进5
9. 炮五平六　　炮8进6（图6-1）

布局至此，常见变化是炮8平6，相七进五马7退8，车四平三马8退9，车三平一卒7进1，相五进三炮2进3，马六进七炮2平7，相三进五炮7退3，形成一方多兵，一方多象，各有所得之势。

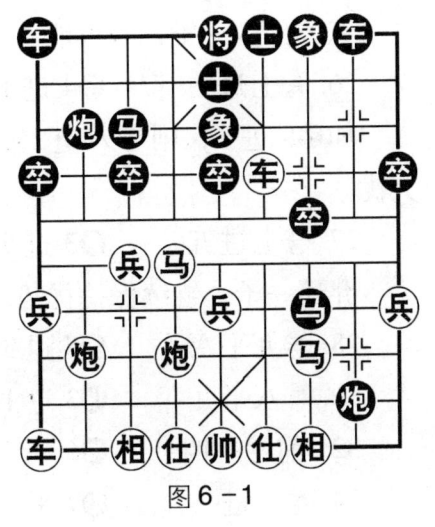

如图6-1形势，黑方炮8进6立即进入战斗状态，是新的战术，新的次序，新的尝试。

10. 仕六进五　　　卒7进1
11. 车四平三　　　车8进4
12. 马六进七　　　炮2进4
13. 车三退二　　　炮8平7
14. 兵九进一　　　炮2平3
15. 马七退八　　　车1平4
16. 车九进三　　　车4进6
17. 相七进五　　　炮3平2
18. 马八进七　　　车4平3
19. 车三平六（图6-2）

弈至19回合，黑方以五路子力全线展开反击，但未见成效；红方则攻守结合颇有收获。如图6-2形势，黑方右翼防务空虚，红有可乘之机。

19. ……　　　　　象5退3
20. 车六进四　　　炮7平6
21. 车六平七　　　车8平4
22. 车七退一　　　象7进5

黑方因右翼难以防守，只好以弃子为代价，先渡难关，再行战斗！

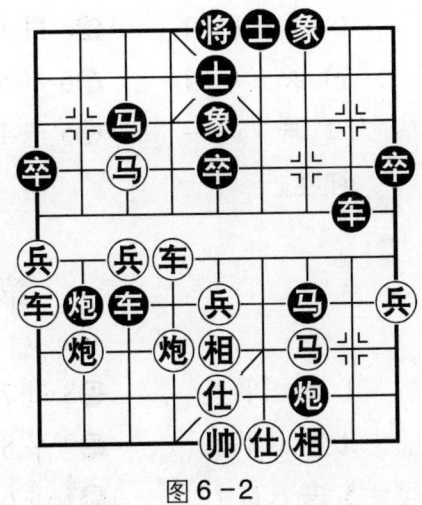

23. 相五进三　　　炮6退2
24. 相三进五　　　车3进2
25. 车七平八　　　炮2平3

图6-1

图6-2

红方已多一子，有可能车九平八一车换双炮，继续占优。

26. 兵七进一　　车4进1

如象5进3，则车八进二；如车4平3，则马七进六，红均大优。

27. 马七进五　　象3进5

弃还一子，继续保持优势。

28. 车九平八　　象5退3　　29. 前车退三　　车4退5
30. 炮八平九　　炮3进1　　31. 后车退三　　炮6进2
32. 前车平四　　炮6平7　　33. 相五退三　　车3平2
34. 车八进一　　炮7平2　　35. 车四平七　　炮3平7
36. 炮九平三

兑子，简化局势，防止反击，红方仍持优势。

36. ……　　　　车4进6　　37. 炮六平八　　象3进5
38. 兵七进一　　车4平5　　39. 兵七平六　　车5平2
40. 相三进五　　卒5进1　　41. 兵六平五　　卒5进1
42. 兵五进一　　士5退4　　43. 炮三平二　　车2退4
44. 车七进一　　马7进6　　45. 炮二进七　　士6进5
46. 车七平三　　将5平6　　47. 炮二平六　　士5退4
48. 车三进四　　将6进1　　49. 车三退二　　将6退1
50. 兵五平四　　将6平5　　51. 车三进二　　将5进1
52. 车三退一　　将5退1　　53. 兵四进一

红胜。

第七局

1. 炮二平五　　马8进7　　2. 马二进三　　卒7进1
3. 车一平二　　马9平8　　4. 车二进六　　马2进3
5. 马八进七　　马7进6　　6. 兵七进一　　车1进1

7. 炮八进三（图7-1）

红方进倒骑河炮，是对黑方盘河马横车的又一战术。对于这路布局目前正通过不断实战丰富其内容。

7. ……	炮2进1
8. 车二退三	车1平8
9. 兵七进一	马6退5
10. 炮八平三	卒3进1
11. 车九平八	炮2退2
12. 马七进六	炮8平6
13. 车二进五	车8进1
14. 兵三进一	炮2平5
15. 车八进四	车8进2

图7-1

从目前形势看，双方攻防较为紧凑。

16. 马六进四	车8平6
17. 马四进六	车6进1
18. 炮五平七	炮5平4
19. 车八进四（图7-2）	

如图7-2形势，黑方不经意间走炮5平4，被红方进车捉炮后，陷入困境。

19. ……	炮4进8
20. 车八平四	马3进4
21. 帅五平六	士4进5
22. 炮七进七	马4退6
23. 帅六平五	车6平4
24. 车四平三	象7进9
25. 炮三进二	马5进3
26. 马六进七	将5平4
27. 炮七退三	车4进5
28. 帅五进一	马6进7
29. 炮七平六	车4平3

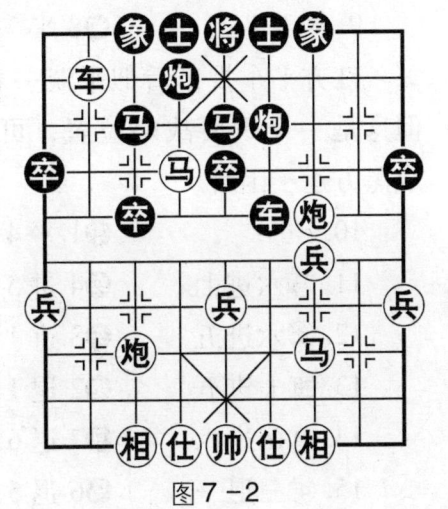

图7-2

30. 相三进五	车3退1	31. 帅五退一	马7进6
32. 帅五平六	卒3进1	33. 马七退八	炮6进1
34. 炮三退一	将4进1	35. 车三退一	炮6退1
36. 马三进四	象9进7	37. 炮三平二	车3平8
38. 车三退二	车8退5	39. 车三平六	

红优势。

第八局

1. 炮二平五	马8进7	2. 马二进三	车9平8
3. 车一平二	马2进3	4. 兵七进一	卒7进1
5. 车二进六	马7进6	6. 马八进七	车1进1
7. 车二平四			

黑方平车捉马既防止黑方反击，同时也削弱了黑方横车的作用。

7. ……	马6进7	8. 马七进六	车8进1
9. 炮五平四	炮8平7	10. 车四平三（图8-1）	

红方平车捉卒看似平淡一着，但这是一个重要战略位置，可造成黑方运子困难。

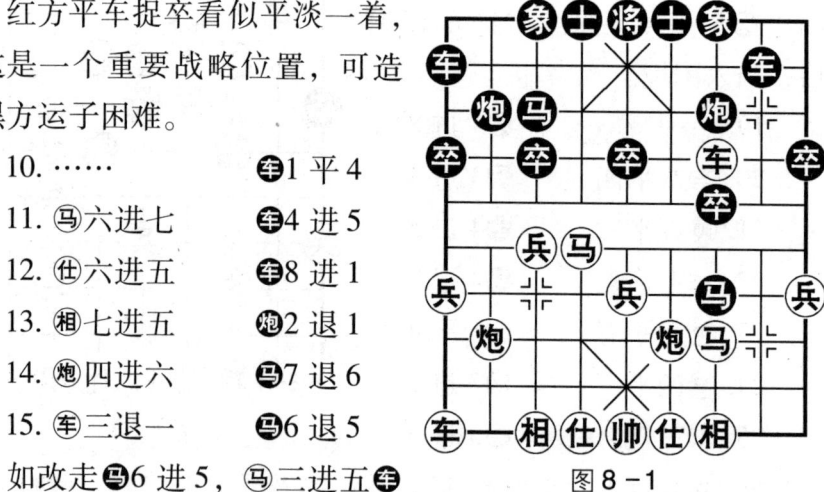

10. ……	车1平4		
11. 马六进七	车4进5		
12. 仕六进五	车8进1		
13. 相七进五	炮2退1		
14. 炮四进六	马7退5		
15. 车三退一	马6退5		

如改走马6进5，马三进五车4平5，车九平六，红仍优势。

图8-1

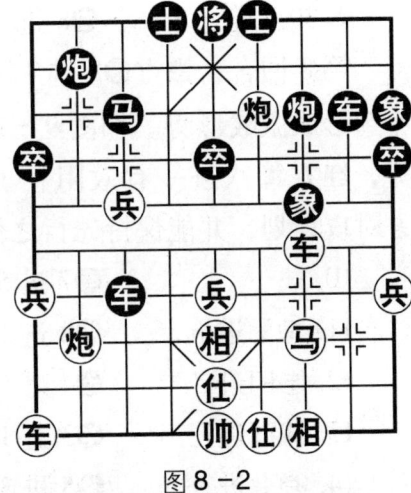

16. 兵七进一	象7进9	17. 车三退一	车4平3
18. 马七进五	象3进5		
19. 炮四退一	象5进7（图8－2）		

如图 8－2 形势，红方退炮打车，优势太大，黑方只是穷于应付。

20. 炮四平二	炮7进3		
21. 相五进三	车3进1		
22. 炮八平九	车3平7		
23. 相三进五	车7退1		
24. 车九平八	炮2平8		
25. 车八进七	马3退5		
26. 炮九进四	马5退7		
27. 炮九进三	将5进1	28. 车八平三	马7进8
29. 车三进一	马8退6	30. 车三平二	车7平5
31. 炮九平四	车5平3	32. 兵七平六	车3平4
33. 兵六平七	车4平3	34. 兵七平六	车3平4
35. 兵六平七	车4平9	36. 炮四平一	车9平1
37. 炮一退一	车1退2	38. 兵七进一	车1平6
39. 兵七进一	车6退2	40. 兵七进一	车6平8
41. 车二平三	车8平6	42. 炮一平四	将5退1
43. 车三平二	士4进5	43. 兵七平六	士5退6
44. 车二退二			

图 8－2

红胜。

第九局

| 1. 炮二平五 | 马8进7 | 2. 马二进三 | 卒7进1 |

3. 车一平二	车9平8	4. 车二进六	马2进3
5. 兵七进一	马7进6	6. 马八进七	象9进5
7. 兵五进一	卒7进1	8. 车二平四	马6进7
9. 马三进五	炮8进7	10. 炮八进一（图9-1）	

第8回合，黑方炮8进7沉底希望形成激战形势。如图9-1形势，红方炮八进一有效阻止了黑方对攻计划，并能保持先行之优。

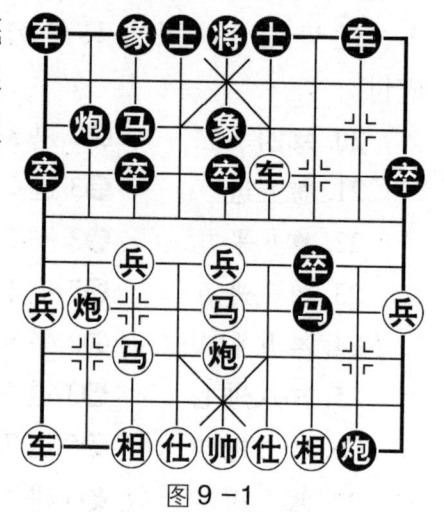

10. ……	马7进5		
11. 相七进五	炮2进1		
12. 车四进二	士4进5		
13. 马五进三	卒3进1		
14. 兵七进一	象5进3		
15. 仕六进五	象3进5		
16. 车九平六	车1平4	17. 车六进九	马3退4
18. 兵五进一（图9-2）			

红方打通中路后，优势更加显现。如图9-2形势，红方车双马炮攻势，黑方难以阻挡。

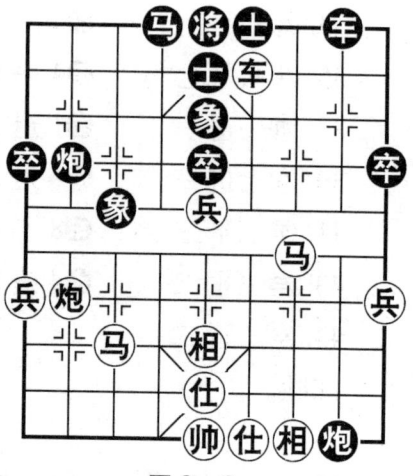

18. ……	马4进3		
19. 炮八平七	炮8退7		
20. 车四退四	卒5进1		
21. 车四进二	炮2退2		
22. 车四平八	炮2平4		
23. 车八平六	马3退2		

黑方如逃炮，红方马三进四黑将丢子。

24. 马三进五	炮8平7	25. 马七进五	车8进4

图9-1

图9-2

26. 后马进三	车8平6	27. 炮七平五	炮7进2
28. 马五进七	车6进1	29. 马七进六	马2进4
30. 帅五平六	炮7退3	31. 马三进二	炮7平6
32. 马二进三	车6进1	33. 炮五进一	将5平4
34. 炮五平二	车6平8	35. 车六平九	象3退1
36. 车九进一	将4平5	37. 炮二平五	

红胜。

第十局

1. 炮二平五	马8进7	2. 马二进三	车9平8
3. 车一平二	马2进3	4. 兵七进一	卒7进1
5. 车二进六	马7进6	6. 马八进七	象3进5
7. 车二平四	马6进7	8. 炮五平六	士4进5
9. 马七进六	炮2进1	(图10-1)	

如图10-1形势，黑方炮2进1是积极求战的新次序，加快了双方作战的步调，为这个布局增添了新的内容。如果黑方走炮8平6，也是不错的选择。

10. 马六进七	车1平4
11. 仕六进五	车4进6
12. 相七进五	车4平2
13. 炮八平七	

图10-1

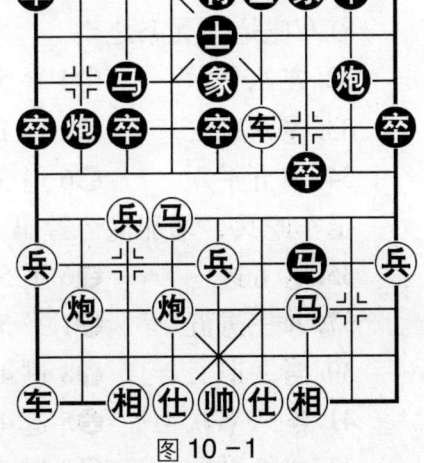

不愿兑炮是希望保持变化，但从以后形势发展看，红方难以把握局势。看来此着仍宜炮八进四交换子力较妥。

| 13. …… | 炮8平6 | 14. 兵九进一 | 炮2退3 |

| 15. 马七退六 | 车2平3 | 16. 车九平八 | 炮2平3 |
| 17. 炮七退二 | 车3进2 | 18. 马六进五 | 马3进4 |

红方马吃中卒操之过急，遭到黑方跃马反击，导致形势失控。宜改走兵七进一较妥。

19. 车四退三	卒7进1	20. 车四进二	车8进3
21. 车四平六	车8平5	22. 车八进九	炮6进6
23. 车六进三	车5平3		
24. 兵七进一	象5进3（图10-2）		

如图10-2形势，红方残相已是必然，形势进入防御劣势阶段。

25. 车八退九	马7进5
26. 炮六退一	后车平6
27. 炮六平四	车6进5
28. 炮七平六	马5进7
29. 车六进一	车3平4
30. 车六退七	炮3平4
31. 车六进八	将5平4

红车吃炮，无奈之举。

32. 车八平六	将4平5
33. 车六进二	卒7进1
34. 帅五平六	车6退3

退车吃兵，增加优势筹码。

图10-2

35. 兵五进一	车6平5	36. 马三退一	车5平1
37. 相三进五	车1平5	38. 相五退七	车5平8
39. 马一退三	车8进4	40. 相七进五	卒7平6
41. 车六平八	士5退4	42. 车八进四	象7进5
43. 车八平九	马7退5	44. 车九平三	卒6平7
45. 车三平五	马5退4	46. 车五平六	马4进3
47. 帅六进一	车8平7		

黑方胜定。

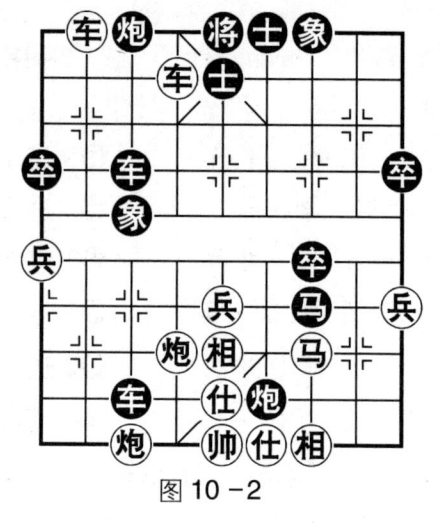

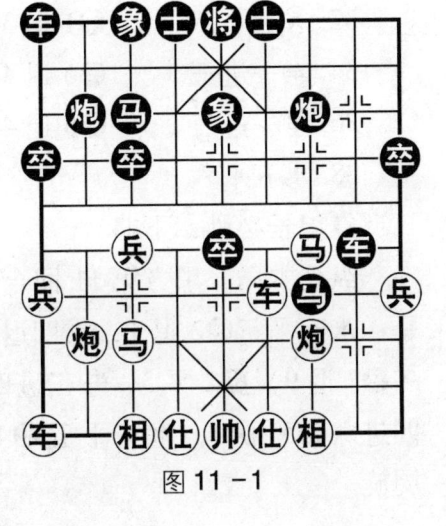

第十一局

1. 炮二平五　　马8进7　　2. 马二进三　　车9平8
3. 车一平二　　马2进3　　4. 兵七进一　　卒7进1
5. 车二进六　　马7进6　　6. 马八进七　　象7进5

黑方盘河马上左象，是避开红方高左炮战术，这路防御变化60年代就兴起。

7. 兵五进一　　卒7进1　　8. 车二平四　　马6进7
9. 兵五进一

红方采取进中兵急攻战术，如改走马三进五，黑方有炮8进5、炮8进7两种走法，另有攻防。

9. ……　　　　卒5进1　　10. 马三进五　　卒5进1
11. 马五进三　　炮8平7　　12. 车四退三　　车8进5
13. 炮五平三（图11-1）

如图11-1形势，黑方左翼车马炮受到红车马炮的牵制，形势不利。下步红方有炮八进二打中卒的手段，是黑方面临需解决的问题。

13. ……　　　　卒5平6

送卒以解燃眉之急。

如改走炮2退1，炮八进二炮2平5，仕六进五，红优。

14. 车四进一　　马3进5
15. 车四退一　　车1进1
16. 车九进一　　马7退9　　17. 相三进一　　炮7进5
18. 炮八平三　　马9退8　　19. 车四进三　　马8进7

图11-1

20. 相一进三	炮2进1	21. 车九平八	马5进4
22. 车八进五	马4进3	23. 炮三平五	士6进5
24. 车四平一	车8退5	25. 仕六进五	马3退4
26. 炮五进二	车1平4	27. 车八退三	车4进1
28. 车八平六	（图11-2）		

如图11-2形势，黑方右翼车马被红方牵住，左车又无法离开底线，而红方有边兵，优劣立判。

28. ……	象3进1		
29. 炮五退二	车8平6		
30. 相三退一	卒3进1		
31. 兵七进一	车4退1		

如象1进3，炮五平六车6进5，车一退二，黑将失子。

32. 兵七平八	象1退3	33. 兵九进一	车6进4
34. 车一进三	车6退4	35. 车一退三	车6进4
36. 车一进三	车6退4	37. 车一平四	将5平6
38. 炮五平六			

图11-2

红得子必胜，下略

纵观本局，黑方第11回合在次序上宜走车8平7，变化大体是：炮五平三炮2退1，车四退三炮8平7，车九进一（如炮八进一马7退9）炮2平5，马三进四炮7进5，炮八平三马7退8，马四进六炮5平4，炮三平五士4进5，马六退五炮4进2，黑可周旋。

第十二局

1. 炮二平五　　馬8进7　　2. 马二进三　　车9平8
3. 车一平二　　馬2进3　　4. 兵七进一　　卒7进1
5. 车二进六　　馬7进6　　6. 马八进七　　象3进5
7. 兵五进一　　卒7进1　　8. 车二平四　　馬6进7
9. 兵五进一　　士4进5　　10. 炮八平九（图12-1）

第10回合双方常见着法是：马三进五 炮8进5，兵五进一 炮2进1，互有攻防。如图12-1形势，红方平边炮改变攻击方向，是新的次序，效果颇佳。

10. ……　　　　车1平2
11. 车九平八　　卒5进1
12. 马三进五　　卒5进1
13. 马五进三　　炮8进5

图12-1

黑方急于反击，忽略了红方右马的进攻作用造成形势被动。宜走炮8平7为好。

14. 车四退三　　炮2进1　　15. 车四平三　　炮8平3
16. 兵七进一（图12-2）

如图12-2形势，红方弃兵强行突破，出乎黑方意料，红方已进入全面进攻阶段。

16. ……　　　　炮3退2　　17. 兵七进一　　炮3平7
18. 车三进一　　炮2进3　　19. 仕六进五　　卒5进1
20. 炮五进五　　象7进5　　21. 兵七进一　　车8进3
22. 车三平五　　卒5平6　　23. 炮九平五　　车8平4
24. 炮五进五　　将5平4　　25. 仕五进六　　士5进6

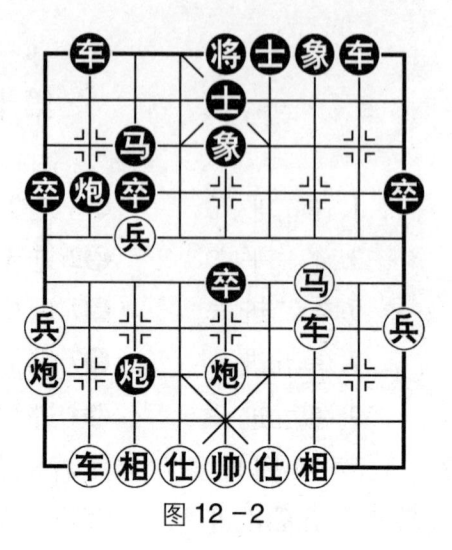

26.炮五退二　士6进5
27.车五平三　车2进4
28.车三进五　将4进1
30.炮五平三　车4平5
31.仕四进五　炮2平5
32.仕五退六　炮5平2
33.仕六退五　士5退6
34.相七进五
红胜势。

图12-2

第十三局

1.炮二平五　马8进7　　2.马二进三　车9平8
3.车一平二　卒7进1　　4.车二进六　马2进3
5.兵七进一　马7进6　　6.马八进七　车1进1
7.车二平四

平车捉马稳健之着，也有走炮八进三的，另具变化。

7.……　　马6进7　　8.马七进六　卒7进1

挺卒过河颇有创意，也有走车8进1的。

9.马六进五　马7进5
（图13-1）

如图13-1形势，黑换中炮是必须的选择。如改走象3进5，马五进七炮8平3，车四平七3退2，炮八进三士6进5，炮五平七车1平4，仕六进五车4进5，

图13-1

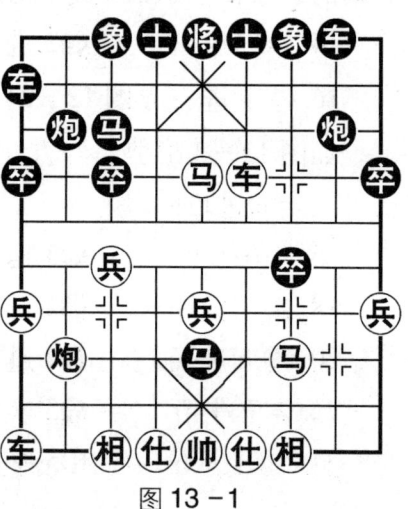

⑲七进三 ⒋4平3，⑲七平八 ⒋3进1，⑲八退二 ⒋3平7，㊀七进五，红大优。

10. ㊀七进五　　 ㊁3进5　　 11. ⑲四平五　　 ⒊8平5

12. ㊀五进三

以相飞卒造成中路车不能动弹，为黑方所利用，应属失误。宜走⑲五平三较妥。

12. ……　　　　 ⒊2进1　　 13. ⑲五退一　　 ⒋8进6
14. ㊉六进五　　 ⒋8平7　　 15. ㊀三进五　　 ⒊2退2
16. ⑲五平六　　 ⒊2平7　　 17. ⑲九平六　　 ㈩6进5
18. ⒊八平七　　 ⒋1平2
19. ㊋七进一　　 ⒋7平6（图13-2）

如图13-2形势，红方在自身存在诸多弱点的情况下轻易进攻，遭到黑方反击造成形势困难。此时，宜走⑲六平五为好。

20. 前⑲平五　　 ⒊7进6
21. ⒊七平三　　 ㋈3进1
22. ⑲六进三　　 ⒋车进8
23. ㊉五退六　　 ⒋2退4
24. ⒊三进七　　 ⒋2平7
25. ⒊三平一　　 ㊚5平6
26. ㊉六进五　　 ⒋7平2　　 27. ⑲六进二　　 ⒋2进4
28. ⑲六退五　　 ⒊5进4

黑胜。

图13-2

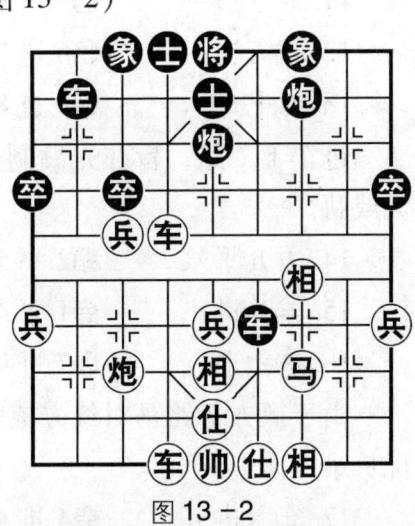

第十四局

1. ⒊二平五　　 ㊁8进7　　 2. 马二进三　　 ⒋9平8

3. 车一平二	卒7进1	4. 车二进六	马2进3
5. 兵七进一	马7进6	6. 马八进七	车1进1
7. 炮八进三	卒7进1（图14-1）		

如图14-1形势，黑方冲7路卒采取积极的战术，立即引起短兵相接的战斗。从实战效果看，此战术可行。

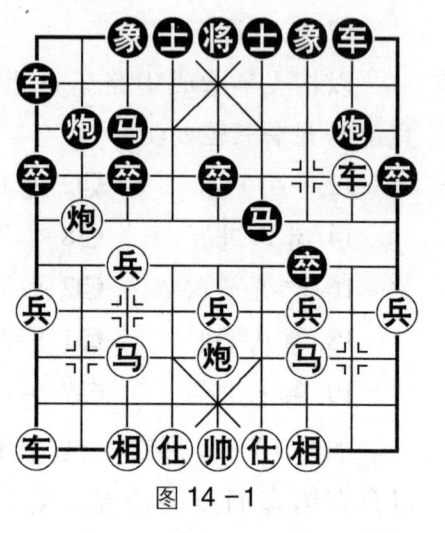

8. 炮五进四	马3进5		
9. 车二平五	炮8平5		
10. 炮八平五	士6进5		
11. 兵三进一	炮5进2		
12. 车五退一	马6进7		
13. 马七进六	车8进8		

图14-1

进车下二路，旨在先发制人。下一步马7进9对红方构成较大威胁。

14. 车九平八	炮2平5		
15. 车八进二	车1平4		
16. 马六退五	马7进9		

由于黑方7路马对红方威胁较大，红方只能退马防守，多兵优势难以体现。

17. 仕六进五	车4进4	18. 车五退一	车4退1
19. 车五进二	车4进1	20. 车五退二	车4退1
21. 车五进二	车4平1	22. 兵三进一	车1退2
23. 兵三进一	车1平7	24. 马三进四	车7进5
25. 马四进六	炮5平8	26. 车五平四	车8退4
27. 马六进八	车8平4	28. 兵三平二	炮8平2
29. 车八平六	车4平2	30. 车四平七	车2进5
31. 车六平七（图14-2）			

本来互相纠缠的形势，由于红方随意走了车六平七，给黑方提供了反击机会。如图 14-2 形势，红方如车六平七改走车六退二，以后战线还长。

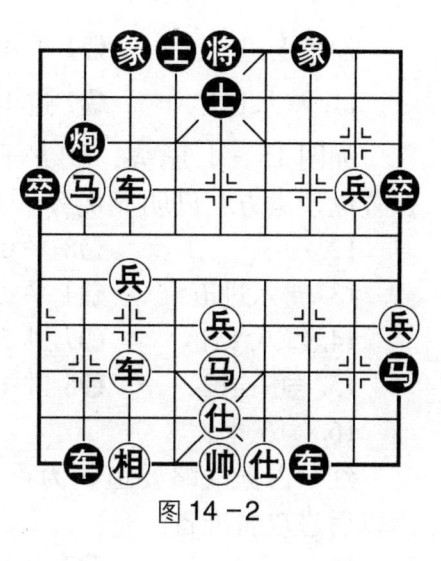

图 14-2

31. ……	车7退2！		
32. 前车平四	马9进7		
33. 车四退五	车2退6		
34. 车四平三	车7进1		
35. 马五退三	车2平8		
36. 兵七进一	车8平5		
37. 车七进一	炮2平7		
38. 相七进五	象3进5	39. 兵七平六	车5平7
40. 马三进四	车7进4	41. 马四进五	车7平5
42. 马五退三	象5进7	43. 马三退四	炮7平8
44. 帅五平六	车5平2	45. 马四进二	车2退2

黑胜势，下略。

第十五局

1. 炮二平五	马8进7	2. 马二进三	卒7进1
3. 车一平二	车9平8	4. 车二进六	马2进3
5. 兵七进一	马7进6	6. 马八进七	车1进1
7. 车二平四	马6进7		

红方平车捉马是针对黑方盘河马横车布局的一种稳健而又能把控形势的有效着法。

8. 马七进六　　马7进5

以马交换中炮意在简化局势。如改走车8进1，炮五平四炮8平7，炮八平七车1平4，马六进四士4进5，马四退三炮7进4，相三进五，黑方右马位置欠佳，红方稍优。

9. 相七进五	车1平4	10. 马六进七	车4进6
11. 炮八退二	卒7进1	12. 车四平三	（图15-1）

如图15-1形势，红方子力位置优于黑方，已明显优势。

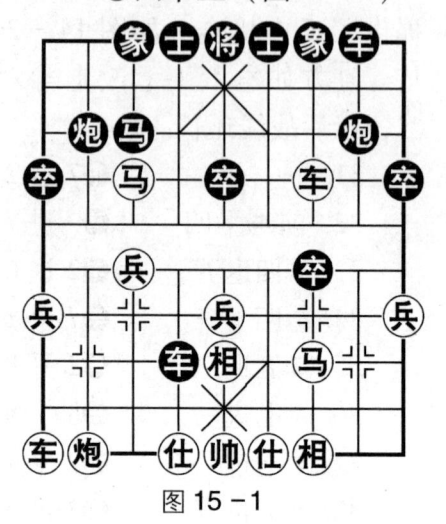

12. ……	炮8平6		
13. 仕六进五	车4平2		
14. 炮八平七	象7进5		
15. 车三退二	车8进4		
16. 车三平六			

红车占据战略要道颇为重要，为以后进攻做准备。

16. ……	车2退3		
17. 炮七进二	士4进5		
18. 车九平六	车8平6		
19. 前车进四	炮6退1	20. 前车退五	炮6进1
21. 马七退六	车6退1	22. 前车平七	车2平7
23. 兵七进一	象5进3		
24. 车七平八	象3退1		
25. 车六平七	（图5-2）		

这几个回合红方运子细腻有序。如图15-2形势，红方优势明显。

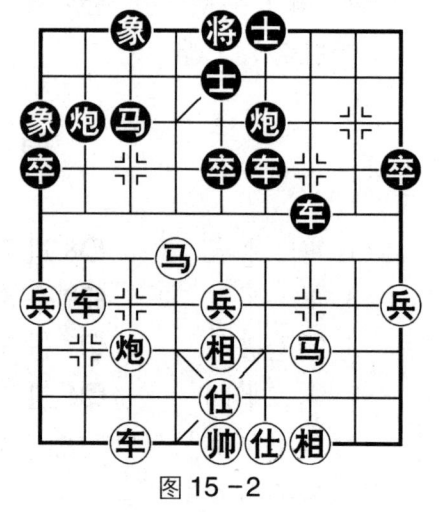

25. ……	士5退4		
26. 马三退一	炮2进2		

黑方进炮失误，导致失子兵败。如改走士6进5，尚可周旋。

27. 炮七进四	车6进5		
28. 车八进二	车7平2		
29. 车八进三	象3进5		
30. 炮七退五	车6退5	31. 车八退四	士6进5
32. 马六退七			

红多子胜，下略。

图15-1

图15-2

第六章　中炮横车七路马对屏风马

第一节　中炮横车七路马对屏风马右象

第一局

1. 炮二平五　马8进7
2. 马二进三　卒7进1
3. 兵七进一　车9平8
4. 马八进七　象3进5
5. 车一进一　马2进3
6. 车一平四　炮8进2
7. 炮八平九　车1平2
8. 车九平八　炮2进4（图1-1）

如图1形势，黑方炮2进4是争夺空间的积极着法，是新的次序，新的尝试。

9. 兵五进一　车8进1

高车重要，以增强对右翼的支持。

10. 车四进二　车8平2
11. 炮九退一

退炮难显积极效果，可考虑走车四进三，变化如下：炮2平3，炮九平八车8平2，车四平三车8进1，炮五平四士4进5，相七进五，红方形势不错。

图1

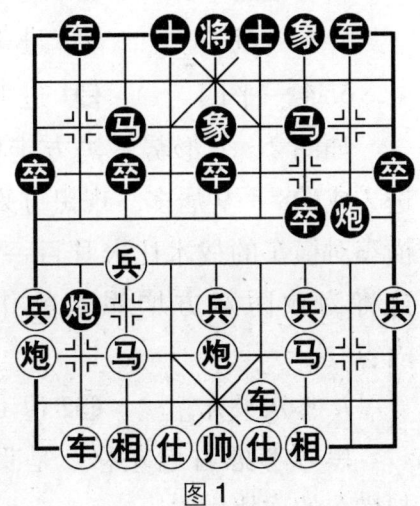

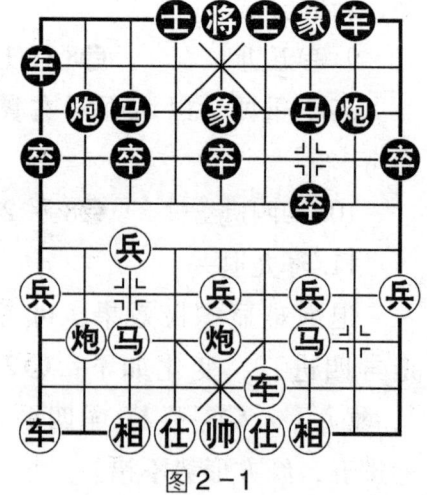

| 11. …… | 炮2平7 | 12. 车四平三 | 前车进8 |
| 13. 马七退八 | 车2进9 | 14. 车三平二 | |

放7卒过河过于从容，宜直走炮九平四为好。

14. ……	卒7进1	15. 炮九平三	炮8平7
16. 车二退一	马7进6	17. 炮三进三	车2平3
18. 车二进三	象7进9	19. 马三进四	车3退3
20. 兵五进一			

如改走炮三平一象9退7，车二退二车3平8，马四退二炮7进2，黑残局大优。

| 20. …… | 炮7平5 | 21. 炮五进四 | 象5进7 |

黑胜势。

第二局

1. 炮二平五	马8进7	2. 马二进三	马2进3
3. 兵七进一	卒7进1	4. 马八进七	车9平8
5. 车一进一	象3进5		
6. 车一平四	车1进1（图2-1）		

如图2-1形势，黑方走炮8进2或炮8平9居多。现黑方采取横车对横车的战术让人耳目一新，这将为攻防双方增添新的作战内容。

| 7. 炮八平九 | 炮2退1 | | |

黑方考虑右炮左移，是贯彻起横车的作战思维。

| 8. 车九平八 | 炮2平7 | | |
| 9. 车八进六 | 马7进8 | | |

图2-1

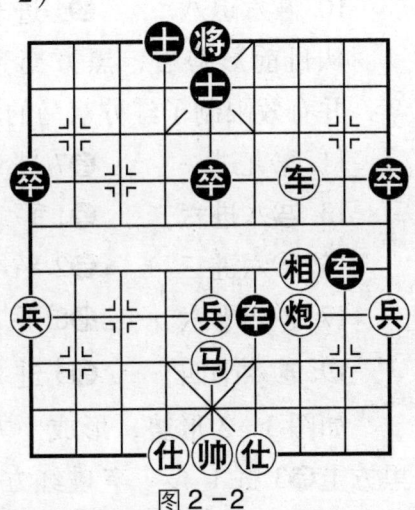

10. 马七进六	马8进7	11. 车四进六	士6进5
12. 车四平三	炮7平6	13. 炮五平六	车1平2
14. 车八平七			

吃卒将造成形势复杂多变，如车八进二，红形势不错。

14. ……	炮6进2	15. 车七进一	马7退8
16. 车三平二	车8进2	17. 相三进五	马8进7
18. 仕六进五	车8进3	19. 马六进七	车2进6
20. 马七进五			

红马换双象很难把控形势，应走炮九进四打边卒较为稳妥。

20. ……	象7进5	21. 车七平五	车2退4
22. 车五平三	车2进1	23. 车三退一	车8平6
24. 炮六进一	卒7进1	25. 相五进三	车6平3
26. 炮六平三			

炮打马又冒一次风险，代价太大，应走相三退五。

26. ……	车3进4	27. 仕五退六	车2退2
28. 马三退五	车3平1	29. 车三平四	车2平5
30. 马五进四	车5平8	31. 马四退三	车8进1
32. 车四平三	车1平6		
34. 马三进五	车6退1（图2-2）		

如图2-2形势，红方车马炮残相，且位置不佳，已难抵挡黑方双车凌厉攻势。

34. 炮三退二	车8进2
35. 马五退七	车8平7
36. 炮三平一	将5平6
37. 仕六进五	车7平2
38. 帅五平六	车6进2
39. 马七进六	车2进2
40. 帅六进一	车6平9

黑胜。

图2-2

第三局

1. 炮二平五	马8进7	2. 马二进三	卒7进1
3. 兵七进一	马2进3	4. 马八进七	车9平8
5. 车一进一	象3进5	6. 车一平四	炮8进2

巡河炮意在尽快开通右翼，均衡发展子力，是应付中炮横车七路马有效的着法。

7. 马七进六　　炮2进4（图3-1）

此时常见变化是：卒3进1，马六进七卒3进1，以下红方可走车四平七、炮八平七两种着法，另具攻防。如图3-1形势，黑方挥炮过河，具有弃子作战的强烈意图，这是值得注意的次序！

8. 兵三进一	卒7进1
9. 兵七进一	卒3进1
10. 马六退八	士4进5

图3-1

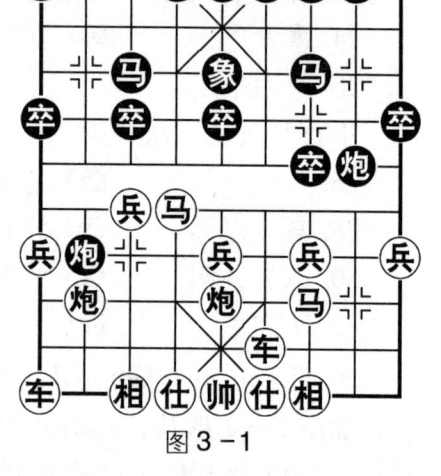

从目前形势看，黑方弃子多卒，并有效限制了红方双马的活动。说明弃子战术可行。

11. 车九进一	卒7进1	12. 马三退一	马3进4
13. 马八进六	车1平2	14. 炮八平六	车2进5
15. 炮六进三	车2平4	16. 车九平六	车4进3
17. 车四平六	炮8平7	18. 炮六退二	卒7进1
19. 车六平四	卒3进1	20. 炮六退二（图3-2）	

如图3-2形势，形成一方多子一方多卒，双方纠缠。实战黑方走卒3进1弃7卒攻红方底线，最终无功兵败。如改走卒7平8，炮六进二车8进5，仍可战斗。

20. ……	卒3进1		
21. 马一进三	炮7进5		
22. 仕四进五	车8进4		
23. 马三进四	车8平6		
24. 马四退二	车6平8		
25. 马二进四	车8平6		
26. 马四退二	车6平8		
27. 车四进二	卒3进1		
28. 炮五平二	车8平4		
29. 马二退四	炮7平9		
30. 炮四平九	车4平7	31. 帅五平四	马7进8
32. 炮九进一			

红多子胜。

图 3-2

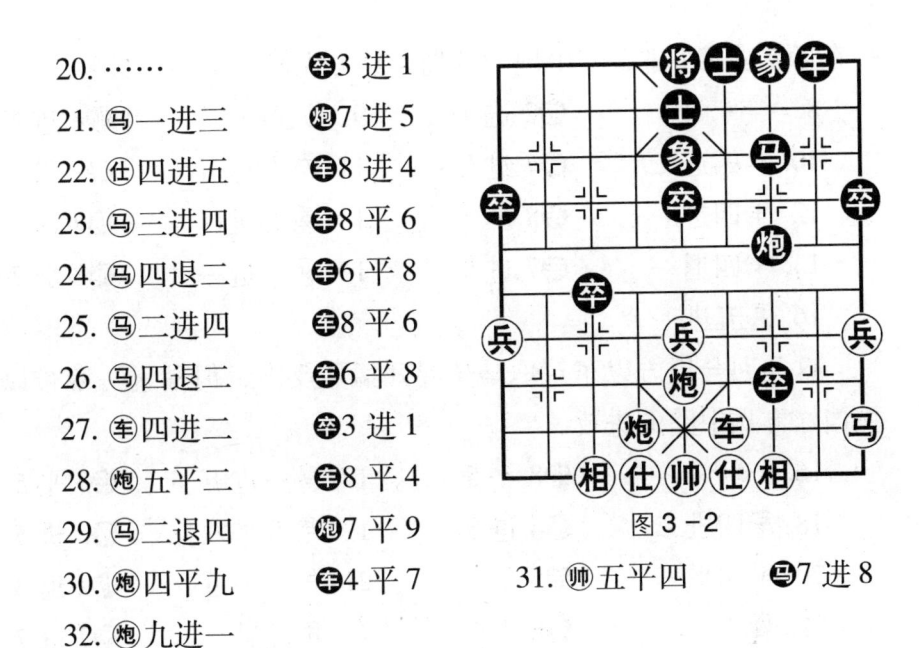

第四局

1. 炮二平五	马8进7	2. 马二进三	车9平8
3. 兵七进一	卒7进1	4. 马八进七	马2进3
5. 车一进一	马7进6（图4-1）		

红方形成中炮横车七路马阵式，此时黑方常见着法是象3进5，以后再选择炮8进2或炮8平9。如图4-1，黑马跃上河口，急于反击，但这个次序值得研究。

6. 车一平四	马6进7
7. 车四进二	卒7进1
8. 炮五退一	

由于黑方下一步有炮8进4，

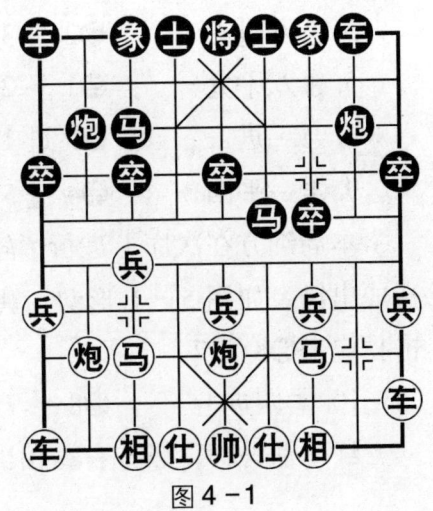

图 4-1

打车后实施马7进5咬中炮的计划，红方先避一手甚为必要。

8.……	炮2进4	9.兵五进一	炮8进4
10.车四进二	象7进5	11.马七进五	卒7平8
12.车四进一	车8平7	13.兵五进一	马7退8
14.车四退一	车7进6	15.兵五进一	马8退7
16.兵五进一			

这几回合黑方以车双炮马卒展开猛烈反击，但稍逊一筹难以抵挡红方从中路的进攻。

16.……	炮8平5	17.马三进五	车7平5
18.车四进二	士4进5	19.兵五平六！	象3进5
20.车四平三	车5平4	21.车三平五	炮2退4
22.炮八平三	卒8平7	23.车九进二	炮2进7
24.车五进一	将5进1	26.车九平五	将5平6
27.车五平四			

以下将6平5，相三进五 红胜。

第五局

1.炮二平五	马8进7	2.兵七进一	卒7进1
3.马八进七	马2进3	4.车一进一	象3进5
5.炮八平九	车1平2	6.车九平八	马7进8
7.马二进三	车9进1	8.车八进六	车9平4
9.车一平四	车4进5	（图5-1）	

本局红方在次序上进行了较多变化，希望给对方选择着法时造成出错。如图5-1形势，黑方即错走车4进5。遭到红方伏击！应走炮8平7

| 10.车四进七 | 炮8平7 | 11.车四平七 | |

红车别马脚，黑方右翼相当难受。

11. ………… 车4平3

12. 马七退五 车3进2

进车是为防止红方炮五平八或炮九平八打炮。

13. 炮九进四 马8进7

14. 炮五平九

红方将九路炮沉底，黑方难以阻挡。

14. ………… 车3平4

15. 炮九进三 马3退5

16. 马五进四 车4退6

17. 车八进一（图5-2）

如图5-2形势，红方利用黑方窝心马弱点，以车吃炮强行"逼宫"，黑方顾此失彼，难以防卫。

17. ………… 车4平2

18. 车七平六 前车平4

19. 马四进三 象5进7

20. 车六退一 马5退3

21. 车六平三

红方一气呵成获胜。

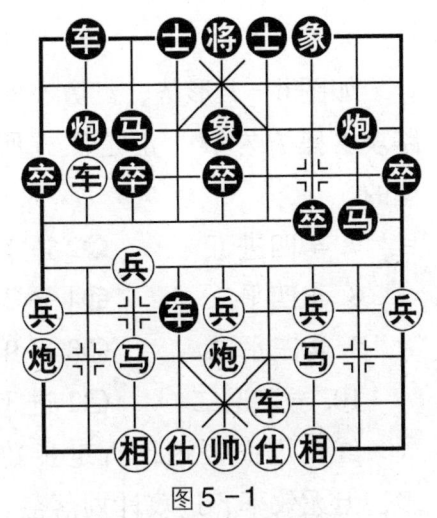

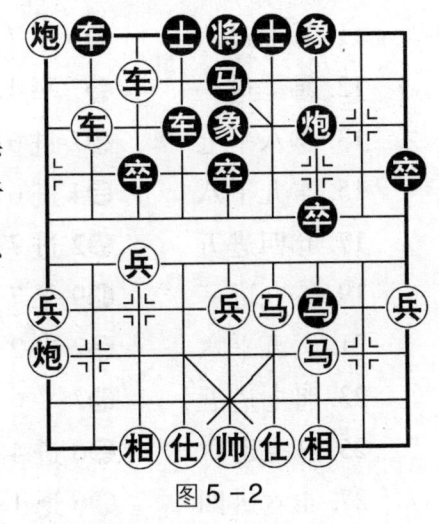

图5-1

图5-2

第六局

1. 炮二平五 马8进7
2. 马二进三 卒7进1
3. 兵七进一 马2进3
4. 马八进七 象3进5
5. 车一进一 车9进1

6. 车一平四　　车9平4（图6-1）

如图6-1形势，红方平车四路攻击黑方左翼，正是黑方所希望的。

7. 车四进五　　炮2进1
8. 车四平三　　车4平7
9. 车三平二　　炮8平9
10. 车二退二　　炮2进3

红车进而复退，所走步数甚多，但无效率，进攻计划落空。

11. 马七进八　　炮2平7
12. 相三进一　　车7平4
13. 炮八平七　　马7进6　　14. 马八进七　　士4进5
15. 车九平八　　车4进6　　16. 车八进二　　车1平2
17. 仕四进五　　车2进7　　18. 仕五进六　　车2退3
19. 兵九进一　　炮9平7　　20. 仕六退五　　卒9进1
21. 炮五平六　　车2进2　　22. 车二平四　　车2退7
23. 相七进五　　炮7平6　　24. 车四平二　　车2进7
25. 马七退六　　马6进4　　26. 车二平六　　马3进2
27. 车六进四　　炮6退1　　28. 车六退三　　炮6平8
29. 兵七进一　　炮8进3　　30. 车六进一　　炮8平3
31. 车六平五　　炮3退4　　32. 车五退二　　车2进2
33. 车五平四　　炮3平1（图6-2）

以上一段着法黑方走得细腻，优势得到扩大。

34. 车四平七　　马2进1　　35. 车七进二　　马1进3
36. 车七退四　　炮1进5　　37. 车七平九　　车2退3
38. 炮六进三　　炮7平8　　39. 炮六平一　　炮8进1
40. 仕五退四　　炮1退1　　41. 炮一平九　　卒1进1

图6-1

42. 车九平七	车2进3		
43. 仕四进五	车2退2		
44. 兵一进一	车2退3		
45. 相一退三	卒7进1		
46. 车七进二	卒7进1		
47. 马三退四	车2平8		
48. 兵五进一	炮8进2		
49. 兵五进一	卒7进1		
50. 车七平三	卒7平8		
51. 车三平四	炮8进1		
52. 仕五进六	卒8平7		

图6-2

黑胜，下略。

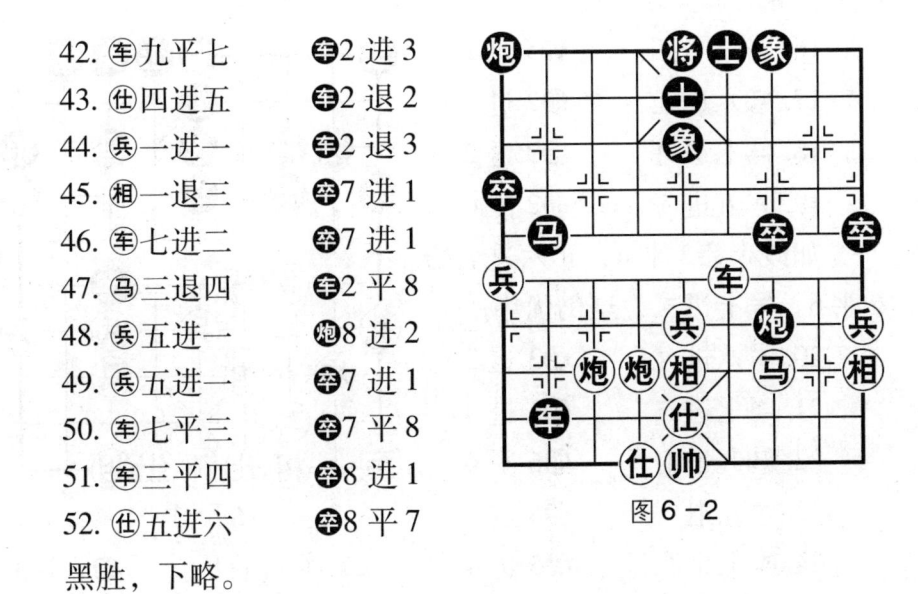

第七局

1. 炮二平五	马8进7	2. 马二进三	车9平8
3. 兵七进一	卒7进1	4. 马八进七	马2进3
5. 车一进一	象3进5	6. 马七进六	

至此，形成中炮横车七路马对屏风马的典型阵式，这时红方一般选择走车一平四或车一平六。此时走马七进六的次序，其子力结构也很合理，

6. ……	士4进5	7. 车一平七	炮8平9
8. 炮五平六	卒7进1（图7-1）		

如图7-1形势，由于红方子力对黑方右翼构成较大压力，黑方在行子选择上有较大难度，于是决定弃卒进行反击！

9. 兵三进一	炮2进3	10. 兵七进一	

进兵妙手，打乱了黑方作战计划。

10. ……	卒3进1	11. 兵三进一	卒5进1
12. 炮八平七	马7进5	13. 炮七进五	马5退3
14. 车九平八	车1平2	15. 相七进五	车8进3

16. 兵三平四	卒5进1		
17. 马六退七	炮2进1		
18. 马七退九	炮2退2		
19. 兵五进一	炮2平6		

如改走车2平4，仕六进五炮2平6，车七进二，红仍优势。

20. 车八进九	马3退2		
21. 车七进二	马2进3		
22. 马九进七	炮6平4		
23. 炮六退一	炮4退4		
24. 车七平八	马3进4	25. 炮六平九	炮4平3
26. 兵五进一！	马3进7	27. 马三退五	马4退3
28. 马五进七	车8进1	29. 炮九平五	卒3进1
30. 车八平五	车8进1	31. 车五平三	卒3平4
32. 马七进五	车8退2	33. 马五进三	车8平4
34. 车三平二	卒4进1	35. 兵五进一（图7-2）	

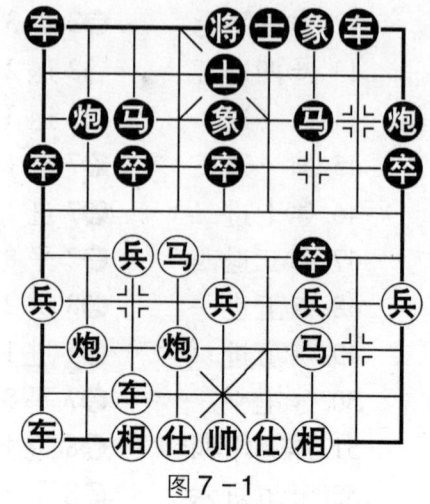

图7-1

双方虽然子力相同，但子力位置不大相同，红方一直保持进攻姿态持有优势。如图7-2，红方冲兵捉车黑方中线难以抵挡。

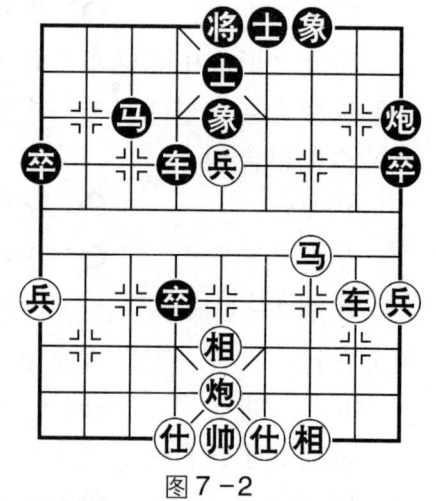

35. ……	车4进2		
36. 兵五进一	卒4进1		
37. 炮五平三	象7进5		
38. 车二进四	将5平4		
39. 车二平一	卒4平5		
40. 相三进五	车4平4		
41. 帅五进一	马3进4	42. 车一退一	马4进6
43. 车一平四	马6平4	44. 帅五平四	马4退3

图7-2

45. 车四退三	车4退4	46. 车四平五	车4平6
47. 帅四平五	车6进4	48. 马三进五	

红胜。

第二节　中炮横车七路马对屏风马左象

1. 炮二平五	马2进3	2. 兵七进一	卒7进1
3. 马二进三	马8进7	4. 马八进七	车9平8
5. 车一进一	象7进5	6. 车一平四	士6进5

7. 车九进一（图1-1）

横车七路马对屏风马左象布局尚未形成完整的攻防体系，红方此时如走兵五进一强攻，由于黑方防务比较扎实，形势发展难以把握。于是红方再提横车静观其变，乃明智之举。

7.……　　　　　炮2进4

进炮打兵，急于反击，带有冒险成分。缓和之着可考虑走炮8进2，尽快打开右翼，使子力均衡发展。

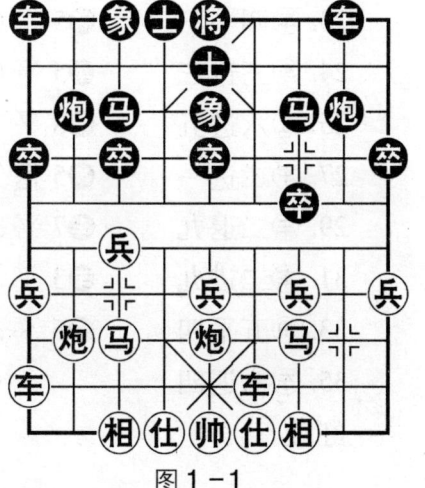

图1-1

8. 马七进八	炮2平7	9. 相三进一	卒7进1

黑方弃卒过河，矛头直指红方右翼，由于右车难以助力，作战计划难以见效。

10. 相一进三	炮8进7	11. 马三退二	炮7进3
12. 帅五进一	车8进9	13. 相三退一	炮7退5
14. 马八进七	车1平2	15. 炮八平七	车2进6
16. 马七进五	象3进5	17. 炮七进五	车2平5
18. 帅五退一	马7进8	19. 车四进四	马8进7

20. 相一进三（图1-2）

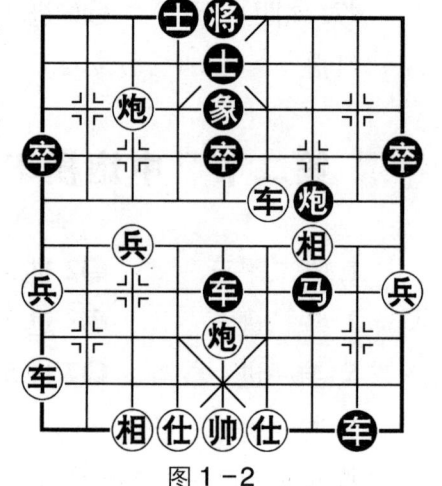

如图1-2形势，红方已明显占优，现飞相轧马是必然之着。如随手走㆛四平三吃炮，将5平6，炮七进二象5退3，仕六进五，形势简化黑方有守和机会。

20.……	炮7平8		
21. 车九平八	炮8退2		
22. 炮七进一	车8退4		
23. 车四平三	将5平6		
24. 车三进三	车5平6		
25. 仕六进五	车8平7	26. 车三平二	士5进4
27. 车二进一	象5退7	28. 炮七平九	炮8进7
29. 车二退九	车7平3	30. 炮九进一	车3退5
31. 车二进九	车3平1	32. 车二平三	将6进1
33. 炮五平四	车6平3	34. 车八进七	士4退5
35. 车八退四			

红胜。

图1-2

第三节　挺兵局转中炮七路马

第一局

1. 兵七进一　　　马8进7　　2. 马八进七　　　炮8平9
3. 炮二平五　　　车9平8　　4. 马二进三　　　卒7进1
5. 车一进一　　　马2进3　　6. 马七进六　　　车1进1
7. 车一平六（图1-1）

几经变化，形成中炮横车七路马对三步虎布局。如图1-1，红方车一平六保河口马雄立河头，以后再攻击黑方左翼，这是红方的作战构思。

7. ……　　　　象7进5
8. 车九进一　　炮2进4

如改走炮2退1，车六平二，红主动。

9. 车六进二　　车1平4
10. 车九平六　　炮2退5
11. 马六进七　　车4进5　　12. 车六进二　　炮2平7
13. 炮五平七　　马7进6　　14. 相七进五　　马6进7
15. 兵七进一　　卒7进1（图1-2）

如图1-2已形成各攻一端形势，但在子力位置和行子速度上红方有利。此时，黑方如改走车8进8，变化是仕六进五象5进3，车六平七马7进9，炮八退一马9进7，帅五平六炮9平4，炮八平三车8平7，炮七进三车7退1，炮七进二。红优。

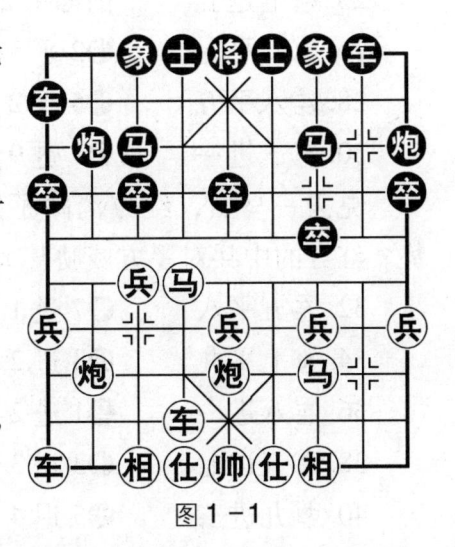

125

16. 相五进三	车8进4		
17. 车六进二	车8进4		
18. 仕六进五	车8平6		
19. 兵七平八	炮9平7		
20. 炮八退一	车6退5		
21. 相三进五	卒5进1		
22. 兵八进一	马3退1		
23. 车六平五	士4进5		
24. 车五平八	前炮进1		
25. 马七退五	前炮平2		

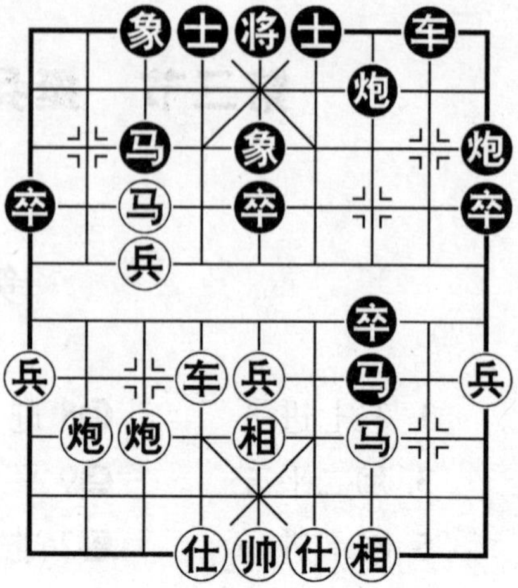

图 1-2

26. 炮八平七	炮2平5	27. 马五退七	车6平7
28. 车八平五	炮5平2	29. 马三退二	车7平8
30. 马二进一	马7进9	31. 相三退一	炮2退1

兑去一马后，红方消除了黑方有可能的反击，仍然保持优势。红方的中兵对黑方威胁甚大。

32. 车五平八	炮7进1	33. 前炮平六	炮2平3
34. 炮七平九	炮3进2	35. 兵五进一	车8平2
36. 车八进一	马1进2	37. 炮九进五	马2进3
38. 相五进七	炮3退3	39. 炮六进四	卒9进1
40. 炮九进三	士5退4	41. 兵五进一	炮3平5
42. 兵五平四	炮7平9	43. 炮六退一	炮9进4
44. 炮六平一	炮9退1	45. 相一退三	炮5平1
46. 相七退五	炮9平5	47. 兵九进一	炮1平8
48. 兵九进一	士6进5	49. 兵九平八	炮8进2
50. 兵四进一	炮8平9	51. 兵四平五	象5退7
52. 炮一平七			

红胜势。

第二局

1. 兵七进一　　卒7进1　　2. 马八进七　　马8进7
3. 炮二平五　　车9平8　　4. 马二进三　　马2进3
5. 马七进六　　象3进5　　6. 炮八平六　　炮8平9
7. 相三进一（图2-1）

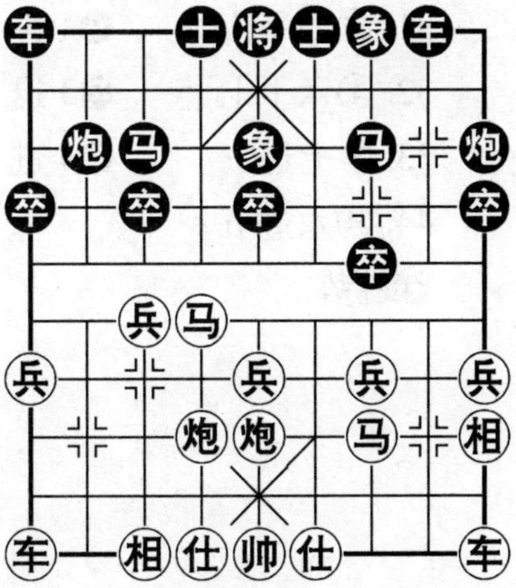

如图2-1形势，双方由对兵局演成中炮七路马对屏风马布局。此势，红方六路炮配合边相是新的布局格局，颇有新意。

7. ……　　　　炮2进4

伸炮过河弃子风险甚大，宜走车1平2，静观变化为好。

8. 兵七进一　　卒3进1
9. 马六退八　　卒3进1
10. 炮六进五　　马7进6
11. 炮六平一　　象7进9
12. 车九进一　　车1平2　　13. 马八退六　　卒3平4
14. 车九平七　　车2进2　　15. 车七进二　　车8进6
16. 车一进一

红方高车伏车一平四和车一平七进行反击的着法。

16. ……　　　　马6进7　　17. 兵五进一　　卒7进1
18. 车一平七　　马3进2　　19. 炮五进四　　士6进5
20. 前车平八　　车8进1　　21. 相一进三　　车8平7
22. 车七平二（图2-2）

红方弃还一子，移车攻击黑方右翼，大局已定。

22. ……　　　　车7平5　　23. 相三退五　　马7进8

图2-1

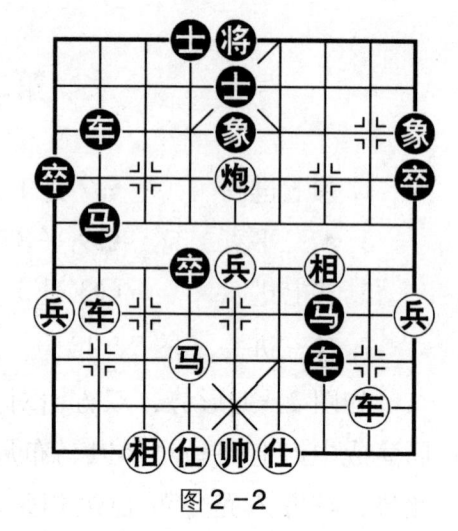

24. 仕四进五	象9退7
25. 车八平二	马2退4
26. 车二进六	将5平6
27. 车二退八	士5进6
28. 车二平四	士4进5
29. 车四进二	卒4平5
30. 炮五平九	卒9进1
31. 车四平六	马4进3
32. 车六平七	马3退4
33. 车七进三	马4进6
44. 马六进五	

红胜势。

图2-2

第七章　中炮对三步虎

第一局

1. 炮二平五　　马8进7　　2. 马二进三　　车9平8
3. 兵七进一　　炮8平9
4. 兵三进一　　炮2平3（图1-1）

如图1-1形势，黑方一般有象3进5、马2进3、卒3进1三种着法，而炮2平3则是出人意料的次序。

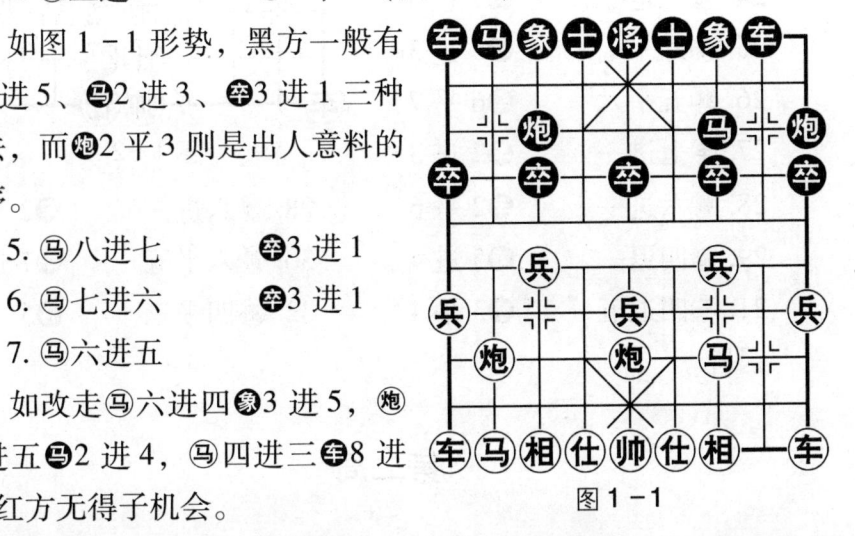

5. 马八进七　　卒3进1
6. 马七进六　　卒3进1
7. 马六进五

如改走马六进四象3进5，炮八进五马2进4，车四进三车8进6，红方无得子机会。

图1-1

7. ……　　　　象3进5　　8. 马五退四　　马2进4
9. 车一进一　　车1平2　　10. 车一平六　　车2进7
11. 车六进七　　士6进5　　12. 车六退二　　车8进8
13. 仕六进五　　炮9退1　　14. 车六平四　　车8平6

红方车六平四是窥视黑方中象，但该计划难以实现。宜走炮五平六，红方形势不错。

15. 炮五平四　　车2退3　　16. 车四退一

误算！应走相七进五尽快出动左车，因为以后战线还长。

16. ……	炮3进2	17. 车四进一	炮9平7
18. 相七进五	卒7进1	19. 兵三进一	炮7进3
20. 相三进一	马7进8（图1-2）		

如图1-2形势，黑方跃马把所有作战子力投入战斗，势不可挡。

21. 车九平六	马8进7		
22. 相一进三	炮3平5		
23. 车四平二	车2进2		
24. 马三退二	马7进5		
25. 车六平七	马5进3		
26. 帅五平六	车6平7		
27. 车七进一	车2进3		
28. 帅六进一	车2平6	28. 帅六进一	车2平6
29. 炮四退一	炮5进4	30. 帅六平五	车7进1
21. 马四退五	卒3平4	32. 炮四平三	将5平6

图1-2

黑胜。

第二局

1. 炮二平五	马8进7	2. 兵三进一	车9平8
3. 马二进三	炮8平9	4. 兵七进一	象3进5
5. 马八进七	马2进1（图2）		

如图2形势，黑方上边马，俗称"剑走偏锋"，这是一种大胆的尝试，值得称赞。如改走卒3进1，兵七进一车8进4，马七进六车8平3，马六退八车3退2，炮八进五车3平2，马八进六卒7进1，兵三进一车2进3，马六退四（如马六进五红亦稍优）

象5进7，车一平二，红优。

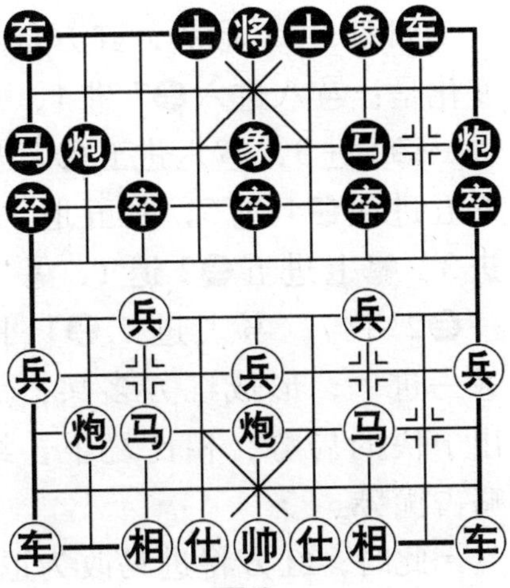

6. 马七进六　　士4进5
7. 马六进七　　车8进4
8. 车一平二　　车8平4
9. 炮八平九　　炮2进1

有质疑之着，造成左翼弱点。宜走炮2平4较妥。

10. 车九平八　　车1平2
11. 炮九进四　　马1进3
12. 炮九平七　　卒7进1
13. 兵三进一　　车4平7
14. 马三进四　　炮2进2
15. 炮七进一　　马7进6　　16. 炮七平一　　象7进9
17. 马四进六　　炮2进2　　18. 车二进四

至此，黑方车炮脱根还少兵，棋形不佳，败势难免。

18. ……　　　　象9退7　　19. 车二平四　　卒5进1
20. 兵七进一　　马6退7　　21. 车四平七　　车2进6
22. 兵七进一　　车2平4　　23. 马六进八　　炮2退1
24. 车八进三

红方得子占势，黑方很难防守，红胜。

图2

第三局

1. 兵七进一　　象3进5　　2. 炮二平五　　马8进7
3. 马二进三　　车9平8　　4. 马八进七　　炮8平9
5. 兵三进一　　卒3进1　　6. 兵七进一　　车8进4
7. 马七进六　　车8平3　　8. 马六退八　　车3退2
9. 炮八进五　　车3平2　　10. 马八退六　　（图3-1）

第七章　中炮对三步虎

如图3-1形势，红方常见的变化是：马八进六 卒7进1，兵三进一 车2进3，马六进五 马7进5，炮五进四 士4进5，炮五退二 马2进3，相七进五 车2退1，兵三进一 车2平7，马三进二 车1平4，兵一进一，形成红方多兵，黑方出子快的局势，相比之下，红方略占优势。

此时，红方将进马改为退马，这一新的次序，增加了这路布局的变化。

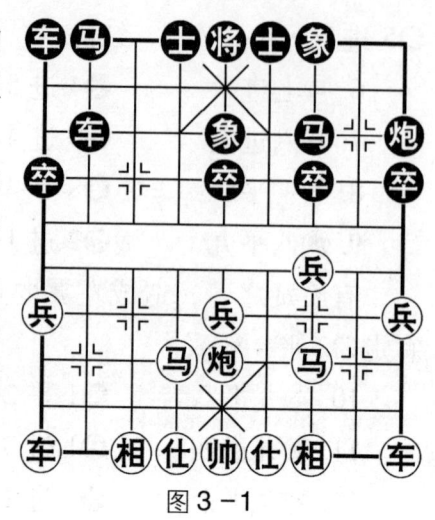

10. ……　　　　　车2进2
11. 车一平二　　　卒7进1　　13. 车二进七　　　马7进6
13. 兵三进一　　　马6进4　　14. 马三进四　　　车1进2

高车旨在决战，未免冒险。宜走车2平7为好。

15. 兵三进一　　　炮9进4　　16. 马四进二　　　炮9退2
17. 马二进四　　　士4进5　　18. 炮五退一　　　炮9平7
19. 车九进二　　　车1平4　　20. 炮五平六　　　马2进3
21. 仕四进五　　　车2进1　　22. 兵九进一　　　马3进2
23. 车二退二　　　炮7平4　　24. 马四进三　　　将5平4
25. 兵五进一　　　（图3-2）

图3-2形势，红方子力位置极为理想，掌握了全局，已处绝对优势。

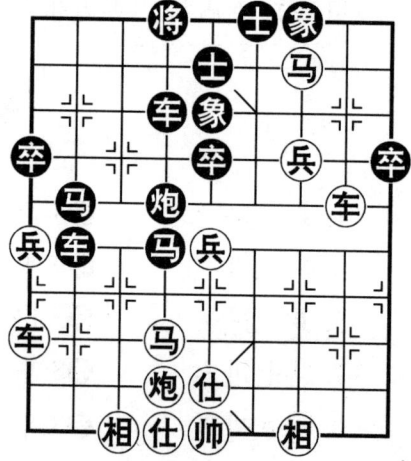

25. ……　　　　　车4退1
26. 兵三平四　　　炮4退2
27. 兵九进一　　　卒1进1
28. 车九进三　　　车4平3
29. 兵四平五　　　象5退3

图3-2

30. 车二平六　车3进7　31. 车九进四　马2退1
32. 炮六进三
红胜。

第四局

1. 炮二平五　马8进7　2. 马二进三　车9平8
3. 兵七进一　炮8平9　4. 马八进七　象3进5
5. 兵五进一　（图4-1）

如图4-1形势，红方一般走兵三进一或车一进一。现红方从中路进攻是新的次序，颇具创新性。

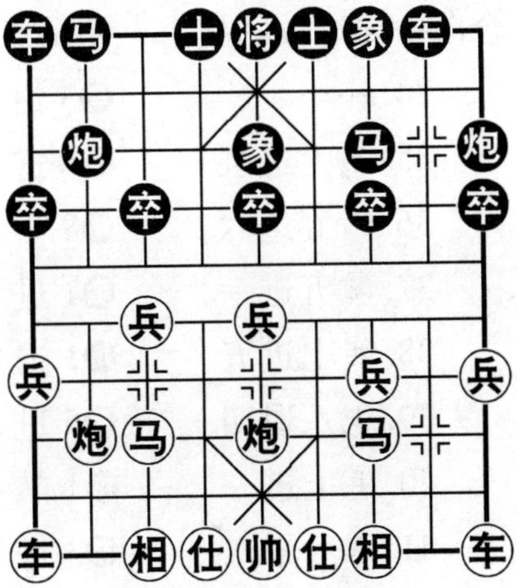

5. ……　　　马2进3
6. 马七进五　士4进5
7. 车一进一　卒7进1
8. 兵五进一　卒5进1
9. 炮五进三　车1平4
10. 车九进一　车8进3
11. 车一平六　车8平4
12. 炮五平六　前车平8　13. 炮八平六　车4平2
14. 前炮平八　炮2平1　15. 车九平八

图4-1

通过以上子力运作红方如愿实现两点：一、子力位置较佳；二、有一定空间优势。

15. ……　　　车8平4　16. 炮八平六　车2进8
17. 车六平八　车4平6　18. 前炮退二　车6平5
19. 后炮平五　车5平4　20. 车八进二　车4进2
21. 仕六进五　炮1退1　22. 炮六退三　炮9平8

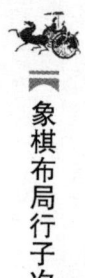

23. 马五退七	车4退2	24. 兵三进一	卒7进1
25. 马三进五	马7进8	26. 马五进三	马8进6
27. 车八平四	炮8进3	28. 马三退四	车4平6
29. 马四进二	马6退4	30. 车四平三	马4进6
31. 车三平四	马6退4	32. 车四平八	马4进6

如改走炮8平5，马二进三车6进1，马三退四，红优。

33. 马二进四	车6进2		
34. 车八进四（图4-2）	马3退4		

从布局至如图4-2，红方一直掌握主动权，说明红方第5回合向中路进攻的战术，初试成功。

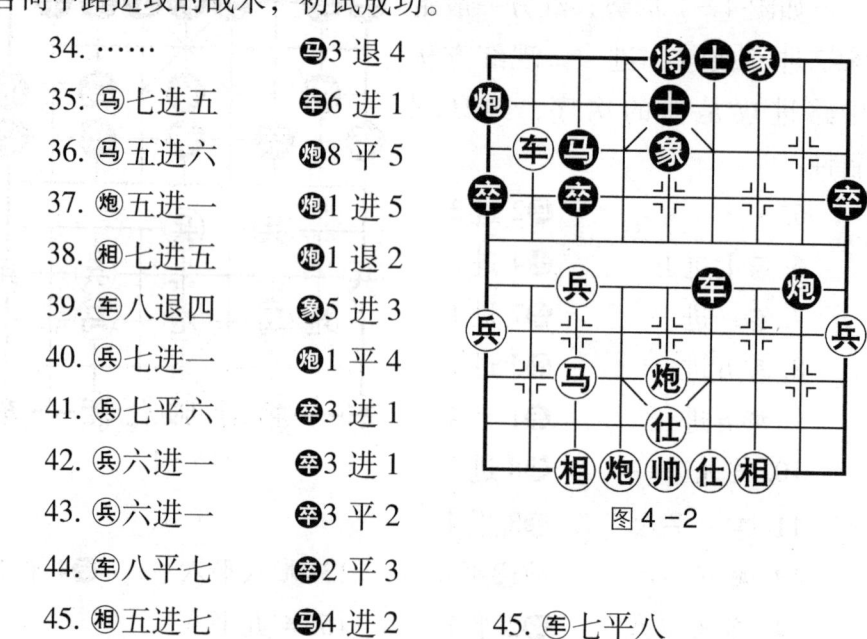

34. ……	马3退4		
35. 马七进五	车6进1		
36. 马五进六	炮8平5		
37. 炮五进一	炮1进5		
38. 相七进五	炮1退2		
39. 车八退四	象5进3		
40. 兵七进一	炮1平4		
41. 兵七平六	卒3进1		
42. 兵六进一	卒3进1		
43. 兵六进一	卒3平2		
44. 车八平七	卒2平3		
45. 相五进七	马4进2	45. 车七平八	

图4-2

红胜势。

第五局

1. 炮二平五	马8进7	2. 马二进三	车9平8
3. 兵七进一	炮8平9	4. 马八进七	象3进5

5. 炮八平九（图5－1）

如图5－1形势，形成中炮对三步虎布局阵式。至此常见着法是兵三进一，红方现改为平边炮，这是新的尝试，新的次序。

5. ……　　　　　卒3进1
6. 兵七进一　　　车8进4
7. 马七进八

红方进马准备夺取边卒，是前面平边炮计划的延续。

7. ……　　　　　车8平3
8. 马八进九　　　车3进4
9. 车一进一　　　车3平9

由于黑方右翼尚未启动，兑车后，红方优势已经显见。

10. 马三退一　　　马2进4　　　11. 兵三进一　　　马9进4
12. 马一进三　　　炮9退1　　　13. 车九平八　　　车1平3
14. 炮五平四（图5－2）

如图5－2形势，红方中炮暂无作用，及时调整位置，机灵！

14. ……　　　　　车3进6
15. 炮四进一　　　车3退3
16. 马九进八　　　车3进4
17. 相三进五　　　炮2平3
18. 炮四进一

及时兑炮以消除黑方炮7进7打相之隐患！

18. ……　　　　　炮9平6
19. 马三进四　　　士6进5

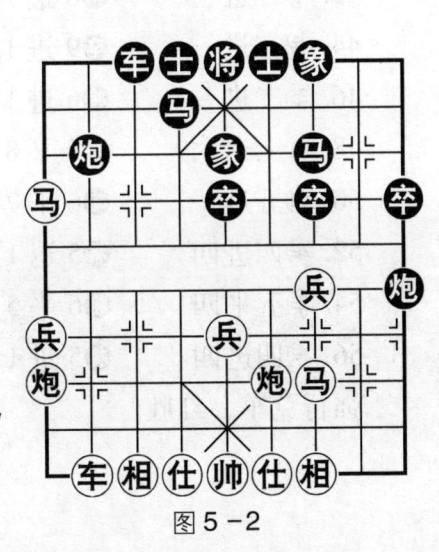

20. 车八进五　　马4进3　　21. 马八退七　　车3退4
22. 马四进三

宜先走兵九进一为好。

22. ……　　　　车3进3　　23. 马三退四　　炮3进2
24. 炮九平八　　炮3平9　　25. 马四进六　　车3退2
26. 马六进四　　车3平6　　27. 车八平三　　车6退5
28. 炮八进七　　象5退3　　29. 车三进二　　象7进9
30. 车三平七　　卒5进1

如改走车6退1，车七退一红仍大优。

31. 炮八退六　　炮9进5　　32. 仕四进五　　将5平6
33. 仕五进六　　卒9进1　　34. 炮八平七　　卒9进1
35. 炮七进六　　将6进1　　36. 车七平二

攻守兼备，颇为重要。

36. ……　　　　卒9进1　　37. 车二进一　　将6进1
38. 车二退一　　将6退1　　39. 车二退一　　将6进1
40. 炮七退一　　士5退6　　41. 车二退三　　将6退1
42. 车二进三　　将6进1　　43. 炮七退一　　象9进7
44. 兵三进一　　卒9进1　　45. 车二退一　　将6退1
46. 车二进一　　将6进1　　47. 车二退七　　车6进4
48. 炮七退六　　卒9平8　　49. 车二平一　　炮9平8
50. 帅五进一　　车6平7　　51. 车一平四　　将6平5
52. 车四进四　　将5退1　　53. 车四平五　　将5平6
54. 车五平四　　将6平5　　55. 帅五平四　　将5退1
56. 车四进四　　将5进1　　57. 车四退七

强行兑车，红胜。

第六局

1. 兵七进一	马8进7	2. 马八进七	卒7进1
3. 炮二平五	车9平8	4. 马二进三	炮8平9
5. 车一进一	炮2进4	（图6-1）	

如图6-1形势，黑方常见的着法是马2进3和车8进5，现左炮过河，希望加快右翼子力的开展，尝试新的变化。

6. 兵五进一　　士4进5
7. 兵九进一

好感觉！打乱黑方布局构思趁势出动左车。

7. ……	马2进3		
8. 车九进三	炮2退2		
9. 马七进五	象3进5	10. 车一平四	马7进8
11. 兵五进一	卒5进1	12. 炮五进三	

亦可考虑走马五进六。

12. ……	马8进7	13. 车四进五	车1平4
14. 兵九进一	卒1进1	15. 车九进二	炮2退3
16. 仕四进五	车8进1	17. 炮八进五	

防止黑方车8平6兑车，继续保持高压姿态。

| 17. …… | 车4进6 | 18. 马五进六 | 炮2退1 |
| 19. 马六进七 | 炮9平3 | 22. 车九进四 | |

红胜。

第七局

1. 炮二平五　　　马8进7　　2. 马二进三　　车9平8
3. 兵七进一　　　炮8平9　　4. 马八进七　　车8进5
5. 兵五进一　　　炮2平5
6. 马七进五　　　马2进3（图7-1）

如图8-1形势，是中炮三步虎转列炮布局的一个变例。此时，黑方马2进3看似正常，实则步调缓慢，影响大局。建议走车1进2，以后车1平4可加快布局出子速度，利于反击！

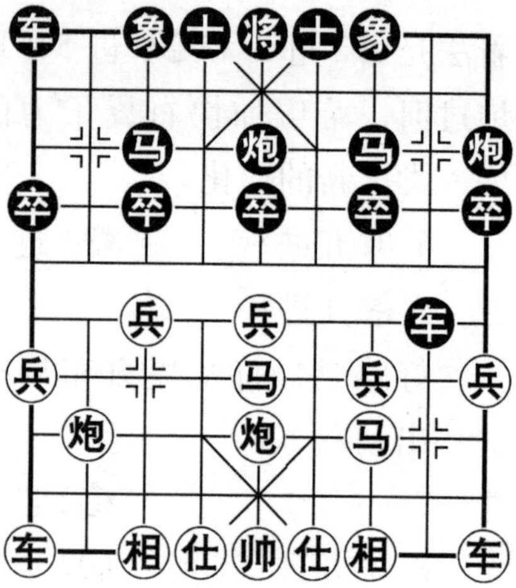

7. 炮八平七　　　车8退1
8. 车九进一　　　车8平2
9. 兵三进一　　　卒3进1

黑车所走步数甚多，未见效果，形势已经落后。

图7-1

10. 车九平六　　车1进2　　11. 车一平二　　卒3进1
12. 马五进七　　车2平4　　13. 车六进四　　马3进4
14. 车二进三　　士4进5　　15. 仕四进五　　车1平4
16. 相七进九　　炮5进3　　17. 炮七进七　　将5平4
18. 炮七退三　　卒5进1　　19. 车二平八　　马4进2
20. 炮七平六　　将4平5　　21. 马七进五　　车4平2
22. 车八平七　　（图7-2）

如图7-2形势，黑方子力位置极不协调，且已少象，红方从中路、底线同时进攻，黑方防守已乏力。

22. ……　　　　马7进5　　23. 车七进六　　士5退4
24. 车七退五　　马2进1　　25. 车七平五　　炮9平5

26. 帅五平四	车2进2
27. 马三进四	车2平4
28. 马四进五	马1退3
29. 前马进三	士4进5
30. 马五进六	士5进4
31. 车五平四	

红胜。

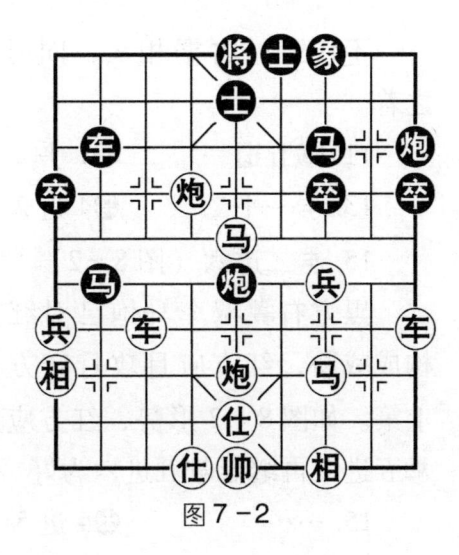

图7-2

第八局

1. 炮二平五	马8进7	2. 兵三进一	车9平8
3. 马二进三	炮8平9	4. 兵七进一	

挺七兵易引起激烈对攻，红方较难把握局势。此时宜走马八进七，静观局势之变较为灵活。

4. ……	车3进1	5. 兵七进一	车8进4
6. 兵七进一	车8平3	7. 相七进九（图8-1）	

如图8-1形势，红方飞边相弃兵，避开激战，但从实战效果看，红方并不理想。如果红方走兵七平六车3进5，炮八平七象3进5，马三退五车3退1，马八进九车3平4，进入激战格局。

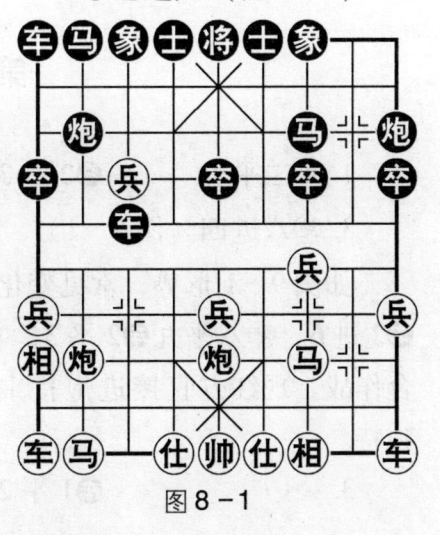

7. ……	车3退1		
8. 马八进六	象3进5		
9. 兵五进一	马2进4		
10. 马六进五	炮2平3		

图8-1

不让红马占据相头，同时尽快出动右车，这是黑方必争之着。

11. 炮五退一　　车1平2　　12. 炮八平五　　车2进6
13. 车一平二　　马4进2　　14. 兵五进一　　卒5进1
15. 车二进六（图8-2）

黑方右翼双车马炮已对红方构成威胁，红方应且攻且守方为上策。如图8-2形势，红方应走炮五进三再继走马五进六为好。

15. ……　　　　士4进5
16. 兵三进一　　马2进3
17. 车二平三　　车3平7
18. 兵三进一　　马7进5
19. 兵三平四　　马3进4
20. 后炮平六　　马5进3
21. 仕四进五　　马4进2　　22. 车九平八　　马2进4
23. 车八进三　　马3进2　　24. 炮五进三　　马4退2

黑得子胜。

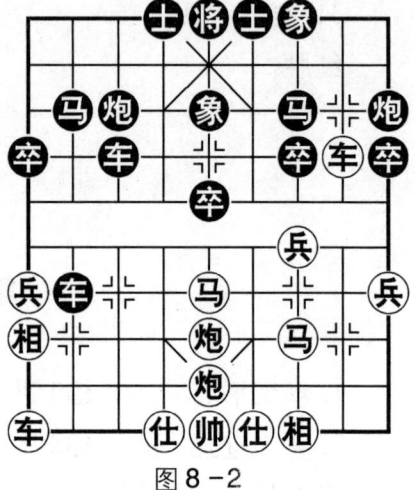

图8-2

第九局

1. 炮二平五　　马2进3　　2. 马二进三　　炮2平1
3. 炮八进四（图9-1）

如图9-1形势，常见变化是：马八进七车1平2，车九平八车2进6，炮八平九车2平3，车八进二，以后红方再出右车，联合作战。现红方直接进炮打中兵，显然是争取攻进速度，构思独特。

3. ……　　　　车1平2　　4. 炮八平五　　马3进5

5. 炮五进四　　　马8进7
6. 炮五退二　　　炮8进3

黑方进炮骑河，一是限制红方右翼攻势；二是为以后进7卒消除红中炮威胁做准备。

7. 相七进五　　　卒7进1
8. 马八进六　　　车2进8
9. 车一进一　　　车9进1
10. 马六进四　　　车9平2
11. 仕四进五　　　后车平6
12. 兵三进一　　　炮8进2
13. 车一平二　　　炮8平6　　　14. 兵三进一

红方为了保住空心中炮，采取弃子战术，着法凶悍！

14. ……　　　　车6进5　　　　15. 兵三进一　　　马7退9
16. 车二进四　　　车6平5　　　　17. 车二平五　　　士4进5
18. 马三进二　　　炮6平8　　　　19. 马二退一　　　车2退3
20. 相五进七　　　卒3进1　　　　21. 马一退二　　　卒3进1

如改走炮8进1，车九进二，以后红车九平四，仍具攻势。

22. 马二进三　　　炮8进2　　　　23. 相三进一　　　车5进1
24. 马三进四　　　车5退1　　　　25. 马四退三　　　车5进1
26. 马三进四　　　车5退1　　　　27. 马四退三　　　车5进1
28. 马三进四　　　车5平9

黑方认为此时形势有利于己，于是变着再战。

29. 车五平七　　　士5退4　　　　30. 兵七进一！　　车2进2
31. 马四进五　　　炮1平5　　　　32. 马五进七　　　士6进5
33. 马七进五　　　象3进1

飞象失误！对杀中受多种因素影响，比如时间紧等。此时应走炮8退8，马五进七炮8平5，马七退六将5平6，车七平四后炮平6，车四退五 车2平6，黑胜势。

34. 马五退七　　士4进5　　35. 车七平六　　车9平4
36. 车九平八（图9-2）

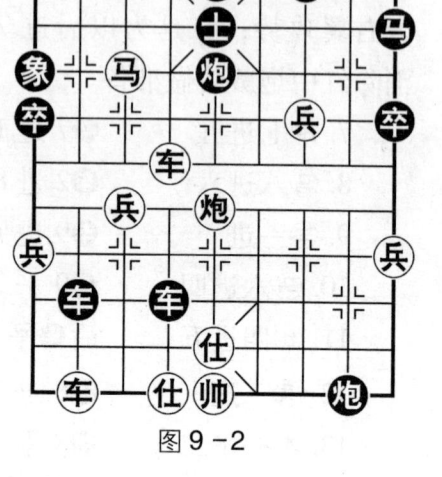

如图10-2，红方巧出车，形成四车相对形势，构思精妙！

36. ……　　　　将5平6
37. 车六平四　　将6平5
38. 车八进二　　车4平2
39. 帅五平四　　炮8退9
40. 车四平二　　象7进9
41. 车六进三

红胜。

图9-2

第十局

1. 炮二平五　　炮8进7　　2. 马二进三　　车9平8
3. 马八进七　　卒7进1　　4. 车一进一　　炮8平9
5. 车一平四　　马2进3　　6. 兵五进一（图10-1）

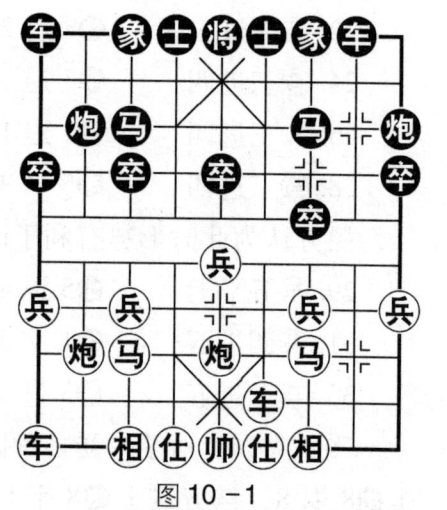

如图10-1形势，红方如走兵七进一，则形成中炮横车七路马布局。现选择向中路进攻则是更为有力的次序。

6. ……　　　　士4进5
7. 马七进五　　炮2进4
8. 兵五进一　　炮2平5
10. 马三进五　　车1平2
10. 车九进二　　卒3进1
11. 炮八退一　　卒5进1

图10-1

12. 炮八平五	象3进5	13. 车九平六	车8进3
14. 兵三进一	卒5进1	15. 前炮进二	车8进3
16. 相七进五	炮9进4	17. 马五退三	卒7进1

18. 车四进六（图10-2）

由于16回合黑方炮9进4，打边兵造成中线失防，大局失控。如改走车2进8尚是难解之势。

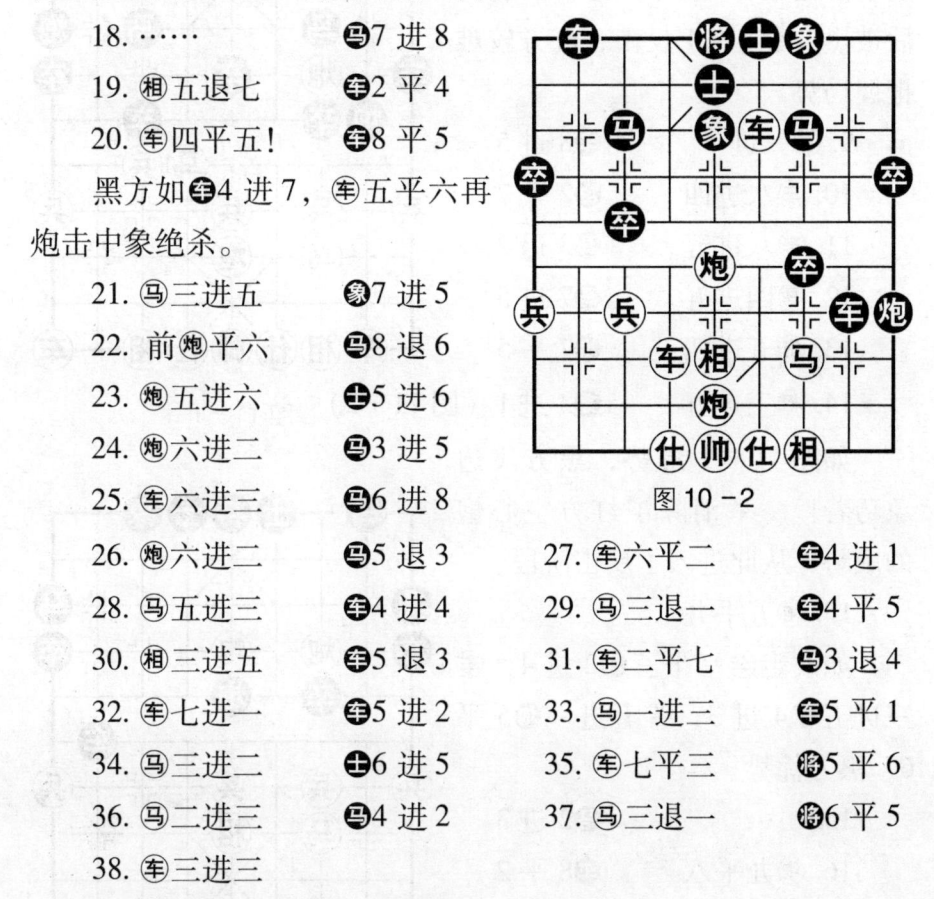

18. ……	马7进8		
19. 相五退七	车2平4		
20. 车四平五！	车8平5		

黑方如车4进7，车五平六再炮击中象绝杀。

21. 马三进五	象7进5		
22. 前炮平六	车8退6		
23. 炮五进六	士5进6		
24. 炮六进二	马3进5		
25. 车六进三	马6进8		
26. 炮六进二	马5退3	27. 车六平二	车4进1
28. 马五进三	车4进4	29. 马三退一	车4平5
30. 相三进五	车5退3	31. 车二平七	马3退4
32. 车七进一	车5平2	33. 马一进三	车5平1
34. 马三进二	士6进5	35. 车七平三	将5平6
36. 马二进三	车4平2	37. 马三退一	将6平5
38. 车三进三			

图10-2

破士后黑无险可守，红胜势。

第十一局

1. 炮二平五	马8进7	2. 兵三进一	车9平8

3. 马二进三　　炮8平9　　4. 马八进七　　卒3进1
5. 炮八进四　　马2进3　　6. 炮八平七　　车1平2
7. 车九平八　　炮2进2
8. 马三进四　　卒7进1（图11-1）

如图11-1形势，红方稳健的着法是车八进四，现马三进四后被黑方卒7进1反击，红方较难把握局势。

9. 兵三进一　　车8进5
10. 车八进四　　炮2平7
11. 车八进五　　马3退2
12. 马四进五　　马7进5
13. 炮五进四　　炮7平5
14. 相三进五　　象3进1（图11-2）

如图11-2形势，黑方飞边象巧着！一举消除了红方空心炮的威胁，从此进入了反击阶段。

15. 炮五平九

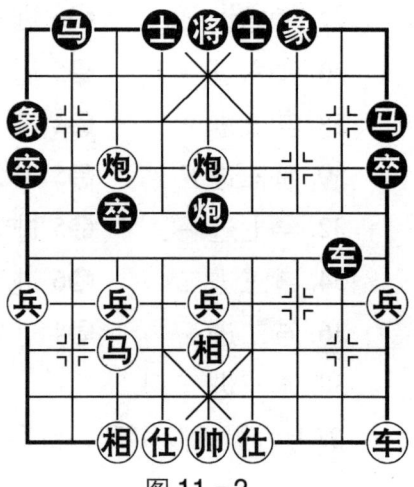

如改走车一平三马2进4，车三进五马4进3，兵五进一炮5平6，黑方优势。

15. ……　　　马2进3
16. 炮九平八　　车8平2
17. 炮八平一　　车2平7
18. 炮一退一　　车7退2
19. 兵五进一　　炮5退3　　20. 仕四进五　　车7平3
21. 车一平三　　车3平9　　22. 炮一平二　　车9平8
23. 炮二平四　　炮9平5　　24. 车三进九　　车8进6

图11-1

图11-2

25. 炮四退五	马3进4	26. 兵五进一	马4进3
27. 车三退三	象1退3	28. 兵五进一	前炮平3
29. 马七退九	马3进2	30. 炮四平三	炮5平3
31. 仕五退四	马2退4	32. 帅五进一	车8退1
33. 炮三进一	前炮平1	34. 帅五平六	炮3平4

黑胜。

第十二局

1. 炮二平五	马8进7	2. 马二进三	车9平8
3. 兵七进一	炮8平9	4. 马八进七	车8进5
5. 相七进九	卒7进1	6. 车一平六	马2进3
7. 车一平六	象3进5	8. 车九进一	士4进5
9. 马七进六	卒7进1	10. 兵三进一	车8平7

11. 炮五平七（图12-1）

如图12-1形势，红方针对黑方快速开出左车战术，把作战火力部署于黑方右翼，决策正确。

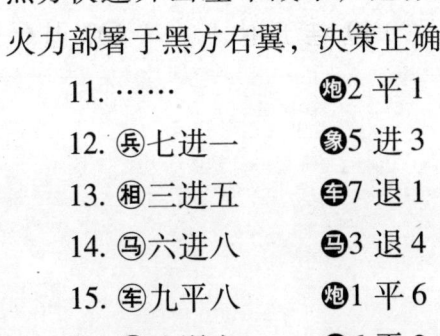

11. ……	炮2平1
12. 兵七进一	象5进3
13. 相三进五	车7退1
14. 马六进八	马3退4
15. 车九平八	炮1平6
16. 马八退七	炮6平2
17. 车八平七	马4进5
18. 相九退七	卒5进1

图12-1

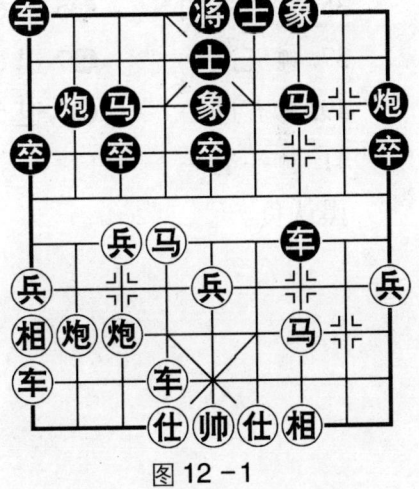

19. 炮八进三（图12-2）

如图13-2形势，黑方挺中卒被红方进炮牵住，形势更为艰难。此时宜走象3退1较妥。

19. …… 马7进8
20. 车六进三 马5进7
21. 车七平四 马8进9
22. 马七进五 车7平9
23. 车六进二 马9进7
24. 炮七平三 马7进8
25. 炮三进二 车1平3
26. 车四进七 炮9平6
27. 车六平五 炮2进1
28. 车五退一 马8进9
29. 马五进三

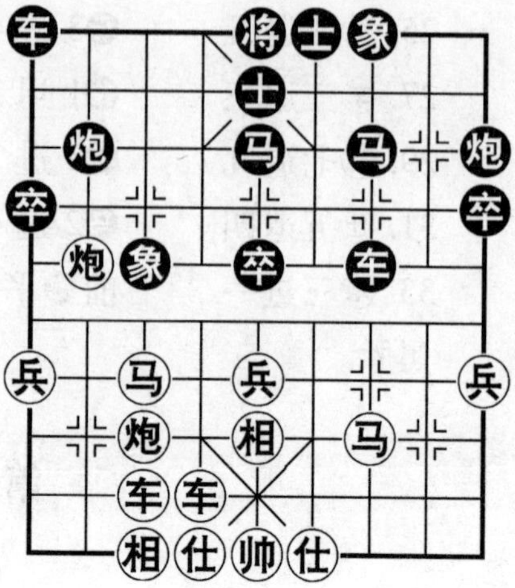

图 12-2

至此，黑方已经难以防守了。

29. …… 马9进7
30. 帅五进一 马7退6
31. 帅五退一 马6进7
32. 帅五进一 马7退6
33. 帅五退一 象7进9
34. 车四平五 士6进5
35. 马三进四 将5平6
36. 车五进三 马6进7
37. 帅五进一 马7退6
38. 帅五退一 马6进7
49. 帅五进一 象3退5
40. 车五退一 马7退6
41. 帅一退一

黑认负。

第八章 中炮对反宫马

（一）中炮进三兵对反宫马

第一局

1. 炮二平五	马2进3	2. 马二进三	炮8平6
3. 车一平二	马8进7	4. 兵三进一	卒3进1
5. 马八进九	象7进5	6. 炮八平七	车1平2
7. 车九平八	炮2进4	8. 兵九进一	士6进5
9. 兵五进一	卒9进1（图1-1）		

如图1-1形势，黑方挺边卒是一步非常好的次序。实战中曾有车9平6变化，以下是兵五平四车6平8、车二进九马7退8、车八进一，黑方左翼空虚，红方优势。

10. 兵七进一

弃兵强攻，风险太大，可考虑走车八进一，稳住形势。

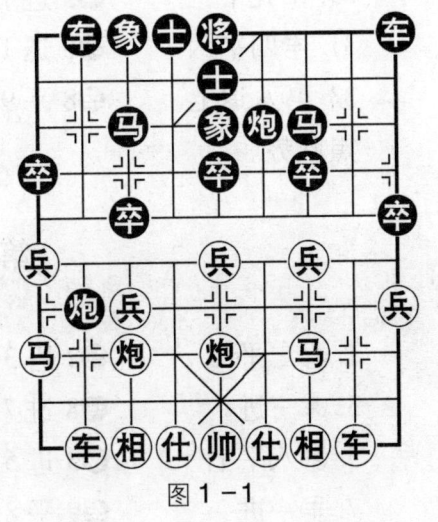

10. ……	卒3进1
11. 车二进三	炮2进2
12. 兵五进一	卒5进1	13. 马三进五	车2进6

图1-1

14. 马九退七　车2平3（图1-2）

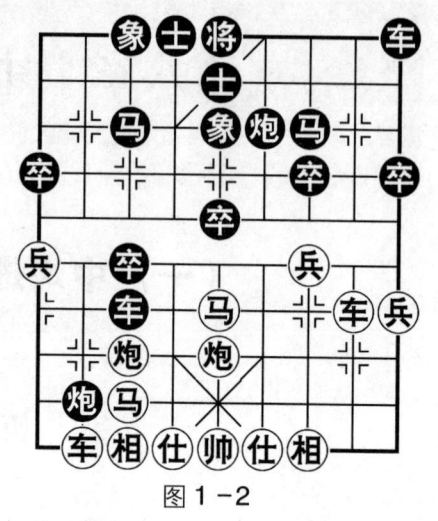

如图1-2形势，红方马九退七，伏炮七进五，企图一举击溃黑方，但未料到黑方先弃后取，破坏了红方作战方案。

15. 炮五进三　车9平8
16. 车二平四　炮6进3
17. 车八进一　炮6平5
18. 炮七平五　车8进4
19. 前炮平四　卒3平4
20. 炮四进三　马7进5
21. 炮四平一　卒7进1　22. 炮五进二　卒4平5
23. 兵三进一　马5进7　24. 车四进五　卒5进1
25. 炮一进一　马7进8　26. 车八平九　马8进7
27. 车四退七　马7退6　28. 车九进一　马3进5
29. 车九平三　马5进7　30. 马七进九　车3进3
31. 车四平六　车8退1　32. 马九进八　车3退4
33. 马八退七　车8平9　34. 炮一平二　车3平8

图1-2

黑胜势。

第二局

1. 炮二平五　马2进3　2. 马二进三　炮8平6
3. 兵三进一　马8进7　4. 马八进九　卒3进1
5. 炮八平七　象3进5　6. 车九平八　车1平2
7. 车一进一　车9平8
8. 车一平七　炮2进4（图2-1）

如图2-1形势，红车从右翼开到七路，含有伏击之意图，

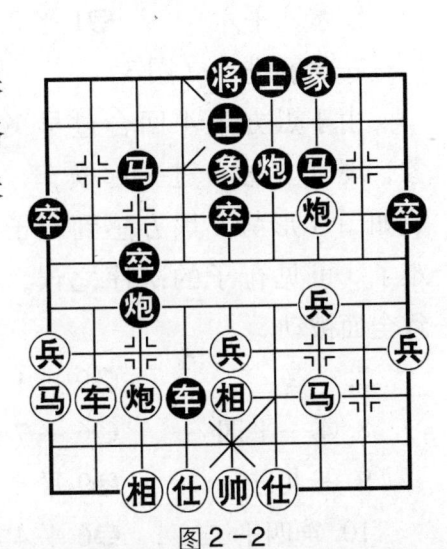

次序新颖。黑方炮2进4之着显得强硬，效果不理想，可考虑走炮2进2或车8进4较妥。

9. 兵七进一	炮2平3
10. 车八进九	炮3进2
11. 车八退九	炮3退3
12. 炮五平六	士4进5
13. 炮六进四	车8进4
14. 炮六平三	车8平4
15. 相三进五	车4进3
16. 车八进二（图2-2）	

如图2-2形势，红方高车保炮后，伏有红相捉炮，以及三路兵渡河等变化，黑方颇有顾此失彼之忧。

16. ……	炮3平4		
17. 仕六进五	车4退1		
18. 兵三进一	车4退5		
19. 炮三进三	象5退7		
20. 炮七进五	象7进5		
21. 炮七平四	士5进6		
22. 兵三进一	马7退8	23. 车八进五	士6退5
24. 车八平五	马8进6	25. 兵三平四	车4退4
26. 车五平六	士5进4	27. 马九进七	卒5进1

兑车后黑方无象少卒很难防守，大局已定。

28. 马七进九	士6进5	29. 马九进七	炮4平1
30. 兵九进一	士6进8	31. 兵四平五	马8进7
32. 马三进四	马7进6	33. 仕五进四	将5平6

34. 仕四进五	炮1进1	35. 兵五平六	马6退8
36. 相五进三	卒9进1	37. 相七进五	炮1平4
38. 兵六平七	士5退4	39. 兵七平八	士4退5
40. 兵八平九			

红胜势。

第三局

1. 炮二平五	马2进3	2. 马二进三	炮8平6
3. 兵三进一	卒3进1	4. 马八进九	象7进5
5. 炮八平六	车1平2	6. 车九平八	炮2进4
7. 车一进一	（图3）		

由于黑方第4回合过早飞左象，现红方车一进一起横车，形成如图3形势，黑方感到行子困难了。可见行子的次序之误，导致全面被动。

7. ……		车9进1	
8. 车一平四	炮6平7		
9. 兵九进一	车9平6		
10. 车四平二	车6平4		
11. 仕四进五	马8进6		
12. 车二平四	马6退8	13. 车四平二	马8进6
14. 车二进七	炮2退5	15. 马三进四	炮7平6

如车4进6，车二平四车4退2，马四进五，红大优。

16. 炮五进四	马3进5	17. 马四进五	炮2进5
18. 炮六平五	车2平4	19. 马五退七	车2平3
20. 车八进三	车3平6	21. 兵五进一	炮6平9

22. 兵五进一　　车6平5　　23. 车八进二

以下黑如逃车则车八平四，红得子胜。

第四局

1. 炮二平五　　马2进3　　2. 马二进三　　炮8平6
3. 兵三进一　　车9进1　　4. 马八进九

从局势发展看，上边马是一步不明显的次序之误，宜走兵七进一为妥。

4. ……　　　　车9平4　　5. 车一进一　　士4进5
6. 车一平四　　车4进6　　7. 炮八进二　　象3进5
8. 炮八平七　　车1平4
9. 仕六进五　　前车平2（图4-1）

如图4-1形势，红方左翼被封，其余子力难以展开，前景不佳。

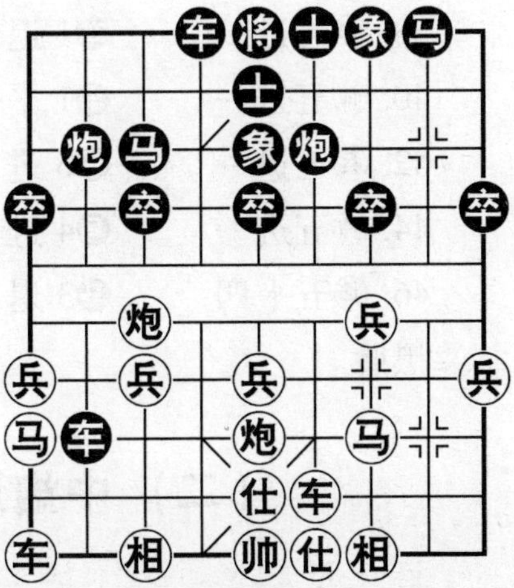

10. 车四进三　　卒3进1
11. 炮七进三　　炮6平3
12. 炮五平四　　炮3进4
13. 相三进五　　炮3进1
14. 炮四平七　　车2平3
15. 车四平八　　炮2平3
16. 车九平八　　马8进7
17. 兵九进一　　车4进8
18. 马三进四　　卒3进1　　19. 前车退二　　车3进2
20. 后车平七　　炮3平7　　21. 车八退二　　炮3退2
22. 车八进九　　士5退4　　23. 马九退八　　车4退3
24. 马八进七　　车4平6　　25. 车八退六　　士6进5

图4-1

26. 车八平九　　象7进9（图4-2）

如图4-2形势，黑方飞边象后，通过兑7卒展开左马助攻，红方将难以防守。

27. 车九平八　　卒7进1
28. 兵三进一　　象9进7
29. 相五进七　　车6平3
30. 马七进八　　马7进6
31. 马八进九　　马6进4
32. 车八平六　　马4进6
33. 帅五平六　　马6退5
34. 车六平八　　车3平4　　35. 帅六平五　　马5进6
36. 仕五进四　　车4平1　　37. 马九进七　　车1进4
38. 帅五进一　　车1退1　　39. 帅五退一　　车1进1
40. 帅五进一　　车1平6　　41. 马七退五　　车6退2
42. 兵五进一　　马6进4　　43. 车八平五　　车6进1
44. 帅五进一　　马4进3　　45. 车五平七　　车6平5
46. 帅五平四　　马3退4　　47. 车七平六　　马4进5

黑胜。

（二）中炮进七兵对反宫马

第一局

1. 炮二平五　　马2进3　　2. 马二进三　　炮8平6
3. 车一平二　　马8进7　　4. 兵七进一　　卒7进1
5. 炮八进四　　车9进1（图1-1）

如图 1-1 形势，黑方置红方炮打中卒不顾而抬横车，是新的次序，大胆的创新。

　　6. 马八进七　　　车9平4
　　7. 车二进四　　　士4进5

　　红方有两次机会打中卒都放弃了，如果打中卒结果将如何呢？变化如下：①第6回合如将马八进七改为炮八平五，则马3进5，炮五进四车9平4，炮五退二车4进2！车二进八马7进6，车二平四车4平6，车四平三马6退4，黑反先。②第7回合如将车二进四改为炮八平五，则马3进5，炮五进四车4进2，炮五退一车4进1，炮五退一马7进6，车九平八车1进2，车二进六马6进7，相七进五马7退5，兵五进一炮2平5，黑方双车双炮具有较强反击力量，红方形势并不乐观。

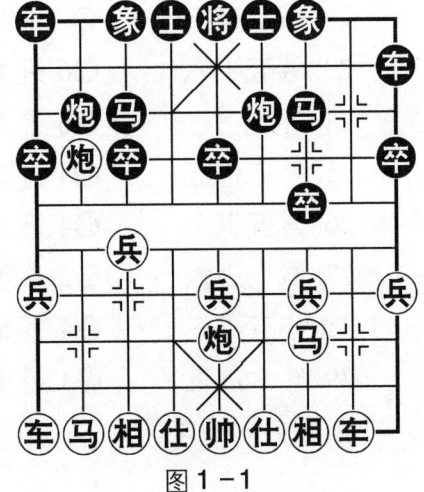

　　8. 车二平六　　　车4进4　　　9. 马七进六　　　象3进5
　　10. 炮五平六　　 炮2平1　　　11. 马六进五　　 马3进5
　　12. 炮八平五　　 车1平2

　　红方虽得中卒，但左车未动，右马被牵制，形势并不理想。

　　13. 车九进一　　 炮6平4　　　14. 炮六平五　　 炮6平1
　　15. 车九平六　　 炮1平7　　　16. 车六进五

　　形势虽差，还是应走相三进一紧守。

　　16. ……　　　　 卒7进1　　　17. 车六平七　　 炮7进3
　　18. 仕四进五　　 炮7平9　　　19. 仕五进六　　 炮1平4
　　20. 兵五进一　　 车2进6
　　21. 兵五进一　　 卒7进1（图1-2）

　　17回合红方弃相企图进行对攻，黑方19回合炮1平4守住将门后，红方对攻计划难以实现。

22. 马三退五	卒7平6		
23. 兵五平六	卒6进1		
24. 前炮平三	卒6平5		
25. 相七进五	炮4进5		
26. 马五退七	炮4进1		
27. 马七进六	车2平4		
28. 相五进三	车4平5		
29. 仕六进五	炮4退4		

黑胜势，下略。

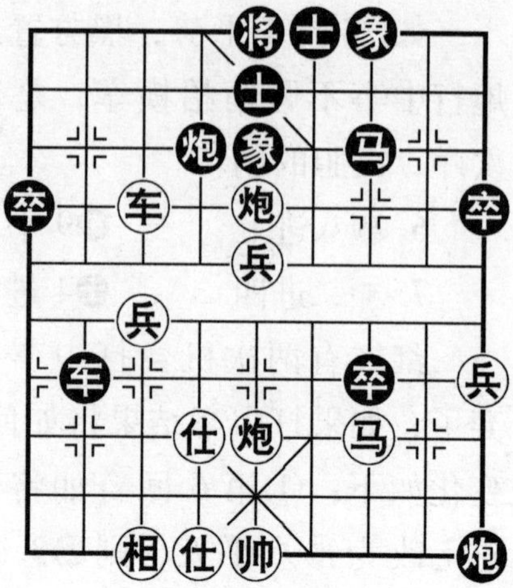

图 1-2

第二局

1. 炮二平五	马2进3	2. 马二进三	炮8平6
3. 车一平二	马8进7	4. 兵七进一	炮2平1
5. 炮八平七			

针对黑方平边炮，加快右翼子力出动对红方进行反击的目的，红方改变了一般走炮八平六的着法，现走炮八平七，采取以快制快，战术得当。

5. ……	象3进5	6. 炮七进四	卒7进1
7. 马八进七	车1平2	8. 车二进六	车9进2
9. 马七进六	炮6退1	10. 马三退五（图2-1）	

如图 2-1 形势，红方将右马调防至左翼，形成堡垒型结构，以继续扩大优势。

10. ……	车2进3	11. 马五进七	炮6平2
12. 炮五平四	士4进5	13. 相七进五	卒1进1
14. 车九平七	车9退1	15. 炮四进四	车9平7
16. 仕六进五（图2-2）			

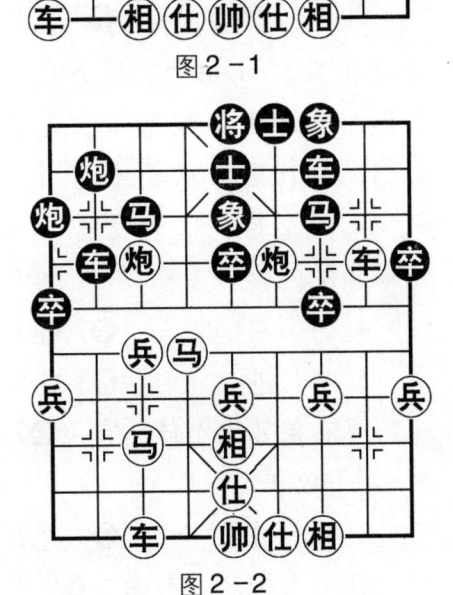

如图 2-2 形势，黑方全线防守，但子力位置不佳，防务艰难。红方在部署好兵种后，总攻在即。

16. ……	炮２平４
17. 车二进一	士５退４
18. 炮四平三	马７退５
19. 兵七进一	车２退３
20. 兵七平八	马３退１
21. 炮三进三	

弃子强攻，有胆有识！

21. ……	车７退１
22. 车二平五	车７进２
23. 车五退一	马１进３
24. 车五退一	车７平５
25. 车五进二	马１平５
26. 马六进四	炮５平６
27. 马七进六	车２进２
28. 马六进五	炮４平３
29. 马五进七	炮３进２
30. 马七进五	士６进５
31. 车七进六	

红方进入优势残局，胜定。

31. ……	车２进２	32. 马四进六	炮６退１
33. 马六退七	卒９进１	34. 车七平一	炮６进３
35. 车一进三	士５退６	36. 马七进六	车２进５
37. 仕五退六	炮６平３	38. 车一退一	车２退８
39. 兵五进一	车２平４	40. 马六退七	炮６平５
41. 车一退三	车４进４	42. 马七进八	车４平５

图 2-1

图 2-2

43. 马八进七　　炮5平4　　44. 车一平三　　车5退3
45. 车三平六　　将5进1　　46. 马七退八　　车5平3
47. 车六平九

红胜。

第三局

1. 炮二平五　　马2进3　　2. 马二进三　　炮8平6
3. 车一平二　　马8进7　　4. 炮八进二（图3-1）

如图3-1形势，红方在未动左翼车马即走巡河炮，这是出人意料的新次序。从战术上讲，有较大的灵活性，这为反宫马布局增添新的内容。

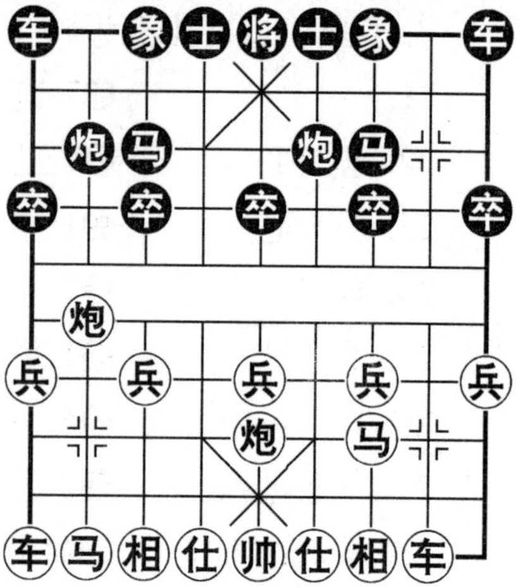

4. ……　　　　卒7进1
5. 马八进七　　象3进5

飞右象效果不佳，宜飞象7进5，利于攻守。

6. 兵七进一　　卒9进1

图3-1

速度太慢，可考虑走车9平8或马7进6。

7. 兵三进一　　卒7进1　　8. 炮八平三　　车9进3
9. 车九平八　　车1平2　　10. 马三进四　　士6进5
11. 炮三进二　　炮2进2　　12. 马七进六　　卒9进1
13. 炮三平七　　车9进1　　14. 马四进五　　马3进5
15. 马六进五　　马7进5　　16. 兵一进一　　车9进1
17. 兵七进一　　炮2进2　　18. 马五退三（图3-2）

如图3-2形势，红方尽多二兵优势较大。

18. ……　　　　车9退1

应车9退3坚守。

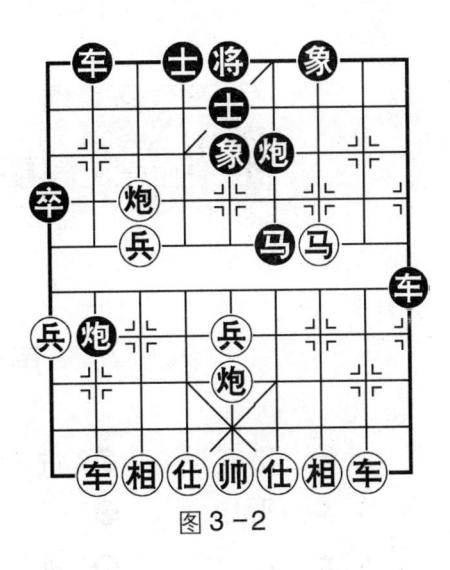

19. 马三进二　车9退3
20. 马二进三　车9平7
21. 车八进三　车2进6
22. 炮五进五　将5平6
23. 炮七进三　将6进1
24. 炮七退一　将6退1
25. 炮七平三　车2平5
26. 相三进五

红胜。

图3-2

第八章　中炮对反宫马

第九章　五六炮对屏风马

第一局

1. 炮二平五　　马8进7　　2. 马二进三　　车9平8
3. 车一平二　　卒3进1　　4. 马八进九　　马2进3
5. 车二进六　　车1进1（图1-1）

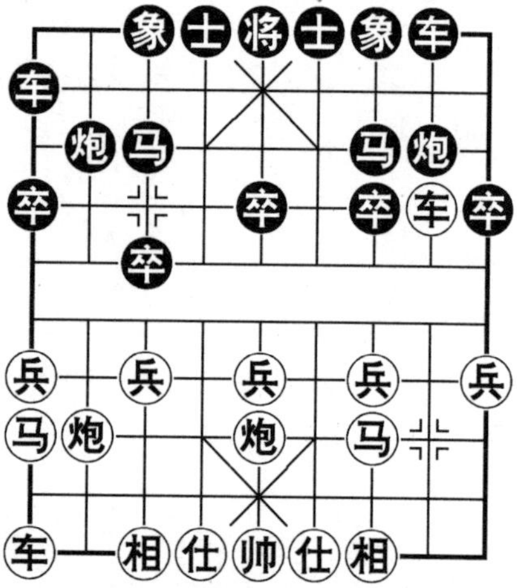

第4回合红方常见着法走车二进四，现改走马八进九及过河车，形成新的攻击次序。如图1-1形势，形成各自满意的攻防阵势。

6. 炮八平六　　马3进2

至此，红方形成五六炮阵式，黑如改走车1平4，车九平八红优。

7. 炮六进三　　马2退3
8. 炮六退一　　车1平4
9. 炮六平五　　象7进5　　10. 车九平八　　炮2平1
11. 前炮平九

图1-1

红方兑炮简化局势，仍然对黑方右翼保持攻势。

11. ……　　　炮1进3　　12. 兵九进一　　炮8平9
13. 车二进三　　马7退8　　14. 炮八进四　　卒7进1

挺卒太从容，应走车4平8守住存在弱点的位置。

15. 车八平二　　马8进6　　16. 车二进四　　炮9平7

17. 相三进一　车4平5　18. 仕四进五　炮7进4
19. 兵五进一　马3进4　20. 车二退四　马4退3
21. 车二平四　炮7平8　22. 帅五平四（图1-2）

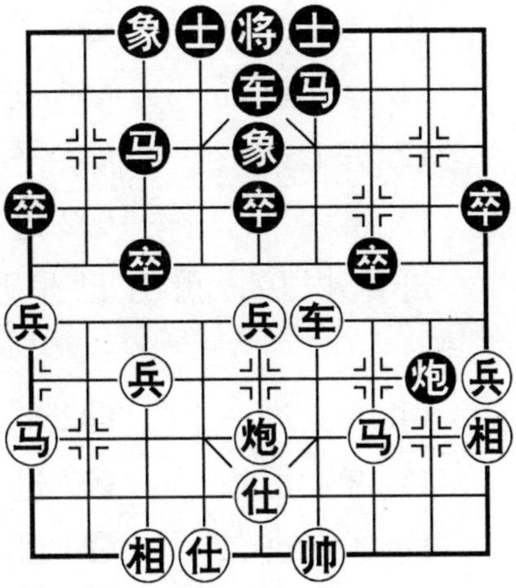

如图1-2形势，红方出帅锁住黑方车马，致使黑方形势举步艰难。

22. ……　　　卒7进1
23. 车四退一　炮8退1
24. 相一进三　炮8平5
25. 车四进一　炮5退1
26. 马三进二　车5平4
27. 马二进一　车4进5

弃子无奈。以下红方有马一进三再炮五平二，黑难以应付。

28. 车四进四　士4进5　29. 马一进三　车4平9
30. 马九进八　车9平3　31. 马三退五　马3进2
32. 车四退三　炮5进1　33. 马八进六

红胜。

图1-2

第二局

1. 炮二平五　马8进7　2. 马二进三　车9平8
3. 车一平二　卒7进1　4. 车二进六　马2进3
5. 炮八平六　马7进6　6. 马八进七　车1进1
7. 车九平八　车8进1　8. 车八进四（图2-1）

如图2-1形势，红车巡河着法松弛，给黑方提供了反击的机会。宜选择车八进五车1平6，兵七进一卒3进1，车八退一卒3进1，车八平七象3进5，马七进六马6进4，车七平六，红方优势。

8. …… 炮8平5
9. 车二进二 车1平8
10. 车八平四 车8平4
11. 仕四进五 车4进3
12. 兵七进一 炮5平6
13. 车四平二 炮2进4

进炮积极，黑方已呈反击之势。

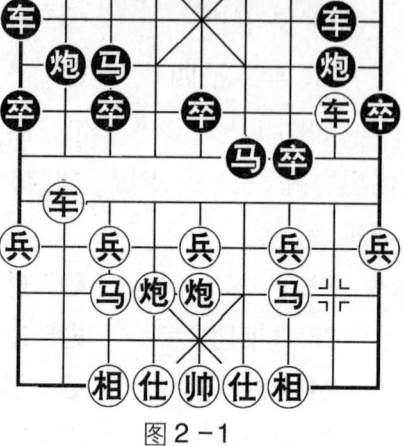

14. 兵三进一 炮2平3
15. 马七退八 卒7进1
16. 车二平三 象3进5
17. 车三进二 士4进5
18. 车三平四 马6进7
19. 车四平三 马7退8
20. 马八进九 炮3平2
21. 炮五平四 车4进2（图2-2）

如图2-2形势，黑方进车后，红方中路将被打通，黑方优势得以扩大。

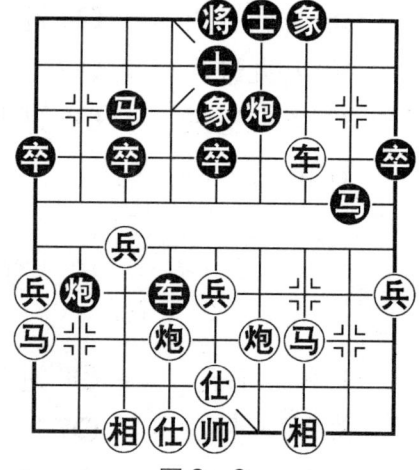

22. 相三进五 炮2平5
23. 车三平一 炮5平1
24. 兵一进一 卒1进1
25. 车一平三 车4平7

兑车简化局势，仍继续保持优势。

26. 车三退三 马8进7
27. 兵一进一 卒5进1
28. 炮六平七 卒5进1
29. 炮七进四 马3进5
30. 相五进三 卒1进1
31. 马九退八 炮6进3
32. 马八进七 炮6平3
33. 马七进九 卒1进1
34. 马三进一 卒5平6

图2-1

图2-2

35. 相三退五	炮3进1	36. 马一退三	马5进7
37. 炮七平三	后马进8	38. 兵一进一	炮3退3
39. 炮三进二	卒1平2	40. 兵一平二	卒2平3
41. 兵二平三	卒6进1	42. 炮三退五	卒6平7
43. 马三进一	炮3进1	44. 马一进二	卒7进1
45. 炮四进一	马8进7	46. 炮四退二	炮3平6
47. 马二退三	炮6进2	48. 兵三平四	卒3平4
49. 兵四平五	象5进7	50. 兵五平四	卒4平5
51. 兵四平五	炮6退1	52. 兵五平六	卒5平6
53. 马三退一	卒7平8	54. 马一进二	卒6进1

黑得子胜。

第三局

1. 炮二平五　　马8进7　　2. 马二进三　　卒7进1
3. 炮八平六

先平士角炮是让布局保持主动的选择，也是实现保持先手的次序。

3. ……　　　马2进3　　4. 车一平二　　马7进6

上马保持布局的灵活选择，保留以后可以炮8平6形成反宫马布局的机会。此时也可走车9平8。

5. 马八进七　　车9进1　　6. 车九平八　　车9平4
7. 仕四进五　　车4进3　　8. 兵七进一　　车1平2
9. 车八进六　　炮8平6　　10. 车二进四　　象3进5
11. 兵三进一　　马6进7

进马是必然选择，如卒7进1，车二平三，以后红方马三进四优势明显。

12. 兵三进一　　车4平7　　13. 马七进六　　士4进5

14. 炮五进四　　炮2平1（图3-1）

如图3-1形势，黑方平炮兑车显示黑方积极作战的姿态。如改走马3进5，马六进五车7平5，车二平三，红方占优。

15. 车八进三　　马3退2
16. 炮五平九　　炮1进4
17. 炮九进三　　马2进3
18. 车二进二　　炮1平3
19. 车二平六　　士5进4
20. 炮九退七（图3-2）　卒9进1
21. 相三进五　　炮3进2
22. 车六平二　　士4退5
23. 马六进七　　炮3退5
24. 车二平七　　卒9进1
25. 兵一进一　　马7退9
26. 马三进一　　车7平4
27. 马一进三　　马9退7
28. 炮六平七　　车4平1
29. 炮七退一　　炮6平7
30. 车七平三　　炮7平6
31. 仕五进六　　车1平2
32. 炮七平三　　象7进9
33. 炮九进五　　马3进4
34. 炮九平四　　士5进6
34. 炮九平四　　士5进6
36. 炮三平二　　马4退3
38. 车九退三　　马4进3
40. 炮二进五　　车2进4

35. 车三平九　　士6退5
37. 车九进三　　马3退4
39. 车九平七　　马3退4
41. 仕六进五

图3-1

图3-2

至此，红方多两兵，且兵种优势，红胜势。下略。

第四局

1. 炮二平五　　　马8进7　　2. 马二进三　　　卒7进1
3. 车一平二　　　车9平8　　4. 车二进六　　　马2进3
5. 炮八平六　　　卒3进1
6. 马八进九　　　炮8退1（图4-1）

如图4-1形势，黑方退炮具有强烈反击意思，是防御战术中的创新次序。此时双方常见变化是：炮2进1，车二退二炮8平9，车二进五马7退8，车九平八车1平2，车八进四象3进5，兵三进一卒7进1，车八平三炮9平6，马三进二，红优。

7. 车九平八　　　车1进2
8. 炮六进六　　　炮8平5
9. 车二进三　　　马7退8　　10. 兵七进一

图4-1

弃兵旨在攻击黑方右翼，但红方本身作战子力并不协调，此举颇具风险。宜走车八进四为妥。

10. ……　　　　马3进4　　11. 兵七进一　　　马4进6
12. 炮六退一　　　炮2退1

退炮意图不明，应走炮2进5积极反击。以下变化是：炮六退五炮2平5，相七进五车1平4，仕六进五，黑方反先。

13. 炮六退五　　　炮2平3　　14. 仕六进五　　　马8进7
15. 兵七进一　　　车1平4　　16. 车八进三　　　炮5进1

如改走马6进8，则炮六进四，黑方作战并无把握。

17. 兵三进一	卒7进1	18. 马三进四	卒7平6
19. 炮六进四	炮3平7	20. 相三进一	炮7平5
21. 炮五平六	车4平1	22. 后炮平七	车1退2
23. 兵九进一	炮5进4	24. 相七进五	前炮平6
25. 相一退三	卒5进1	26. 车八进二	炮6进2

空着！贻误大局。应走象3进5，以后走卒6平5，6路炮可退四防守，形势不错。

27. 马九进八	卒6平5	28. 车八平五	车1平2
29. 车五退一	象7进5	30. 炮七平八（图4-2）	

如图4-2形势，红方不逃车，而采取简化局势的着法进入优势残局，机灵之举！

30. ……	炮5进4
31. 炮八进七	炮6退5
32. 炮六退三	炮5退2
33. 兵七进一	士6进5
34. 马八进六	炮6退1
35. 兵七进一	马7进6
36. 兵七平六	炮5平4
37. 马六进八	炮4平5

图4-2

38. 炮六平七	马6退4	39. 马八进七	马4退2
40. 炮八退一	将5平6	41. 炮七进六	将6进1
42. 兵六平五	炮5退2	43. 马七退五	马2退4
44. 炮七退一	炮5平3	45. 马五进七	将6平5
46. 帅五平六	炮6平3	47. 兵一进一	炮3平9
48. 仕五进四	炮9平3	49. 炮八退七	将5平6
50. 炮八平九	马4进5	51. 炮九进五	

红胜势，下略。

第五局

1. 炮二平五　　马8进7　　2. 马二进三　　马9平8
3. 车一平二　　卒7进1　　4. 车二进六　　马2进3
5. 炮八平六　　车1平2　　6. 马八进七　　炮2平1
7. 兵五进一　　炮8退1（图5-1）

如图5-1形势，黑方退炮旨在加强中线反击。双方的攻防战便从中线展开。稳健的着法可选择走士4进5。

8. 炮六退一　　炮8平5
9. 车二平三　　车8进2
10. 兵七进一　　车2进6
11. 车九平八　　车2平4
12. 炮六平五　　炮5平7

图5-1

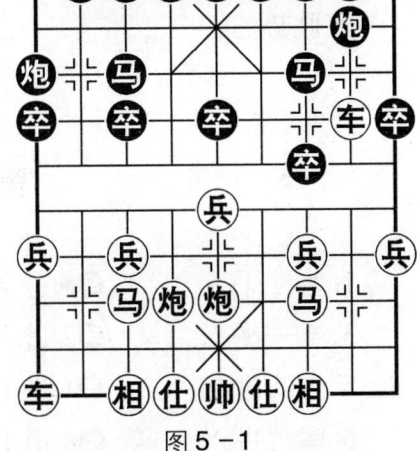

由于黑方右翼将受到红方冲击，所以及时打车调整子力是势在必行的着法。

13. 车三平四　　马7进8　　14. 兵五进一　　卒7进1
15. 车四进二　　炮7进5　　16. 马三进五　　车8平6
17. 车四退一　　炮1平6　　18. 兵五进一　　士6进5
19. 兵五平四　　炮8退6　　20. 马五进三　　将5平6
21. 马三进四　　车4平6　　22. 马四退二　　炮7退5
23. 车八进五　　炮6平4　　24. 后炮平九　　炮4平5
25. 马七进五（图5-2）

黑方19回合想通过弃子进行一搏，但未能如愿。

25. ……　　　　车6进3　　26. 帅五进一　　车6退3
27. 帅五退一　　士5进6　　28. 车八平三　　车6平5

29. 炮九平五　　车5平8
30. 车三进三　　车8退2
31. 车三进一　　将6进1
32. 车三退三　　车8进5
33. 后炮进六　　象3进5
34. 炮五平四　　将6平5
35. 相七进五　　将5退1
36. 车三平七

红胜势。

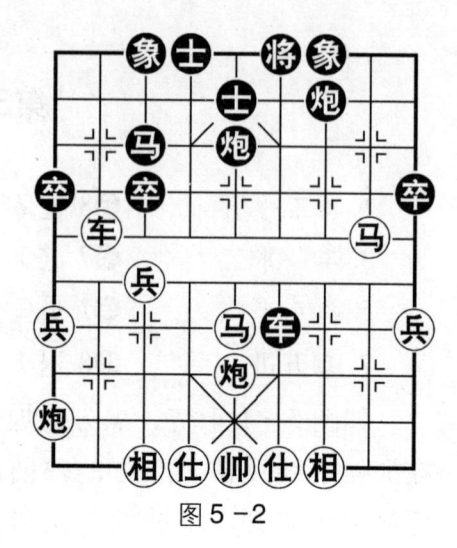

图 5-2

第六局

1. 炮二平五　　马8进7
2. 马二进三　　车9平8
3. 车一平二　　马2进3
4. 兵三进一　　卒3进1
5. 马八进九　　卒1进1
6. 车二进六　　炮8退1（图6-1）

如图 6-1 形势，黑方退炮不走常套，采取出其不意的办法，旨在造成红方判断上的难度。

7. 炮八平六

似太从容，可考虑走炮八进四，以后有炮八平七或炮八平三打卒之着。

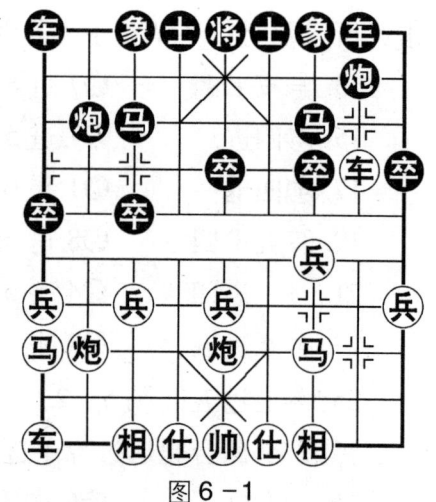

7. ……　　　　车1进2
8. 车九进一　　卒1进1
9. 兵九进一　　车1进3
10. 车九平四　　炮8平5
11. 车二进三　　马7退8

图 6-1

12. 仕四进五	马8进7	13. 相三进一	炮5平3

布局至此，红方棋形不整，而且左翼弱点正受到威胁。

14. 车四进三	卒3进1		
15. 炮六平七	象3进5		
16. 炮七进二	马3进2		
17. 炮七进二	车1进1		
18. 兵七进一	马2退1		
19. 炮七进一	马1退2		
20. 炮七退一	马2进1		
21. 炮七进一	马1进2		
22. 炮七退一	车1平4		
23. 炮五平七	马2进1		
24. 后炮退一	炮3进4	25. 后炮平九	炮2平3
26. 炮九进二	车4平1（图6-2）		

图6-2

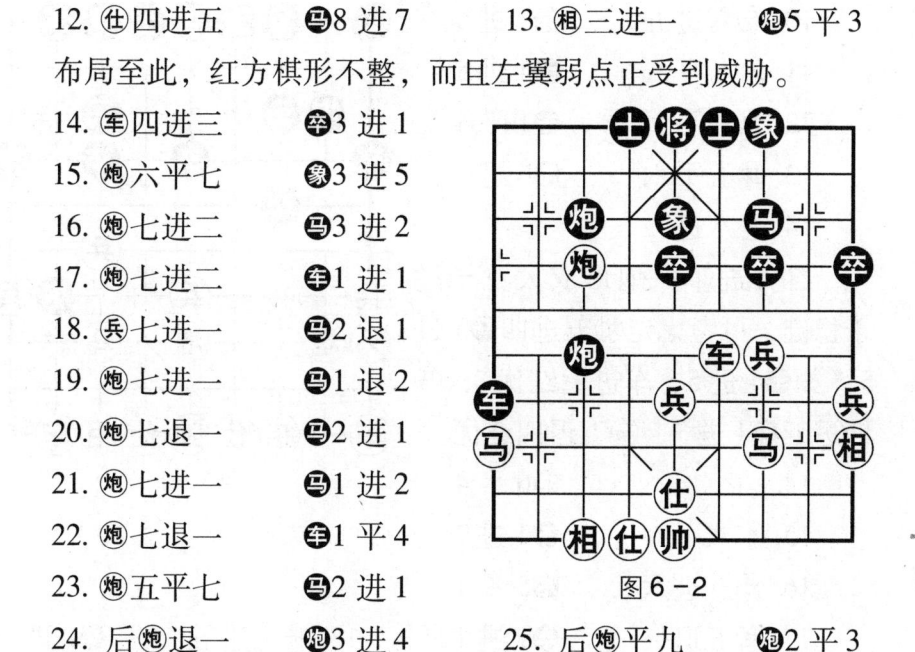

如图6-2形势，红方形势本来已经不佳了，由于是快棋赛，红方忙中出错。

27. 相一退三	车1进1

27回合误走相一退三，被黑车1进1白吃一子，即成败局。

第七局

1. 炮二平五	马8进7	2. 马二进三	车9平8
3. 车一平二	马2进3	4. 兵三进一	卒3进1
5. 马八进九	炮8进4		

如图7-1形势，黑方左炮封车是较少运用的防御战术，其优劣还需要有待更多的实践给予证实。

6. 马三进四	炮2进4	7. 兵三进一	炮8平6
8. 车二进九	马7退8	9. 兵三进一	炮2平5

10. 仕六进五	象3进5		
11. 车九平八	士4进5		
12. 炮八平六	车1平4		
13. 帅五平六	炮6进1		
14. 车八进二			

红方进车保炮形成大兑子过于稳健，可考虑走炮五进四马3进5（如车4进5，车进七红优），马四进五车4进3，马五退四红优。

14. ……	炮6平4		
15. 车八平六	车4进7		
16. 仕五进六	炮5平1		
17. 炮五退一	卒9进1	18. 相七进五	卒1进1
19. 兵七进一	卒3进1	20. 相五进七	卒1进1
21. 相七退五	卒1平2	22. 马九进七	卒2进1
23. 马七进六	马3进4	24. 马四进六	炮1平9
25. 炮五进五	卒9进1	26. 仕六退五	炮9平4
27. 帅六平五	卒9平8	28. 马六进八	炮4退5
29. 炮五平六	马8进9	30. 马八进六	

和势，下略。

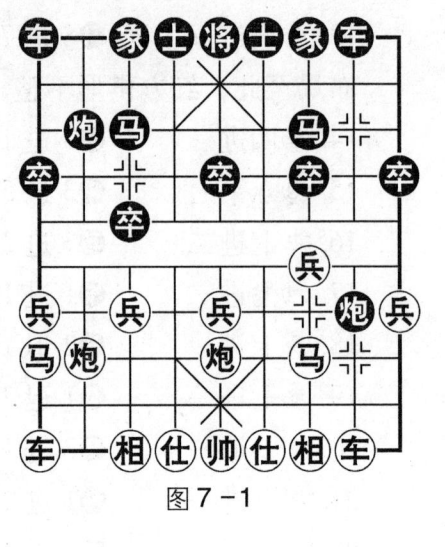

图 7-1

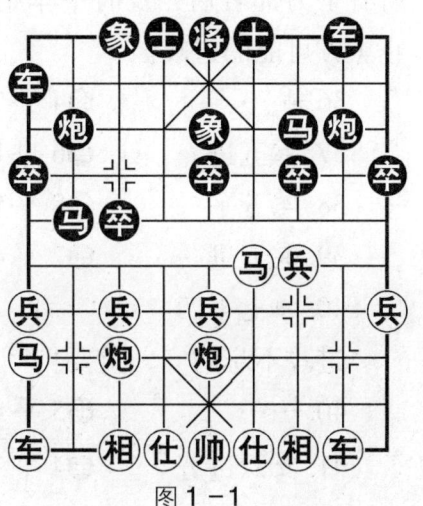

第十章　五七炮对屏风马

第一节　五七炮进三兵对屏风马

第一局

1. 炮二平五　马8进7　2. 马二进三　车9平8
3. 兵三进一　卒3进1　4. 车一平二　马2进3
5. 马八进九　车1进1

黑方提横车采取对攻作战的战术。

6. 炮八平七　马3进2　7. 马三进四　象7进5（图1-1）

第6回合，红方平七路炮，形成五七炮对屏风马阵式。如图1-1形势，黑方飞左象进行次序上的变化。如改走车1平6，马四进五马7进，5炮五进四马8进4，车二进一车6进5，车九进一，形成对攻之势。

8. 马四进五　炮8平9

如马7进5，炮五进四士6进5，车二进五红优。

9. 车二进九　马7退8　10. 马五退七　士4进5
11. 马七进八　炮9平2　12. 车九进一　马2进4

图1-1

13. 俥九平八	炮2进4	14. 兵七进一	炮2平9
15. 炮七进一	炮9退1	16. 俥八平二	马4进5

这一系列着法，红方下得积极主动。当前黑马急于吃中炮进行交换，原因是怕红炮五平一或炮五平六，黑方更加困难。

17. 相三进五	马8进6	18. 俥二进三	炮9进4
19. 仕四进五	车1平4	20. 兵五进一	车4进3
21. 俥二退一	炮9退4	22. 俥二进一	炮9进4
23. 炮七退二	马6进5	24. 俥二退一	卒7进1
25. 俥二平一	炮9平8	26. 俥一平二	炮8平9
27. 俥二进三	马5进6	28. 俥二平一	炮9平8
29. 俥一平四	卒7进1	30. 相五进三	炮8退4
31. 相三退五	马6退8	32. 俥四退三	炮8进4
33. 俥四平二	炮8平9	34. 仕五进四	马8退6
35. 俥二平一	炮9平8	36. 俥一平五（图1-2）	

如图1-2形势，红方在做妥所有子力部署后，及时平车中路防止黑方可能的进攻。

36. ……	车4平7
37. 兵五进一	马6进8
38. 俥五平二	炮8平9
39. 兵五进一	车7平4
40. 炮七平四	

进攻不忘防守，重要！

40. ……	将5平4		
41. 仕六进五	车4平7	42. 兵五进一	象3进5
43. 相五进三			

图1-2

红方用相消除黑方干涉，有利局势发展。

43. ……	炮9平3	44. 相三退五	炮3平1

45. 马九退七	炮1退1	46. 炮四平一	马8退9
47. 车二平八	将4平5	38. 炮一进五	车7退1
49. 炮一退二	车7平5	50. 车八平二	车5平9
51. 炮一平三	马9退7	52. 车二平五	士5退4
53. 马七进八	炮1进1	54. 车三平五	士4进5
55. 马八进七	车9平4	56. 车五平八	马7进6
57. 车八进六	车4退3	58. 炮五进二	

红胜。

第二局

1. 炮二平五	马8进7	2. 马二进三	车9平8
3. 车一平二	马2进3	4. 兵三进一	卒3进1
5. 炮八平七	士4进5	6. 马三进四（图2-1）	

如图2-1形势，双方仅6个回合，已在布局次序上进行了调整，于是引出了新的变化。

6. ……　　　　炮8进3

进炮打马是当前有力反击之着，破坏了红方作战计划。黑方还有两种选择：①马3进2，马四进五炮8平9（如马7进5，炮五进四象7进5，车二进五，红优）车二进九马7退8，马五退七象3进5，马七退五，至此，红方多兵，黑方子力活跃。②象3进5，兵七进一马3进2，兵七进一象5进3，车二进五象7进5，马四进六，红优。

7. 马四退三　　　炮8退1

图2-1

第十章　五七炮对屏风马

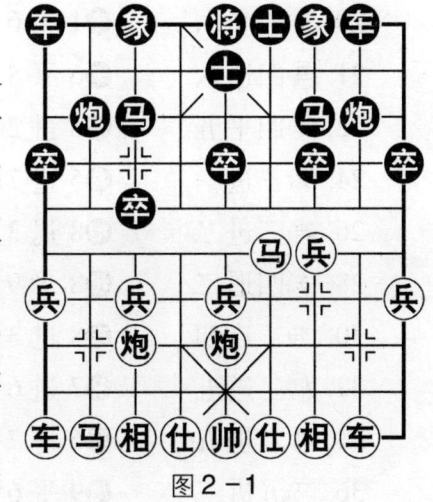

171

红马进而复退，步数亏损显然。如改走㊣四进三㊣8进1，㊣七进三㊣3进4，㊣八进七㊣3进5，㊣九平八㊣2平4，黑方形势开朗。

8. 车九进一　　象3进5　　9. 车九平六　　马3进2
10. 马八进九　　卒1进1　　11. 炮七退一　　车1进3
12. 车二进四　　马2进1　　13. 车六进三　　卒1进1
14. 炮五平四　　炮2进3（图2-2）

这几个回合红方尽全力调整阵势，但黑方如图2-2形势已将子力部署到位，即将进行有效反击。

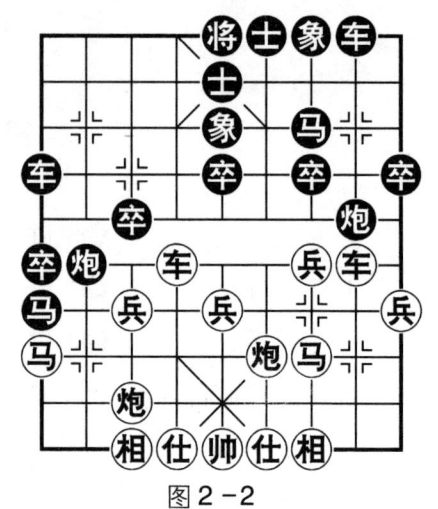

15. 车二退二　　炮2进2
16. 仕六进五　　卒3进1！
17. 车六退二　　炮2平6
18. 车六平四　　卒3平2
19. 马三进四　　卒5进1
20. 炮七平六　　车1平6
21. 马四退六　　车6平5
22. 车四平五　　炮8进2　　23. 马六退七　　卒7进1
24. 兵三进一　　象5进7　　25. 车二平三　　象7进5
26. 车三进二　　炮8退3　　27. 车三平四　　炮8进6
28. 车四退二　　炮8平9　　29. 车四平二　　车5平8
30. 车二进四　　车8进3　　31. 车五平一　　车8进6
32. 相三进五　　马7进6　　33. 马七进六　　马1进3
34. 马六进五　　马6进7　　35. 车一退一　　马7进5
36. 马五进三　　炮9平6　　37. 车一平二　　马5进7
38. 炮六平三　　车8退1

黑胜。

图2-2

第三局

1. 炮二平五　　　马8进7　　2. 兵三进一　　　车9平8
3. 马二进三　　　卒3进1　　4. 车一平二　　　马2进3
5. 炮八平七　　　马3进2

这步跳马看似没有什么问题，但进入了红方希望形成的布局轨道。

6. 马三进四　　　象7进5　　7. 马四进五　　　马7进5
8. 炮五进四　　　士6进5　　8. 相七进五（图3-1）

如图3-1形势，从布局角度看，红方得到了满意的结果。当红方第5回合炮八平七时，黑方走卒1进1或士4进5，才是正确的走法。

9. ……　　　　　车8平6
10. 马八进六　　　车1进1
11. 兵七进一　　　车6进4
12. 马六进四　　　车1平4
13. 马四进五　　　车4进4
14. 仕六进五　　　象3进1
15. 炮七平八（图3-2）

图3-1

如图3-2形势，黑方的"担子炮"既是主要防线，又是被红方攻击的软肋。现红方兑炮正是击中黑方软肋之处，黑方极为难受。

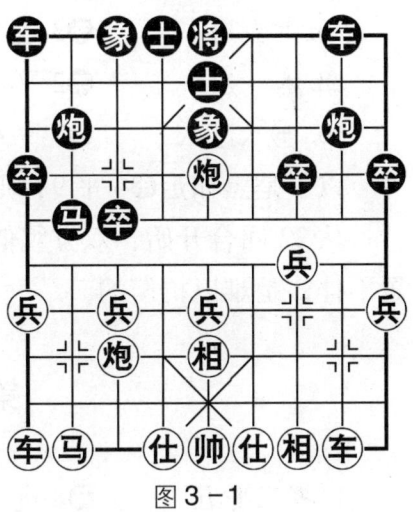

15. ……　　　　　卒3进1

如改走炮2平4，炮八进二车4进1，兵七进一象1进3，车二进六，仍是红优。

16. 炮八进五	炮8平2		
17. 炮五平一	车6退4		
18. 车二进五	卒7进1		
19. 车二进一	马2进3		
20. 马五进四	炮2退1		
21. 兵三进一	马3进4		
22. 兵三进一	卒3进1		
23. 兵三进一	卒3进1		
24. 车九平七	车4平2		
25. 兵五进一	车2进3		
26. 兵五进一	卒3进1	27. 车七平九	车2退2
28. 兵一进一	车2平7	29. 车九平八	炮2平4
30. 车八进八	车7平4	31. 炮一进三	

图3-2

以下是黑如走车6平9，则车八平六，红速胜。

从22回合开始，双方貌似"各攻一翼"，但实际黑方子力位置不佳，是难以抗衡的。

第四局

1. 炮二平五	马8进7	2. 马二进三	车9平8
3. 车一平二	卒3进1	4. 车二进六	马2进3
5. 马八进九	卒7进1		
6. 炮八平七	马3进4（图4-1）		

如图4-1形势，黑方不进外马封车，而另行其道，目的是给红方造成选择上的困难。

7. 车九平八	炮2平4	8. 炮五进四	

打中卒先得实惠，同时便于子力互相联系。

8. ……	马7进5	9. 车二平五	士4进5

174

10. 相七进五	马4进6
11. 车五平四	马6进8
12. 车八进一	炮8进2
13. 炮七平六	炮4进4
14. 兵五进一	卒7进1

弃卒太冒险，可考虑走车8进2静观其变为宜。

15. 马九退七	马8退7
16. 马七进六	马7进5
17. 车四平五	马5进4
18. 车八平六	卒7进1
19. 马三进五	炮8进3
20. 仕六进五	马4退2（图4-2）

图4-1

如图4-2形势，黑方逃马，似理所当然，但这时黑方有弃子之招。变化如下：车1平2，仕五进六炮8退1，仕六退五车8进4，马五进三车8平4，马三进五车2进9，仕五退六车7平6，兵七进一卒3进1，马六退八车4进4，马八退六车2退1，车五平六炮8平1，尚有谋和机会。

21. 车五平八	炮8进1
22. 仕五退六	卒3进1
23. 车八退三	卒3平4	24. 马六退七	炮8平3
25. 车六平七	车8进4	26. 车七平四	车8平5
27. 马五进三			

红多子胜。

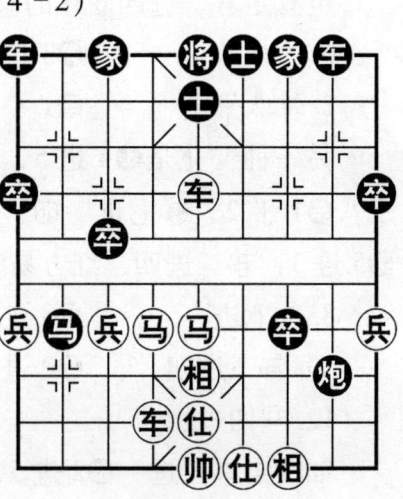

图4-2

第五局

1. 炮二平五　　馬8进7　　2. 马二进三　　车9平8
3. 车一平二　　马2进3　　4. 兵三进一　　卒3进1
5. 马八进九　　炮8进4（图5-1）

中炮进三兵对屏风马，是公认的主流布局，使用率甚高。如图5-1形势，黑方左炮封车，则是进三兵布局的"支流"，但是很有实战价值。

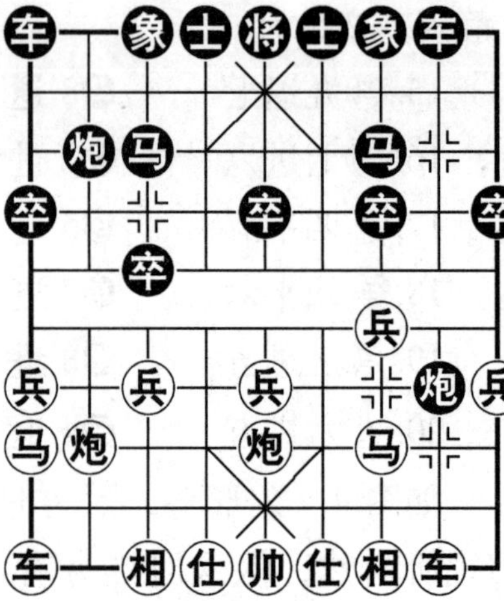

6. 车九进一

也有走马三进四变化的。

6. ……　　　　象3进5
7. 炮八平七　　车1平2

另一种变化是士4进5，车九平八车1平2，兵七进一炮2平1，车八进八马3退2，兵七进一象5进3，马三进四，红方易走。

8. 兵七进一　　马3进2　　9. 兵七进一　　象5进3
10. 马三进四　　马2进1　　11. 车九平七　　炮2平5
12. 马四进六

如改走兵三进一车2进5，马四退二卒7进1，黑弃子可行。

12. ……　　　　车2进5　　13. 炮七进一　　炮8退2
14. 车二进三　　炮8平5　　15. 车七平六

这二步棋红方双车占得要道，并逐步扩大优势，足见功力！

15. ……　　　　士6进5　　16. 炮五进三　　炮5平2
17. 相三进五　　车2平7　　18. 车二平三　　车8进5
19. 炮七平八　　象7进5　　20. 车三进一　　车8平7

图5-1

21. 炮八进六　　象5退3　　22. 马九进七　　车7平2
23. 炮八平九　　车2进1　　24. 车六平七　　卒7进1
25. 兵五进一　　炮5平6　　26. 马六进四　　马1退2
27. 马七进六　　车2平6　　28. 车七平八　　象3退1
29. 车八进三　　将5平6　　30. 仕六进五　　车6平4
31. 马六进八　　马2进4　　32. 马八退七　　炮6进4
33. 车八进三　　炮6平7　　34. 马四进五（图5-2）

红方经过耐心运子，终于找到突破的机会。如图5-2形势，红方马吃中士迅速入局。

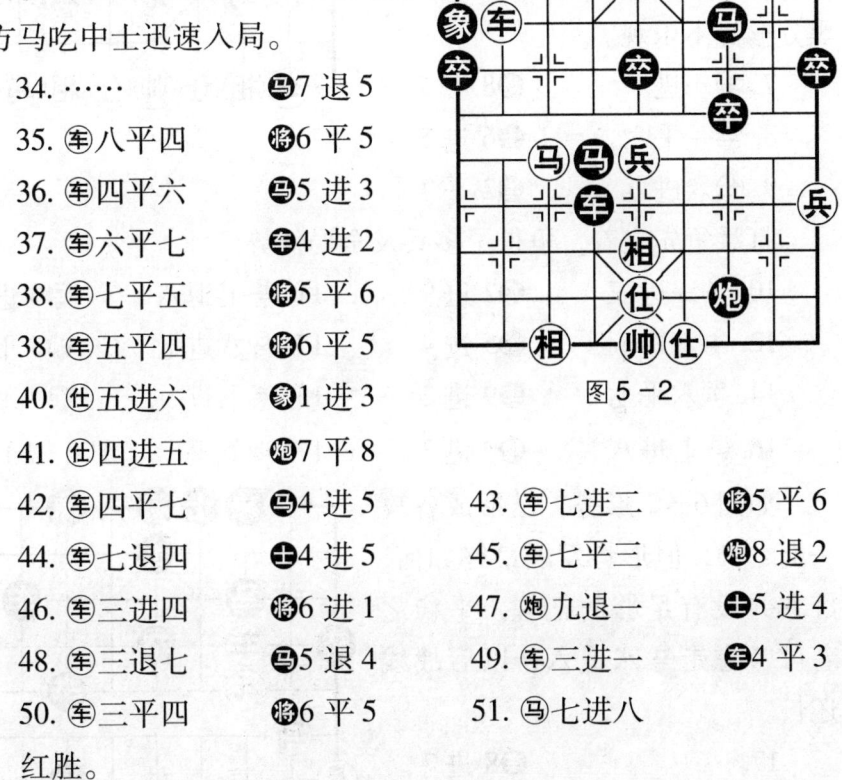

34. ……　　　　马7退5
35. 车八平四　　将6平5
36. 车四平六　　马5进3
37. 车六平七　　车4进2
38. 车七平五　　将5平6
38. 车五平四　　将6平5
40. 仕五进六　　象1进3
41. 仕四进五　　炮7平8
42. 车四平七　　马4进5　　43. 车七进二　　将5平6
44. 车七退四　　士4进5　　45. 车七平三　　炮8退2
46. 车三进四　　将6进1　　47. 炮九退一　　士5进4
48. 车三退七　　马5退4　　49. 车三进一　　车4平3
50. 车三平四　　将6平5　　51. 马七进八

红胜。

图5-2

第六局

1. 炮八平五　　马2进3　　2. 兵七进一　　卒7进1

3. 马八进七　　马8进7　　4. 炮二平三　　车1平2
5. 车九平八　　马7进6（图6-1）

如图6-1形势，黑方如改走士6进5或马7进8，则形成常规布局。现改走马7进6，则进入一个新的变化。

6. 马二进一　　炮2进4

先发制人，控制空间颇为重要！如先走炮8平5，车八进三，黑方形势不乐观。

7. 车一进一　　炮8平5
8. 车一平六　　士6进5
9. 仕六进五　　炮2平7

打兵争先之着，争得了多兵及全局优势。

图6-1

10. 马一进三　　车2进9　　11. 马七退八　　马6进7
12. 车六进五　　炮5进4　　13. 马八进七　　炮5平9
14. 车六平七　　车9进2　　15. 兵七进一　　车9平8
16. 马七进八　　炮9进3　　17. 炮五平七（图6-2）

如图6-2形势，已形成各攻一端之势，但形势发展最终如何，红方并没有足够的把握。平稳之着可考虑走马八退六，以后战线还长。

17. ……　　　　车8进7
18. 相七进五　　车8退4
19. 马八退六　　马7进5
20. 炮三进七　　象3进5
21. 兵七平六　　车8平4

图6-2

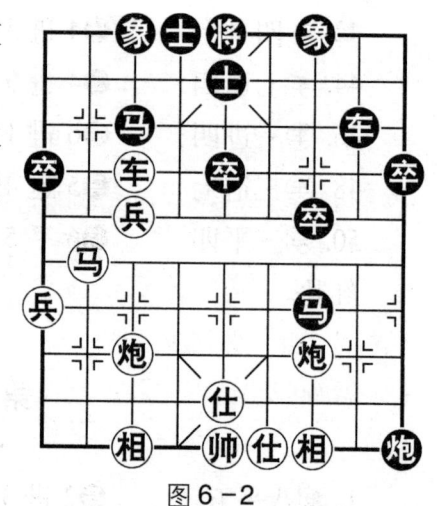

22. 仕五进六	马5进6	23. 车七进一	马6退7
24. 相三进一	马7退9	25. 帅五进一	象5退7
26. 炮七平八	将5平6	27. 车七退四	车4平5
28. 帅五平六	车5进1	29. 车七平八	象7进5
30. 马六进七	车5平2	31. 马七退八	卒9进1

黑方进入优残局，黑胜，下略。

第二节　五七炮不进兵对屏风马

第一局

1. 炮二平五	马8进7	2. 马二进三	车9平8
3. 车一平二	马2进3	4. 马八进九	卒7进1
5. 炮八平七	车1平2	6. 车九平八	炮2进2
7. 车二进六	马7进6	8. 车八进四	象3进5
9. 兵九进一	卒3进1	10. 车八平二（图1-1）	

如图1-1形势，因黑方有卒7进1驱车之着，红方必须避车，一般走车二退一、车二退三、车二平四。现红方车八平二则是罕见的次序，为这路布局增添了新的内容，值得重视。

10. ……	炮8进3
11. 车二进三	炮8平4
12. 车二退五	

退车稳健，便于控制局面。

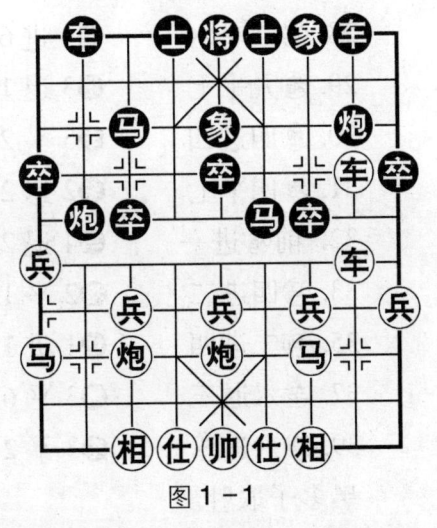

如改走兵七进一炮2进3、兵七进一马3退5，黑方优势。

图 1-1

12. ……　　　　車2进2

关于防范，保持均衡之势，极为重要！

13. 仕四进五　　士4进5　　14. 炮七平八

红方打车把边线主动权让给对方，不妥。宜走车二平四较好。

14. ……　　　　车2平1　　15. 炮八进一　　卒1进1
16. 兵九进一　　车1进2　　17. 车二平四　　炮4退5
18. 炮五平四　　马6退7　　19. 相三进五　　马3进4
20. 车四平二　　车1进2　　22. 炮八退三　　马7进6
22. 炮八平九　　车1平2　　23. 车四进一　　马6进4
24. 炮四退二　　前马进5（图1-2）

黑方自打开边线后，形势起了质的变化。如图1-2形势，黑马吃中相弃子入局。

25. 相七进五　　车2进1
26. 马九进八　　车2平5
27. 马三退四　　炮4平3
28. 车二平六　　炮3进6
29. 炮九平七　　炮3退1
30. 炮四进四　　车5平2
31. 炮四平七　　车2退2
32. 前炮进一　　马4退2
33. 马四进二　　炮2平1　　34. 帅五平四　　车2进4
35. 马二进四　　炮1进1　　36. 车六进二　　马2退3
37. 车六退三　　炮3平6　　38. 马四退六　　车2平3
39. 马六进八　　车3平2

黑多子取胜。

第二局

1. 炮二平五	马8进7	2. 马二进三	马2进3
3. 车一平二	车9平8	4. 马八进九	卒7进1
5. 炮八平七	车1平2	6. 车九平八	炮2进4
7. 车二进四	象3进5	8. 兵九进一	炮2退2
9. 车二进二			

红方进车旨在进入自己熟悉的作战轨道。红方此时亦可选择车八进四、兵七进一两种变化。

9. ……	马7进6	10. 车八进四	卒3进1
11. 车二退三	士4进5	12. 炮七退一	马6进7
13. 炮五平七（图2-1）			

如图2-1形势，红方把作战火力集中黑方右翼，把局势引向复杂多变。如改走车二平三炮8平7，车三平四炮7进5，兵七进一卒3进1，车八平七炮7平1，相七进九马3进4，形势趋向平衡，红方略优。

13. ……	车2平4		
14. 仕六进五	车4进8		
15. 前炮平四	卒3进1		
16. 兵七进一	马7退8		
17. 车二平四	卒7进1	18. 车四进二	象5进3

此时黑如改走马8退7，车四进三炮2平7，炮七进六卒7进3，炮四平六，红仍大优。

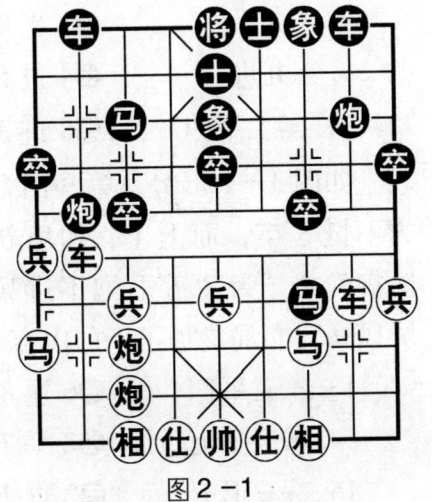

19. 车四进三

图2-1

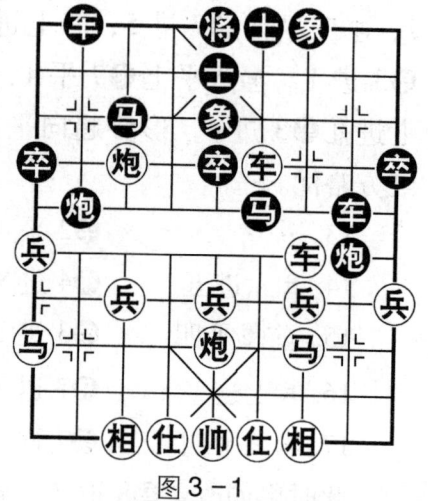

此时，红车四平七吃象仍是红方占优，黑炮8平5另有一番激烈攻杀。

19.……	卒7进1	20.兵七进一	卒7进1
21.炮七进六	炮8平7	22.相三进一	炮7平5
23.马九进七	车4退8	24.炮四平五	炮2退2
25.车八进三			

红胜。

第三局

1.炮二平五	马2进3	2.马二进三	马8进7
3.车一平二	车9平8	4.马八进九	卒7进1
5.炮八平七	炮2进2	6.车二进六	马7进6
7.车九平八	车1平2	8.车八进四	象3进5
9.兵九进一	士4进5	10.炮七进四	卒7进1
11.车二平四	炮8进3	12.车八平三	车8进4（图3-1）

如图3-1形势，第9回合黑方不挺3卒，而上士，构思新的防御阵式，为"五七炮不进兵对屏风马"布局增加了新的内容。

13.车三平四	马6退8	
14.炮五平七	炮2平7	
15.马三退五	车2进7	
16.后车退二	炮8进4	
17.兵三进一	炮7平5	
18.兵五进一	炮5进4	
19.仕六进五	马8退6	
20.后炮退一	车2进1	
21.兵五进一（图3-2）		

图3-1

以上回合双方战斗颇为激烈。如图1形势，红方冲中兵是绝妙之着，打破相持局面，夺取了主动。

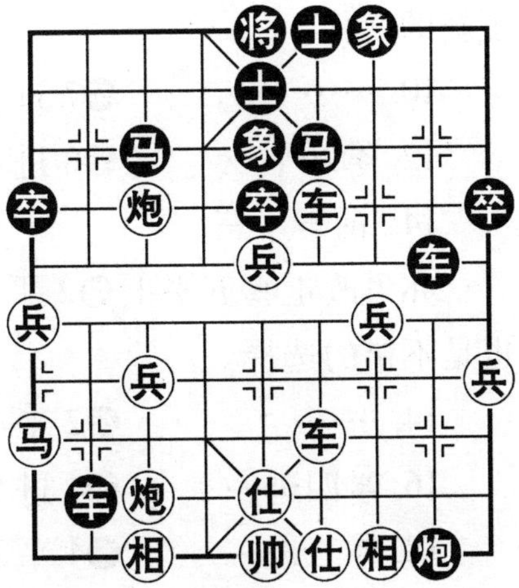

21. ……　　　　　炮8平9

平边炮意在拼搏。如改走①卒5进1，则前炮平一；②车8平5，则后车平二，均为红优。

22. 后车平六　　　车2平1
23. 兵五进一　　　车1进1
24. 兵五进一　　　车8进5　　25. 兵五进一　　　士6进5
26. 仕五退六　　　炮9平7　　27. 帅五进一

黑方虽竭尽全力反击，但红方且攻且守，防卫得当，黑方黔驴技穷，大局已定。

27. ……　　　　　象7进5　　28. 车六平五　　　车1平3
29. 车四平六　　　炮7平4　　30. 车五进五　　　将5平6
31. 车六平四　　　将6进1　　32. 前炮平6　　　车8退7
33. 炮七进六

红胜。

图3-2

第四局

1. 炮二平五　　　马2进3　　2. 马二进三　　　马8进7
3. 车一平二　　　车9平8　　4. 马八进九　　　卒7进1
5. 炮八平七　　　炮2进2　　6. 车二进六　　　马7进6
7. 车九平八　　　车1平2　　8. 车八进四　　　象3进5
9. 兵九进一　　　士4进5　　10. 炮七进四

第9回合黑方采用卒3进1着法居多，现改走士4进5，增添了新的变化。

10.…… 卒7进1 11.车二平四 炮8进3
12.车八平三 车8进4 13.车三平四 马6退8
14.前车平三

亦可改走炮五平七炮2平7，马三退五车2进7，后车退一，也是不错的选择。

14.…… 车2平4 15.仕六进五 炮2平7
16.车四进一 车4进5 17.炮五平七 炮8进1
18.兵三进一 车4平7
19.相七进五 炮8平7（图4-1）

如图4-1形势，双方战斗进入白热化阶段，次序选择将决定大局走向。实战中红方选择走马三退一，贻误战机！应改走车三平二，变化如下：①车8退1，前炮平二车7平6，车四平三象5进7，炮七进五，红多子占优。②车7平1，仕五退六车8退1，前炮平二车1进2，炮七进五后炮进3，车四进一，红优。

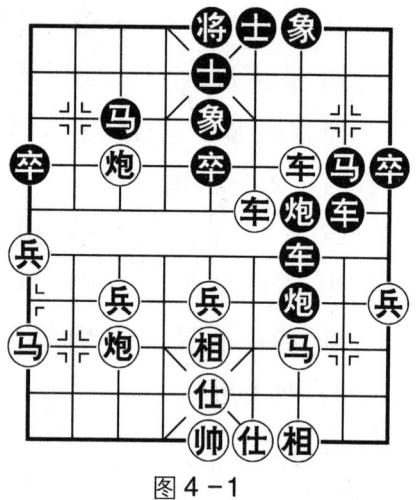

20.马三退一 车7平1 21.车三平二 后炮进5
22.马一退三 车8平6 23.相五进七 车6进2
24.兵五进一 车6平4 25.马三进四 车1退1
26.车二平三 象5进7 27.车三平四 车1平3
28.仕五退六 车4平5 29.仕四进五 车3退1
30.相七退五 车3平2 31.炮七进五 车2进4
32.相五进七 车2退5 33.炮七退一 车2平8
34.车四平二 车8进1 35.炮七平二 卒1进1

36. 马九进八	炮7平6	37. 马八进七	车5退1
38. 炮二退五	卒1进1	39. 炮二平一	车5平8
40. 仕五退四	车8平5	41. 仕四进五	车5平8
42. 仕五退四	卒5进1	43. 炮一进五	车8退2
44. 马七退五	车8平9	45. 马五退四	车9平6

黑胜。

第五局

1. 炮二平五	马2进3	2. 马二进三	马8进7
3. 车一平二	车9平8	4. 马八进九	卒7进1
5. 炮八平七	车1平2		
6. 车九平八	象3进5（图5-1）		

至此，黑方常见的着法有炮2进2、炮2进4和炮8进4，3种趟法。如图5-1形势，黑走象3进5是创新的次序，它增加了双方的选择，也增加了新的变化。

7. 车八进四	炮2平1		
8. 车八进五	马3退2		
9. 车二进四	炮8平9		

黑方平炮兑车以放弃中卒为代价，寻求战机。

10. 车二平八	马2进3	11. 车八进二	象5退3
12. 兵九进一	马8进8	13. 仕六进五	马3退5
14. 车八退一	车8平7	15. 炮五平六	炮1平6
16. 相七进五	卒6进6（图5-2）		

图5-1

如图5-2形势，双方已形成各攻一翼之势，鱼死网破已在

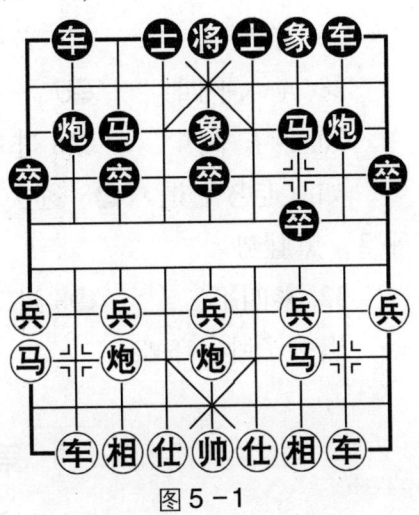

所难免。

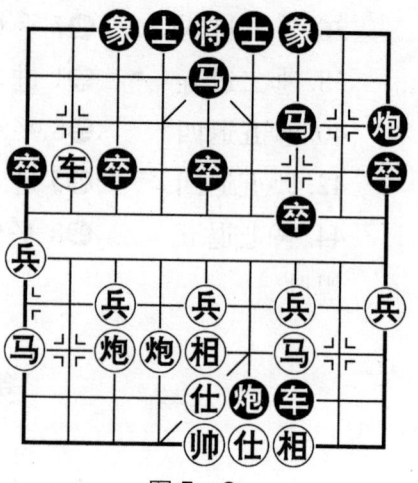

17. 马九进八　　车7进1
18. 马八进六　　车7退1
19. 车八退一　　马7进6
20. 马六进八　　马5进4
21. 炮七进四　　卒7进1
22. 炮七平九

图5-2

在形势复杂的对攻中，误算在所难免，红方平炮打卒，似是而非，应走炮七进一，红方形势乐观。

22. ……　　　　象7进5　　　23. 炮九平六　　炮9平8
24. 马八进七　　将5进1　　　25. 仕五进四　　炮8退1
26. 前炮进二　　炮8平4　　　27. 相五进三　　炮6平3
28. 车八平四　　车7平4　　　29. 仕四进五　　炮3进1
30. 帅五平四　　马6进8　　　31. 车四进五　　炮3退8

如改走马七退八马8进7，炮六平三车6进1，帅四进一车6平3，黑胜势。

32. 车四平二　　马8进7　　　33. 炮六平三　　车6退2

黑多子胜，下略。

第六局

1. 炮二平五　　马8进7　　　2. 马二进三　　车9平8
3. 车一平二　　马2进3　　　4. 马八进九　　卒7进1
5. 炮八平七　　车1平2　　　6. 车九平八　　炮2进2
7. 车二进六　　马7进6　　　8. 车八进四　　象3进5
9. 炮七进四　　此着，应走兵九进一较平稳。

| 9.…… | 卒7进1 | 10. 车二平四 | 马6进7 |

11. 炮五退一   车2进3（图6-1）

如图6-1形势，由于红方不能走炮五平七连炮，所以，实战布局效果不甚理想。

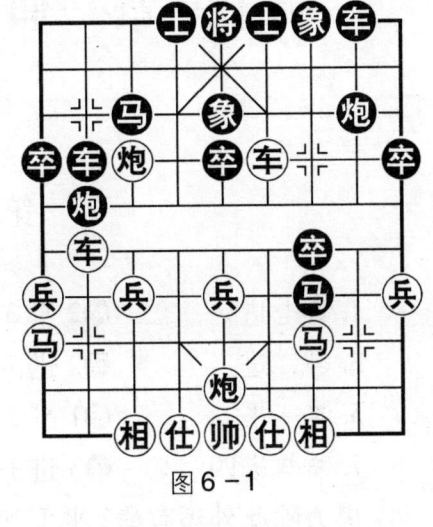

12. 车四平三	炮8进6
13. 车三退二	炮8平7
14. 兵七进一	车2平3
15. 车八进一	车3平4
16. 车八平四	士4进5
17. 炮五平七	

放黑马出击助攻过于从容，宜走兵七进一，可顽强作战。

17.……	马3进4
18. 车四退二	马4进2
19. 仕四进五	车4进5（图6-2）

如图6-2形势，黑方集结所有子力全线出击，红方子力位置不佳，防守已感艰难了。

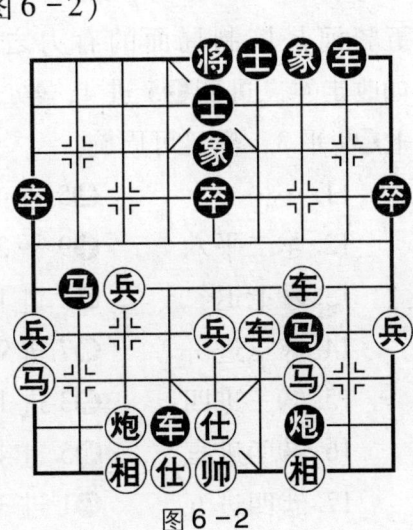

20. 马九进七	马2进3
21. 马七退五	车8进9
22. 马五退三	车8平7
23. 仕五退四	将5平4
24. 仕六进五	车4平3

黑胜。

图6-1

图6-2

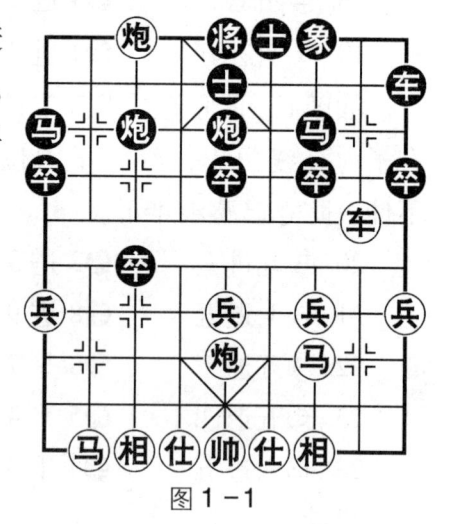

第十一章　仙人指路对卒底炮

第一局

1. 兵七进一　　　炮2平3
2. 炮二平五　　　炮8平5
3. 马二进三　　　马2进1
4. 马八进七　　　马8进7
5. 车一平二　　　车1平2
6. 车九平八　　　车9进1
7. 炮八进四　　　卒3进1
8. 炮八平七　　　车2进9

黑方除此外还有车2平1和卒3进1的变化，另有攻防。

9. 炮七进三　　　士4进5
10. 马七退八　　　卒3进1
11. 车二进五（图1-1）

如图1-1形势，红方车二进五骑河是控制局面的有力之着。如改走车二进四士5进4，车二平七车9平3，黑足可周旋。

11. ……　　　　士5进4
12. 车二平六　　　车9平3
13. 炮七退二　　　车3进1
14. 兵三进一　　　象7进9
15. 马三进四　　　卒3进1
16. 马四进三　　　炮5平4
17. 仕四进五　　　马1进3
18. 相七进九　　　马3进2
19. 车六退一　　　马2进5
20. 马八进六　　　马4进3
21. 帅五平四　　　卒3平4
22. 马三进一　　　车3退1

图1-1

23. 兵三进一　　车3平6

24. 炮五平四（图1-2）

黑方这几回合且守且攻，但无成效，已形成支离破碎的形势，难挽败局。

24. ……　　　车6平9
25. 马一退三　　炮5平6
26. 炮四平五　　卒4平5
27. 马六进五　　马3退5
28. 相三进五　　士6进5
29. 马五进四　　马7退8
30. 兵三平二　　炮6平2
32. 马四进二

捉死黑车，红胜。

图1-2

第二局

1. 兵七进一　　炮2平3　　2. 炮八平五　　炮8平5
3. 马二进三　　马8进7　　4. 车一平二　　卒3进1
5. 马八进九　　卒3进1　　6. 车九平八　　车9平8

此时黑方一般走马2进1，现改走车9平8是新的次序，将局势引向更加复杂多变。

7. 炮二进四　　卒7进1　　8. 车八进八（图2-1）

如图2-1形势，进车压马具有很大的诱惑。局势从此进入激烈的对攻阶段。

8. ……　　　炮3进7　　9. 仕六进五　　炮3退2
10. 马三退一　　士6进5　　11. 车二进四　　马7进6
12. 炮五进四

打中兵贻误战机，宜走车二平四，红方仍是可战之势。

| 12. …… | 马6进4 |
| 13. 炮五平四 | 卒1进1 |

黑方可从边线反击，出乎红方意料。

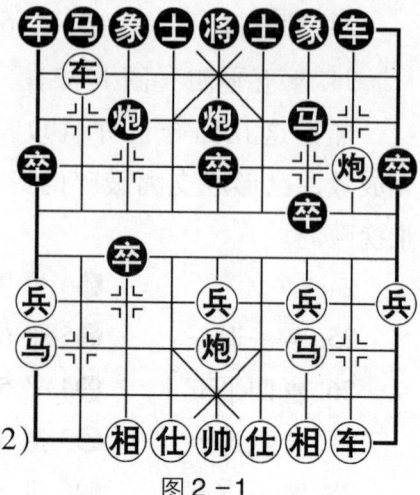

14. 马九退八	炮3进1
15. 马一进二	卒1进1
16. 兵九进一	车1进5
17. 炮四退二	车1退2
19. 炮二进二	卒3进1（图2-2）

图2-1

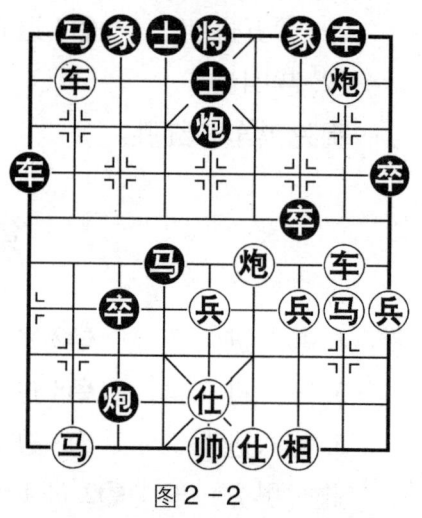

如图2-2形势，红方虽然以多子进攻，但未能奏效。相反，黑方右翼车马炮卒已对红方构成致命的打击。

19. 炮四平五	马4进2
20. 车二进三	车1进6
21. 马二进三	车1平2
22. 仕五退六	炮3进1
23. 帅五进一	车2退1
24. 帅五进一	车2退1
25. 帅五退一	车2进1
26. 帅五进一	将5平6
27. 车八平六	前马进3	28. 车六退七	车2退1
29. 帅五退一	马3退4

黑胜。

图2-2

第三局

| 1. 兵三进一 | 炮8平7 | 2. 炮八平五 | 象7进5 |

3. 马八进七　卒7进1　4. 车九平八　卒7进1
5. 相三进一　车1进1　6. 车八进四　车1平6
7. 车八平三　车6进2　8. 车一进一（图3-1）

如图3-1形势，红方出横车加快子力出动。

8. ……　　　士6进5
9. 车一平四　车6平8
10. 马二进三　炮7进5
11. 车三退二　炮2平4
12. 兵七进一　马8进7
13. 马七进六　马2进1
15. 炮二退一

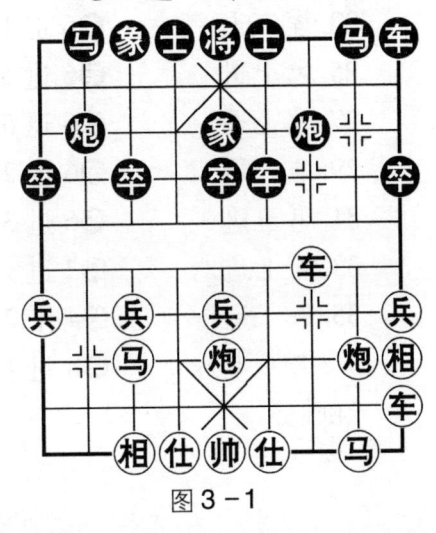

布局至此，黑方明显落后，红方第8回合起横车计划取得满意效果。

14. ……　　　车8进2
15. 马六进五　车9平6

兑车颇存疑问。宜炮7进5，炮五进四车8退2，炮五退一马1退3，黑方稍差，但可周旋。

16. 车四进八　马7退6
18. 炮二平七　卒1进1
18. 兵七进一（图3-2）

红方借中炮之威直击黑方右翼，形势进入严峻时刻。

18. ……　　　卒3进1
19. 马五退三

退马右侧，算度精确，如马五退七马1进3，炮五进五象3进5，炮七进五车8平4，效果不及

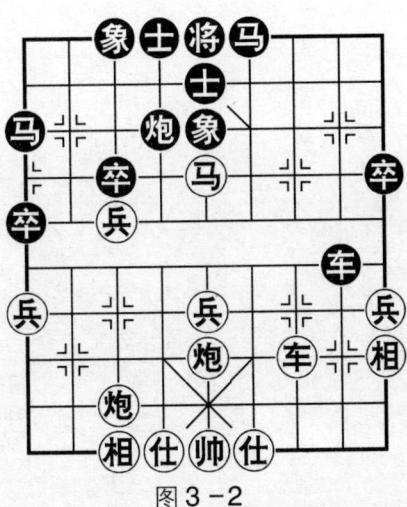

图3-1

图3-2

马五退三。

19. ……	车8平6	20. 车三进二	车6退2
21. 马三退五	车6进1	22. 马五进六	车6进2
23. 车三退一	车6退1	24. 车三进一	车6进1
25. 炮七进一	车6进2	26. 仕六进五	卒3进1
27. 炮七退一	车6退5	28. 车三进二	车6进2
29. 车三退二	车6退2	30. 马六退七	马1进2
31. 兵五进一	车6进3	32. 炮五平七	象3进1
33. 马七进八	马2进1	34. 前炮平二	车6平8
35. 炮二退一	炮4平2	36. 兵五进一	车8退3
37. 马八退六	车8进1	38. 兵五平四	

红胜势。

第四局

1. 兵七进一　炮2平3
2. 炮二平五　象3进5
3. 马二进三　卒3进1
4. 车一平二　卒3进1
5. 相七进九　车9进1
6. 炮五进四　士4进5
7. 兵五进一（图4-1）

第5回合黑方放弃过河卒，显然是为了加快布局步调。第6、7回合红方炮打中卒，并挺起中兵，也是为了加快进攻速度。这局棋一开始，双方就展开速度之争。

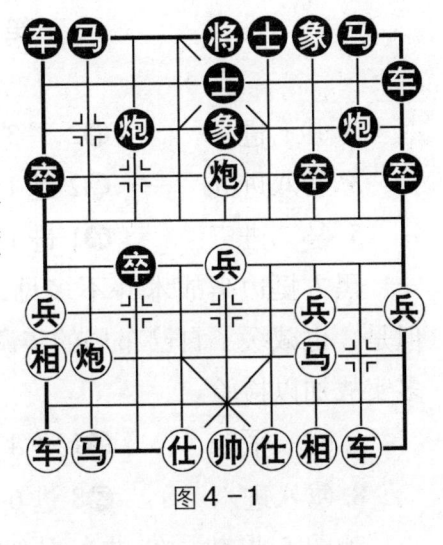

7. ……　　　马2进4
8. 兵五进一　车1平2
9. 马八进六　卒3进1
10. 炮八平五　卒3平4
11. 仕四进五　车9进1
12. 前炮平四（图4-2）

如图4-2形势，红方平炮攻守兼备，静观形势之变。

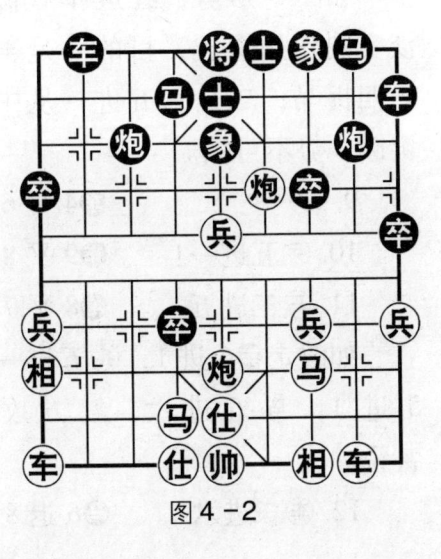

12. ……　　　马8进9
13. 车九平七　车2进3
14. 兵五平四　炮8平6
15. 车二进四　卒7进1
16. 车七进四　马9退7
17. 车二平六　马4进2
18. 炮四平六　车2进1

图4-1

图4-2

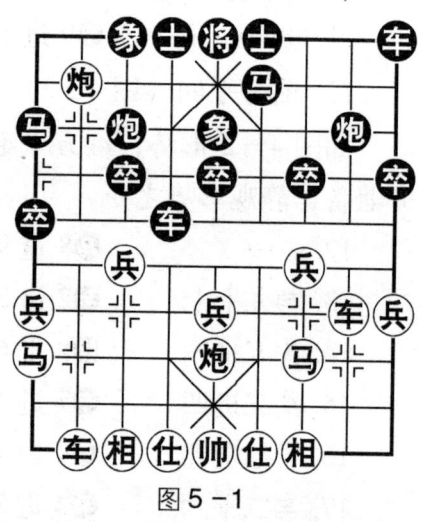

19. 炮六退一	车9退1	20. 车七进二	炮3平4
21. 炮六平五	车2进2	22. 车七进二	车9进3
23. 前炮进三	士6进5	24. 车七平五	将5平4
25. 车五平三	车9平4	27. 车六平七	卒4进1
27. 车七进四			

红胜。

第五局

1. 兵七进一	炮2平3	2. 炮二平五	象7进5
3. 马八进九	马2进1	4. 车九平八	车1进1
5. 马二进三	卒1进1		

黑方挺边卒战术并不多见，其目的是限制红方左马的出动，但是，也减缓了自己布局的步调。这步进边卒的作用还需通过更多实战加以检验。

6. 车一平二	车1平4	7. 兵三进一	车4进3
8. 炮八进六	马8进6	9. 车二进三（图5-1）	

如图5形势，红进车看似平淡实则作用深远，目的一是车二平四捉马；二是兵五进一从中路突破，势不可挡。

9. ……	车4平6		
10. 兵五进一！	车9平8		
11. 马三进五	炮8平7		

如改走车6进1，兵五进一卒5进1，马五进六，红方攻势甚锐。

12. 车二进六	马6退8	13. 兵五进一	车6进2

图5-1

14. 马五进六　卒5进1　　15. 马六进七　炮7平3
16. 车八进七　炮3进3　　17. 车八平九　炮3平5
18. 仕六进五　马8进6

如车6平2，车九退二，红仍大优。

19. 车九退二　卒3进1　　20. 车九退一　车6平2
21. 炮八平七　车2平4　　22. 马九退七　车4退3
23. 马七进八　车4平3　　24. 炮七退三　马6进5
25. 帅五平六　象5进3　　26. 炮五进三　象3退5
27. 车九平五

红胜。

第六局

1. 兵七进一　炮2平3　　2. 炮二平五　象3进5
3. 马二进三　卒3进1　　4. 车一平二　卒3进1
5. 相七进九　卒3进1　　6. 马八进六　卒3进1
7. 炮八进二（图6-1）

如图6-1形势，红方除左车外，子力均已出动，而黑方仅3路卒对红方进行干扰。形势判断，应是红方易走。

7. ……　　　　　马2进4
8. 仕六进五　车1平2
9. 炮八平四　车2进6
10. 炮四退一　车2退1
11. 马六进七

上马随手，宜走兵五进一，仍是红优。

图6-1

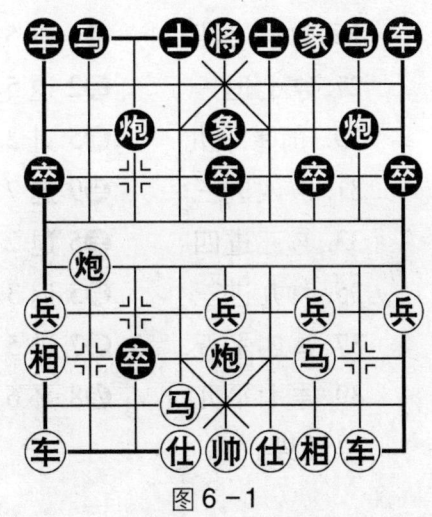

11. ……	卒3平4	12. 炮五平四	

亦可考虑走仕五进六车2平6，马三退五炮8进9，兵五进一车6退1，红方棋形不整，黑方足可防守。

12. ……	马4进3	13. 车九平六	炮3平4
14. 车六平七	马3进4	15. 兵五进一	马8进9
16. 炮四进一	车9平8	17. 马七进六	车2进1
18. 车七进四	炮8进3	19. 马六进四（图6-2）	

进马贪胜，导致形势失控。宜走前炮平六炮4进3，仕五进六士6进5，仍是相持之势。

19. ……	车2进3		
20. 相九退七	马4进3！		
21. 仕五进六	车2平3		
22. 帅五进一	车3退1		
23. 帅五退一	车3进1		
24. 帅五进一	马3退1		
25. 相三进五	车3平2		
26. 帅五平四	士6进5		

图6-2

27. 车七退一	车2退5	28. 兵五进一	车2平5
29. 前炮平九	车5进3	30. 兵三进一	炮8退2
31. 马四进三	马9退7	32. 炮九退三	炮8退1
33. 马三进四	车5平2	34. 炮九进五	车5平6
35. 炮九进三	象5退3	36. 车七进六	车6平2
37. 炮四平五	象7进5	38. 车七退一	车2退5
39. 车七平九	车8平6	40. 帅四平五	车6进7

黑胜势。

第七局

1. 兵七进一　象3进5　　2. 马八进七　卒7进1
3. 炮二平六　马8进7　　4. 马二进三　车9进1
5. 车一平二　马7进6　　6. 车二进四　炮8平6
7. 炮八平九　车9平4　　8. 车九平八　车4进5
9. 马三退五　车4平3　　10. 炮六进一

如图7-1形势，红方从挺兵转变成过宫炮布阵，而黑方采取的是左车长途跋涉进入险地的办法。看来双方对此变化都是有研究的。从子力所处位置来看，应是红方主动。

10. ……　　　　　卒3进1
11. 车二进二　　车3退1
12. 车二平五　　车3平6
14. 车五平四　　卒3进1
14. 炮六进四　　象5进3
15. 炮六退二　　象7进5
16. 兵五进一

战斗已进入16回合，而黑方右翼车马炮还未曾启动，形势落后是必然的。

图7-1

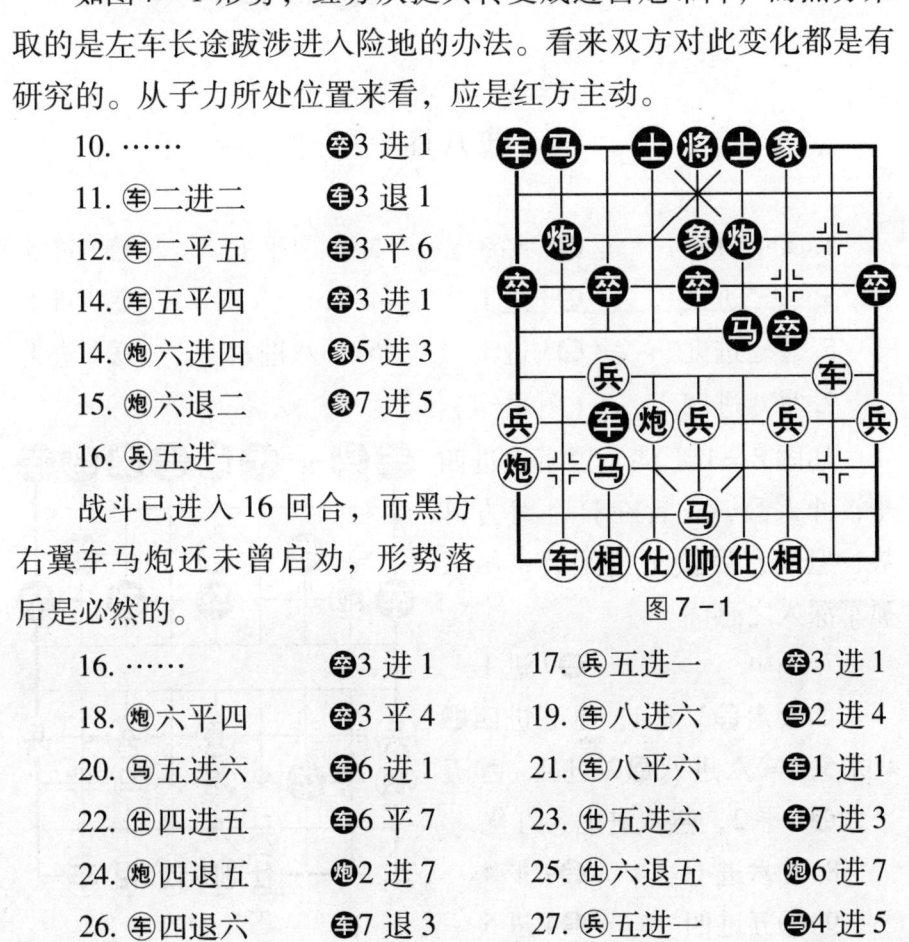

16. ……　　　　　卒3进1　　17. 兵五进一　　卒3进1
18. 炮六平四　　卒3平4　　19. 车八进六　　马2进4
20. 马五进六　　车6进1　　21. 车八平六　　车1进1
22. 仕四进五　　车6平7　　23. 仕五进六　　车7进3
24. 仕四退五　　炮2进7　　25. 仕六退五　　炮6进7
26. 车四退六　　车7退3　　27. 兵五进一　　马4进5
28. 炮九平五　　（图7-2）

如图 7-2 形势，黑将失子，败局已定。

28. ……　　　　　士4进5
29. 车四进六　　　车1平3
30. 车四平五　　　象3退1
31. 车五进一

红胜。

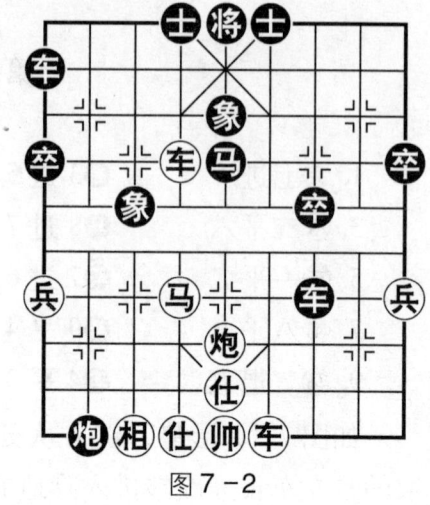

图 7-2

第八局

1. 兵七进一　　　炮2平3　　2. 炮二平五　　　象3进5
3. 马二进三　　　卒3进1　　4. 车一平二　　　卒3进1
5. 相七进九　　　卒3进1　　6. 马八进六　　　卒3进1
7. 炮八进四　　　（图 8-1）

如图 8-1 形势，黑卒连进四步，冲入敌营，旨在打乱对方阵势，但没有后援子力配合，给人孤军深入之感。

7. ……　　　　　车9进1

如改走卒3平4，车五进四士4进5，马六进八炮2进4，车五平六车1平2，马八进七，红优。

8. 马六进七　　　车9平4
9. 炮五进四　　　士4进5
10. 马七进五　　　马8进9　　11. 车二进五　　　卒9进1

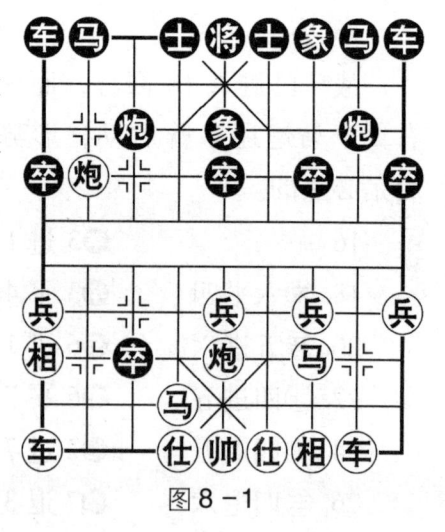

图 8-1

12. 車二平七	車4进6	13. 炮八平三	马2进4
14. 炮五平六	马4进2	15. 車七进一	炮8平6
16. 仕六进五	車4退3	17. 炮三退二	马9进8
18. 車七退四	马8进7	19. 車九平六	車4进5
20. 仕五退六	马7退5	21. 兵五进一	車1平4
22. 車七进四	马2进3	23. 兵五进一	马3进4
24. 炮三平六	马4进6	25. 帅五进一	車4平2
26. 相三进五	車2进6	27. 马三进四	炮3平4
28. 前炮平五	炮4退2（图8-2）		

如图8-2形势，黑方车马虽对红方进行干扰，但红方有惊无险，形势仍属红方优势。

29. 炮六退二	炮6进1		
30. 車七退二	马6退8		
31. 马四退二	車2平8		
32. 炮六进六	車8平4		
33. 炮六平九	車4平1		
34. 帅五退一	車4退3		
35. 車七进五	車4退3		
36. 車七退六	車4进3		

图8-2

至此形势，仍是红优。本局弈至104回合红胜，下略。

第九局

1. 兵七进一	炮2平3	2. 相三进五	马2进1
3. 马八进七	車1平2		
4. 马七进六	炮8平5（图9-1）		

如图9-1形势，黑方常见的着法是马8进7，让形势均衡发

展。现走中炮互抢中兵势必形成对攻，黑方由于左翼子力出动缓慢很难把握形势走向。

5. 马六进五　　炮5进4
6. 仕四进五　　炮3平5
7. 兵九进一

打通边线，活动左车正确之举。

7. ……　　　　车2进6
8. 兵九进一　　卒1进1
9. 车九进五　　炮5退2
10. 车九平六　　士6进5
11. 炮八平七　　马8进9
12. 马五进三（图9-2）

如图9-2形势，红方进马不让黑车轻易出动，并趁此机会扩大优势。

12. ……　　　　炮5平9
13. 马二进一　　车2平7
14. 炮二进二　　炮9进3
15. 炮七平一　　炮5平2
16. 炮一进四　　马9退7
17. 车六平二　　象7进5
18. 炮二平一　　车9平6
19. 马三退五　　卒7进1　　20. 车二进三　　炮2进1

如车6平7，车一平四，仍是红优。

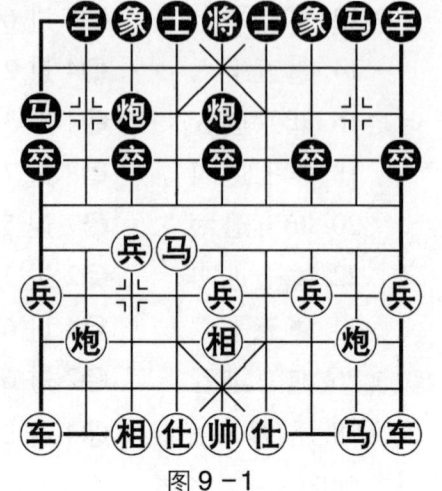

21. 马五进三　　炮2平9　　22. 马三退一　　马7进6
23. 马一进三　　车6平9　　24. 车一平二　　士5进6
25. 前车进一　　车9平8　　26. 车二进九　　将5进1

图9-1

图9-2

27. 车二退一　将5退1　28. 车二进一　将5进1
29. 车二退一　将5退1　30. 车二平四
红胜。

第十局

1. 兵七进一　炮2平3　2. 炮二平五　象3进5
3. 炮五进四　士4进5　4. 车一进二（图10-1）

如图10-1形势，红方常见着法为相七进五，现改走高车，目的是加快布局的出子步调，这是新的战术，新的尝试。

 4.……　　　　马8进7
 5. 炮五退一　卒3进1
 6. 车一平六　卒3进1
 7. 相七进五　车9平8
 8. 马二进三　卒7进1
 9. 马八进六　马7进6

图10-1

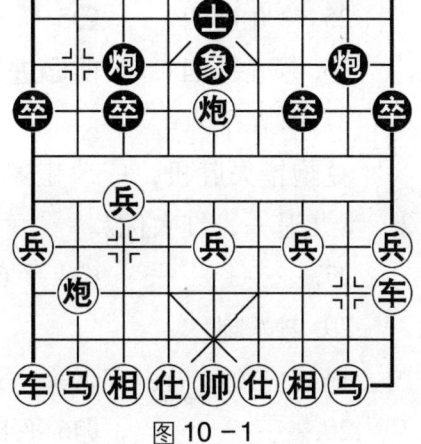

跃马河口加快左翼子力出动，并含有反击之意。如改走炮8进2，兵五进一车8进3，另具变化。

10. 车六进四　炮8平7　11. 车九平八　马2进1
12. 车六平九　车8进8　13. 仕六进五　马6进7
14. 车九进一（图10-2）

红方以车吃马，先弃后取旨在从黑方右翼打开缺口，局势从此进入激战状态。

 14.……　　　　车1进2　15. 炮八平九　炮3退2
16. 炮九进五　炮7平1　17. 车八进七　炮1退1
18. 马六进八　马7进9

现已形成各攻一翼之势。红方稳健一些亦可改走车八平七，形势尚可把握。

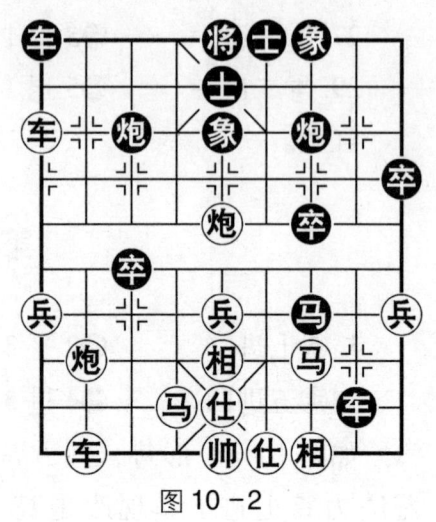

19. 仕五进四	马9进7		
20. 帅五进一	卒3平4		
21. 马八进九	车8退2		
22. 车八进二	炮3平4		
23. 马九进八	炮1平4		
24. 炮五平九	车8平5		
25. 炮九进四	车5平3		
26. 帅五平四	前炮进2		
27. 炮九平六			

图10-2

兑炮错失胜机，应改走相五进七，炮4平6，马三进四，炮6退2，炮九退一，红大优。

27. ……	炮4平6	28. 马三进四	象5退3
29. 马八退六			

退马导致败局，宜走炮六退四尚是可战之势。

29. ……	炮6平8	30. 马四退二	车3平8
31. 炮六退五	车8平3	32. 炮六平二	车3退3
33. 车八退六	车3平4	34. 车八平三	车4进1
35. 车三退二	炮8平7	36. 车三平二	车4进4
37. 仕四进五	卒7进1	38. 炮二进一	炮7平6
39. 炮二平四	车4退4	40. 车二进四	卒7进1
41. 帅四退一	炮6退1	42. 兵一进一	炮6平9
43. 炮四平五	将5平4	44. 相三进一	炮9平2
45. 兵一进一	卒7进1	46. 兵一进一	卒7进1
47. 车二平三	炮2进6		

黑胜势。

第十一局

1. 兵七进一　　炮2平3　　2. 炮二平五　　炮8平5
3. 马二进三　　卒3进1　　4. 马八进九　　卒3进1
5. 车一平二　　炮3退1　　6. 炮八进六　　车1进2
7. 车九平八　　马8进7　　8. 车二进四（图11-1）

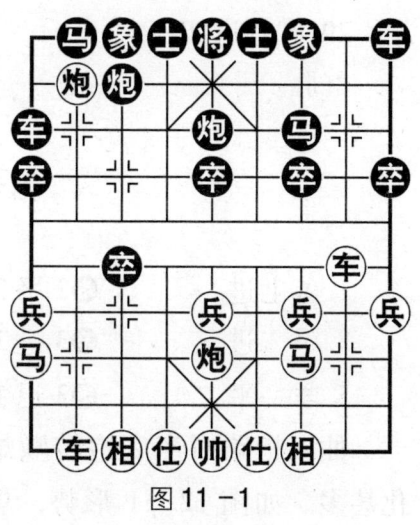

仙人指路对卒底炮转顺炮布局，体现了黑方顽强作战的姿态。这路变化在实战中不断增添新的内容。如图11-1形势，红方还有车二进五的变化。

8. ……　　　　炮5平3

黑卸中炮保3卒中路陷入空虚，如改走车1平3，炮五平八卒3平2，相七进五卒2进1，炮八平六卒2平1，车二平六，红优。

9. 兵五进一　　前炮平5
10. 马三进五　　车1平3
11. 仕六进五　　车9平8
12. 车二平三　　卒3平4（图11-2）

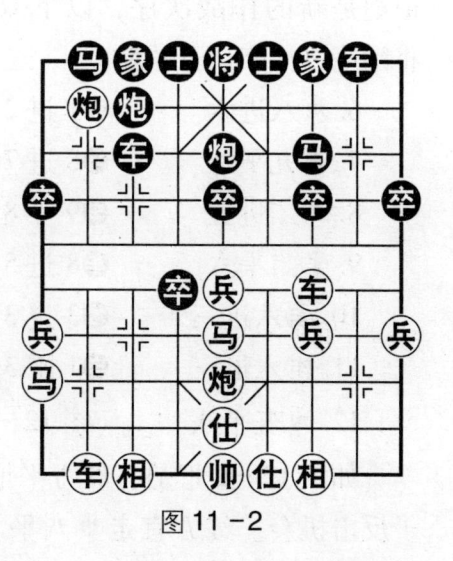

判断失误，失去了反击机会。如改走车5进1，车三进二卒5进1，马五进三炮3平7，黑方形势非常乐观。

13. 兵五进一　　卒4平5
14. 车三平五　　卒5进1

图11-1

图11-2

15. 车五进一	炮3平5	16. 马五进六	前炮进5
17. 相七进五	车3进2	18. 马九进七	象7进5
19. 车五平四	车8进5	20. 马七进九	卒7进1
21. 马九进七	马7进6	22. 马七进六	炮5平4
23. 炮八平九	马2进1	24. 车八进八	士6进5
25. 车八平六	士5进4	26. 炮九进一	车8退2
27. 车六进一	将5进1	28. 车六平四	马6退4
29. 马六进四			

红胜。

第十二局

1. 兵七进一	炮2平3	2. 炮二平五	炮8平5
3. 马二进三	卒3进1	4. 马八进九	卒3进1
5. 车一平二	炮3退1（图12-1）		

仙人指路对卒底炮转顺炮变化甚多。如图12-1形势，黑方退炮是新的作战次序，以下双方将围绕过河卒展开攻防。

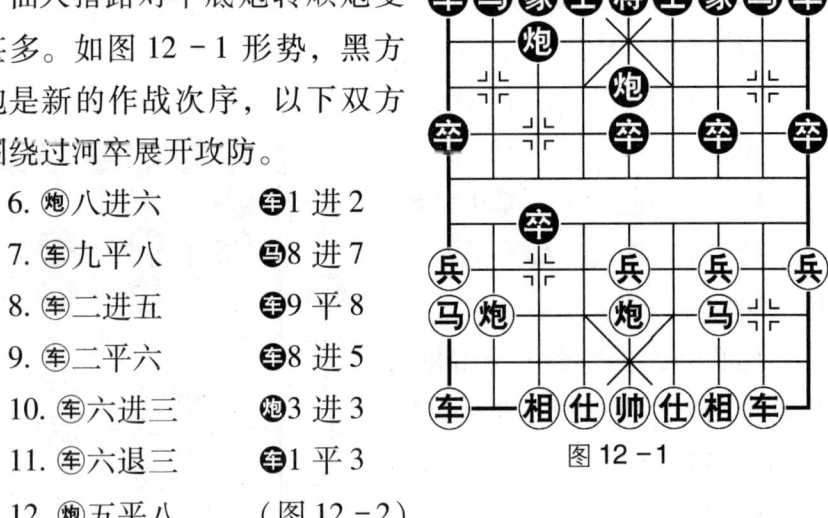

6. 炮八进六	车1进2		
7. 车九平八	马8进7		
8. 车二进五	车9平8		
9. 车二平六	车8进5		
10. 车六进三	炮3进3		
11. 车六退三	车1平3		
12. 炮五平八	（图12-2）		

图12-1

如图12-2形势，红方平炮打马操之过急，让黑方找到了弃子反击机会。红方宜走炮八平六马2进1，炮六退一，仍能控制形势。

12. ……	车8平4
13. 车六退一	卒3平4
14. 兵三进一	

如炮八进七打马，炮3平7，黑方弃子有攻势。

14. ……	车3平2
15. 后炮平七	车2进7
16. 马九退八	士4进5
17. 相七进五	炮5平2

图12－2

18. 马八进六	象3进5	19. 马三进四	马2进4
20. 兵九进一	卒7进1	21. 兵三进一	象5进7
22. 炮七平九	炮3进5	23. 仕六进五	炮3平1
24. 炮九平八	马4进3	26. 前炮平九	炮2进4
26. 马六进七	炮1退3	27. 马七进八	炮1平5
28. 马四进六	卒5进1	29. 马八进六	马7进5
30. 前马进七	将5平4	31. 马六进八	卒4进1
32. 马七退九	马5退4	33. 炮九退二	马3进4
34. 马八进七	后马进3	35. 马九进八	象7进5
36. 马七退六	卒4进1	37. 马六退七	马4进6
38. 马七退六	马6进7	39. 帅五平六	炮2平4

黑胜势。

第十三局

1. 兵七进一	炮2平3	2. 炮二平五	马8进7
3. 马二进三	卒3进1	4. 车一平二	卒3进1
5. 马八进九	车9平8	6. 车二进四	炮3退1

7. 炮八进六　　车1进1（图13-1）

如图13-1形势，黑方进车捉炮，加速了双方激战。如改走车1进2，另有变化。

8. 车九平八　　炮3进8
9. 仕六进五　　炮3退2
10. 马三退一　　车8进1
11. 炮八退二

退炮打卒是第一感觉的着法，从实战效果看改走炮八退七更为稳妥。

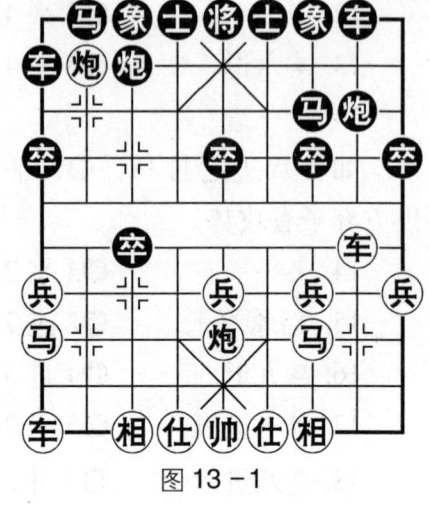

图13-1

11. ……　　　炮8平9　　12. 车二平七　　车1平3
13. 车七进四　　车8平3　　14. 炮八平三　　马2进1
15. 炮三进三　　士6进5　　16. 车八进四　　炮9进4
17. 兵三进一　　炮3进2　　18. 车八退四　　象3进5
19. 炮三退一　　车3进3　　20. 兵九进一　　马7进6
21. 马一进三　　炮9进3　　22. 马三进四（图13-2）

如图13-2形势，双方形成对攻之势，这将考验各自的计算能力及功力，黑方唯一不足的是右马暂难发挥作用。

22. ……　　　车3进1
23. 车八进四　　车3进2
24. 马九退八　　车3进1
25. 兵三进一　　马1进3
26. 车八退二　　马6进4
27. 炮三平四　　车3退2
28. 炮四退二　　卒5进1　　29. 炮四平九　　车3退1

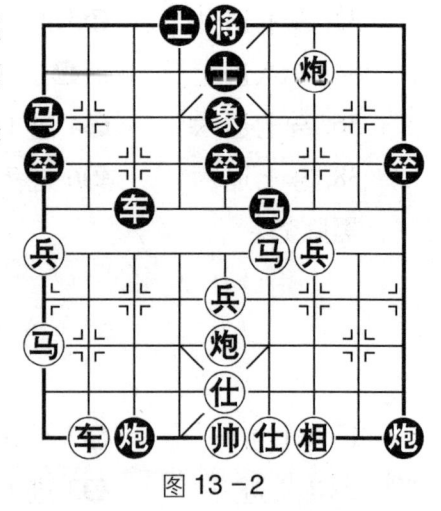

图13-2

30. 炮九进三	象5退3	31. 车八进七	马3退4
32. 炮五进三	将5平6	33. 车八退三	前马退3
34. 炮五退一	炮3平6		

此时黑方已呈劣势，打仕以求一搏。

35. 仕五退四	车3进4	36. 帅五进一	车3平6
37. 马四进三	马3进4	38. 马三进二	将6进1
39. 兵三平四	车6平2	40. 炮九退一	

红方做杀，捷足先登，一着定江山！

40. ……	车2平5	41. 帅五平六	车5平4
42. 帅六平五	前马进3	43. 帅五进一	车4平5
44. 帅五平六	车5平4	45. 帅六平五	

红胜。

第十四局

1. 兵七进一	炮2平3	2. 炮二平五	象3进5
3. 仕六进五	卒7进1	4. 炮五进四	士4进5
5. 车一进二（图14）			

如图14形势，红方前一步炮打中兵，紧接着出动右车是创新的战术，符合布局尽快出动主要子力的原则。

5. ……	马8进7
6. 炮五退一	车9平8
7. 车一平六	马7进6
8. 马二进一	马6进5
9. 车六进一	马5进6
10. 相七进五	卒7进1

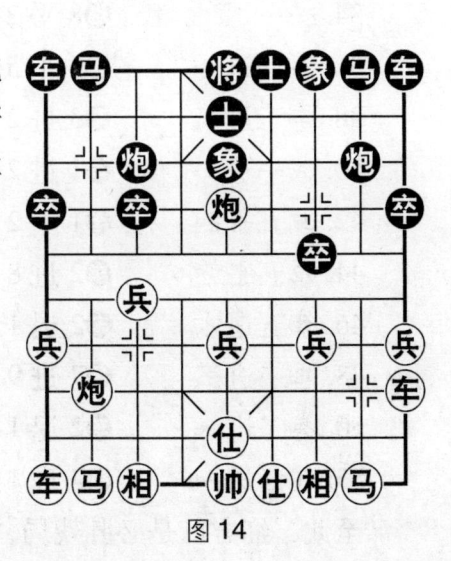

图14

11. 车六平四	马6退7	12. 马一进三	卒7进1
13. 车四平三	炮8平7	14. 马八进七	车8进4
15. 车三平五	卒3进1		

布局至此，红方快速布局已取得满意结果。黑方卒3进1，显然操之过急，如改走炮3退1，马七进六，也是红优。

16. 兵七进一	炮3进5	17. 车九平七	炮7进5
18. 仕五进六	马2进3	19. 车七进二	车1平2
20. 兵七进一	车2进4	21. 炮五退一	马3退4
22. 车五平三	车8平5	23. 炮五退一	

红方退炮伏有炮五平八打车得子。

23. ……	炮7平8	24. 炮五平八	车5平3
25. 车七进三	车2平3	26. 前炮进六	马4进3
27. 兵七进一	车3平2	28. 前炮平四	将5平6
29. 炮八平九	车2平3	30. 炮九进四	车3退2
31. 炮九平五	车3退1	32. 仕四进五	炮8进2
33. 相三进一	炮8退5	34. 兵一进一	

第28回合红方炮打士后进入优势残局。

34. ……	炮8平2	35. 车三平八	炮2平4
36. 兵九进一	将6平5	37. 车八平三	炮4退4
38. 车三进三	车3进2	39. 车三平一	车3平1
40. 兵一进一	车1进2	41. 车一进二	车1退4
42. 帅五平四	车1平2	43. 兵一平二	炮4平1
44. 炮五平二	车2进8	45. 帅四进一	炮1进8
46. 仕五退六	车2退1	47. 帅四进一	车2退1
48. 炮二进三	象7进9	49. 车一平四	将5平4
50. 兵二进一	车2退1	51. 兵二进一	炮1退6
52. 兵二进一	将4进1	53. 车四退三	

至此，红方已是必胜残局，余着从略。

第十五局

1. 兵七进一　　炮2平3　　2. 炮二平五　　炮8平5
3. 马二进三　　马2进1　　4. 炮八平六　　马8进7
5. 车一平二　　车1平2　　6. 马八进七　　车2进6
7. 车二进六（图5-1）

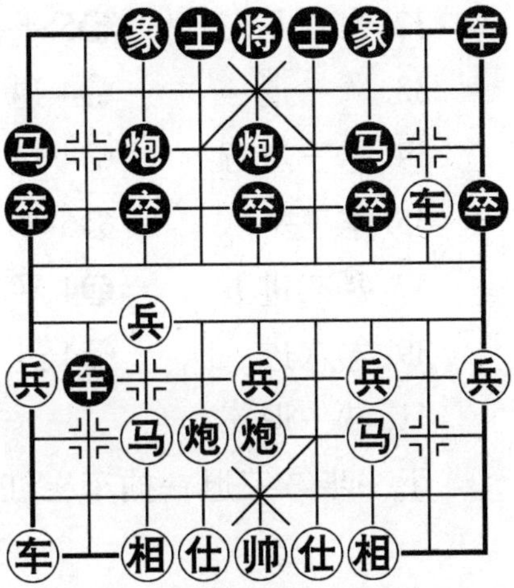

进车卒行线积极而有力，着法新颖！如改走仕六进五车2平3，兵九进一车9进1，车九进三车3平1，马七进九车9平2，马九退七车2进3，马七进六车2进5，马六进四车2平3，炮六退二士4进5，车二进六，形成各有顾忌之势。

7. ……　　　　炮5平4
8. 兵三进一　　象7进5
9. 车九平八　　车2平3　　10. 马三进四　　炮3进3
11. 马四进六　　车3平4　　12. 马六进四　　车9平7
13. 炮六进五　　车4退4　　14. 仕六进五　　车4进2
15. 车二平三　　炮3平6　　16. 兵三进一　　炮6进3
17. 兵三平二　　士6进5　　18. 车八进四　　车4平3
19. 车八平三（图15-2）

由于黑方边马位置不佳，红方强行子力交换后，形成车马炮兵联合攻势，黑方防守困难。

19. ……　　　　车3进3　　20. 前车进一　　车7进2
21. 车三进三　　车3进2　　22. 仕五退六　　车3退3
23. 车三退四　　士5进6　　24. 炮五进四　　象5进3

图5-1

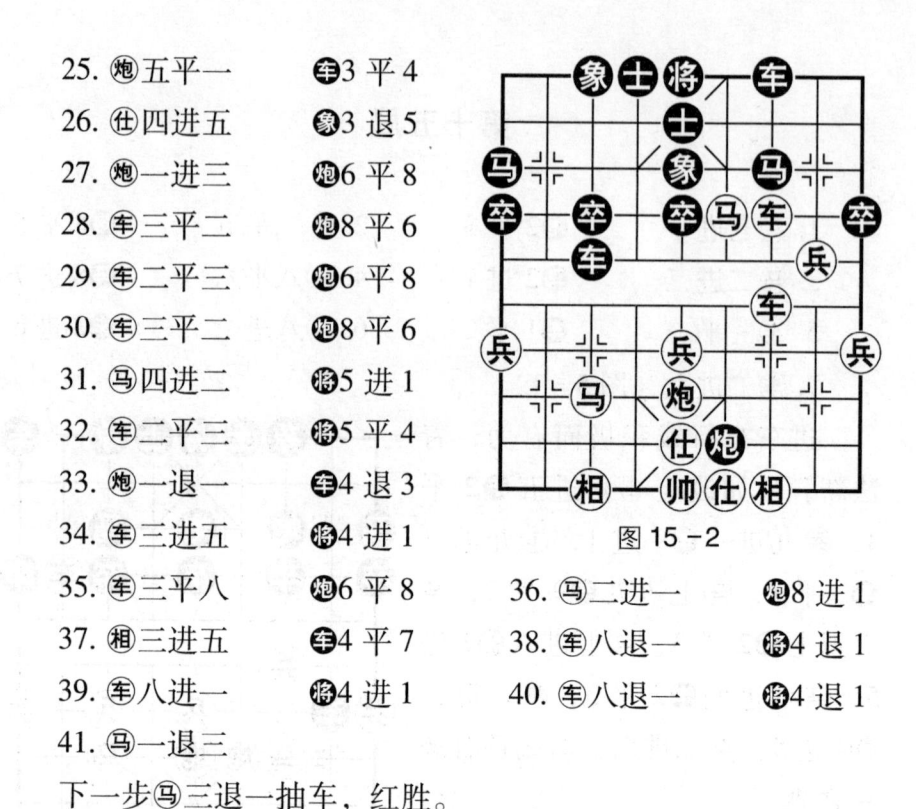

25. 炮五平一	车3平4		
26. 仕四进五	象3退5		
27. 炮一进三	炮6平8		
28. 车三平二	炮8平6		
29. 车二平三	炮6平8		
30. 车三平二	炮8平6		
31. 马四进二	将5进1		
32. 车二平三	将5平4		
33. 炮一退一	车4退3		
34. 车三进五	将4进1		
35. 车三平八	炮6平8	36. 马二进一	炮8进1
37. 相三进五	车4平7	38. 车八退一	将4退1
39. 车八进一	将4进1	40. 车八退一	将4退1
41. 马一退三			

图 15-2

下一步马三退一抽车，红胜。

第十六局

1. 兵七进一	炮2平3	2. 炮二平五	象3进5
3. 炮五进四	士4进5	4. 相七进五	马2进4
5. 炮五退一	车1平2	6. 马八进六	卒7进1
7. 车九平八	车9进1	8. 炮八进四	卒3进1（图16-1）

如图16-1形势，黑方弃卒，目的是尽快出动左车，给黑方有力的反击。

9. 兵七进一	车9进3	10. 兵七平八	车9平4
11. 车一进一	马8进7		

至此形势，红方虽然多兵，但子力位置不佳，处于受攻状态。

12. 马二进一	车4进1
13. 兵五进一	马4进3
14. 车一平二	炮8平9
15. 炮五平一	卒7进1
16. 车二进五	马3进4
17. 炮一平五	卒7平6
18. 兵八平七	车4退4

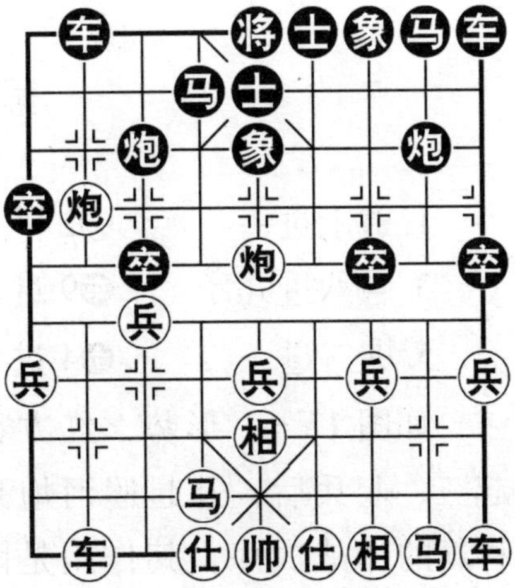

红方弃兵捉车暗伏炮八平七，偷袭之着，黑退车必然。

19. 炮八进一	马4进3
20. 车八进二	炮3退2！
21. 兵七平六	马7进6
22. 车二平四	车4进4
23. 车八平七	炮9平2（图16-2）

图16-1

子力交换后，黑方集双车双炮形成巨大攻势，黑优之势已经确定。

24. 马六进八	卒6平5
25. 车四退一	炮2进2
26. 车七进四	炮2平5
27. 马八进七	车2进9
28. 车七平六	车4退1

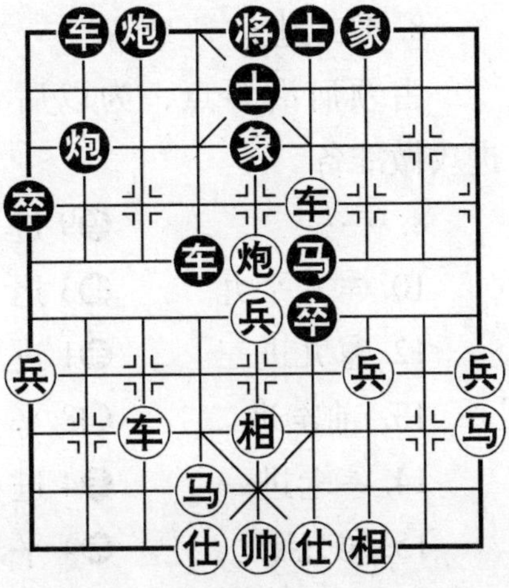

以下红如吃车黑方炮3进9，仕六进五炮3退5抽车。

红认负。

图16-2

本局棋红方第8回合建议选择车一进一变化，以下着法是车9进3，炮八平九车2进9，马六退八卒3进1，车一平八卒3进1，相五进七马8进7，形成相持形势。

第十七局

1. 兵七进一　　炮2平3　　2. 炮二平五　　象3进5
3. 马八进九　　车9进1　　4. 马二进三　　车9平4
5. 兵三进一　　士4进5　　6. 炮八进二（图17－1）

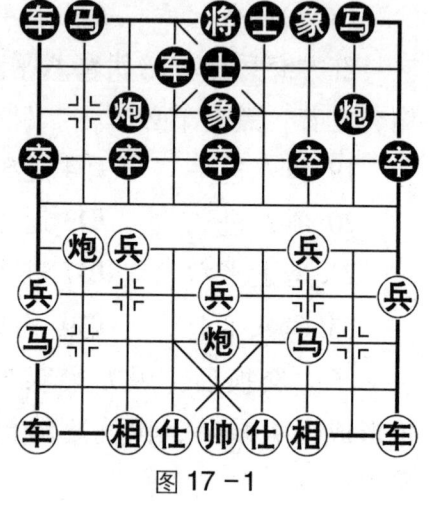

如图17－1形势，红方在挺起三、七兵后，升起巡河炮是一种新的作战次序，其作用是限制黑方四路车活动范围，并逐步推进作战子力。

6. ……　　　卒1进1
7. 车一平二　　马8进9
8. 车二进五

占领河沿要点，为以后子力进攻做准备。

8. ……　　　卒9进1　　9. 车二平八　　马2进1
10. 车八平九　　炮3退1　　11. 炮八平九　　卒3进1
12. 炮九进三　　车1进2
13. 前车进二　　炮8平1
14. 兵七进一　　车4进4
15. 车九平八　　车4平7
16. 炮五进四　　炮3退1
17. 马九进七（图17－2）

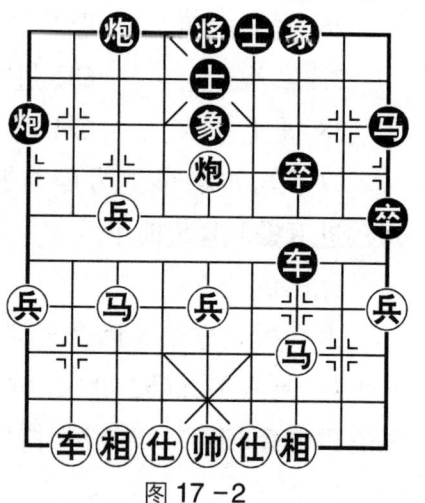

红方于右马不顾，弃子强攻黑方防御薄弱右翼，乃惊人之举！

17. ……　　　车7进2
18. 车八进九　　炮3平4

图17－1

图17－2

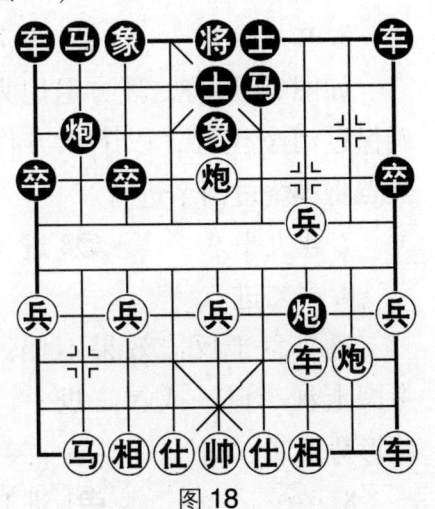

19. 马七进八	炮1退1	20. 马八进七	炮1平3
21. 车八平七	马9进8	22. 车七退一	马8进6
23. 炮五平八	象5退3	24. 车七进一	象7进5
25. 车七退一	炮4平3	26. 车七平六	车7平2
27. 炮八进三	炮7进1	28. 兵七平八	

红胜。

第十八局

1. 兵三进一	炮8平7	2. 炮八平五	象7进5
3. 马二进三	卒7进1	4. 兵三进一	炮7进5
5. 炮五进四	士4进5		

上右士是改进次序，利于左翼防御。

6. 车九进二	炮7退1		
7. 车九平三	马8进6（图18）		

如图18，是仙人指路对卒底炮弃马局形成的阵势。一方多子，一方多兵各有所得。红方弃子战术是否成立还需更多实战证实。

8. 炮五退一

宜炮五平二封住黑方左车较妥。

8. ……	车9平8		
9. 车三进一	车8进7		
10. 车一进二	车8平9		
11. 相三进一	马2进3		
12. 兵三平四	车1平2	13. 兵七进一	炮2平1
14. 马八进七	车2进7	15. 马七进六	车2平4

16. 马六进七	炮1进4	17. 兵五进一	炮1进3
18. 仕四进五	车4平3	19. 车三平九	车3进2
20. 炮五平六	车3退4	21. 车九退三	车3退2
22. 兵五进一	车3进3	23. 车六进三	马6进7
24. 车九进四	车3平9	25. 车九平七	车9平4
26. 车七进三	车4退5		

再交换一子后，红方已无攻击力，大局已定。

27. 车七进二	车4退1	28. 车七退三	马7进8
29. 车七平九	卒9进1	30. 车九退四	车4进6

黑胜，下略。

第十九局

1. 兵七进一	炮2平3	2. 马二进三	卒3进1
3. 炮八平五	炮8平5	4. 车一平二	卒3进1
5. 马八进九	马8进7	6. 炮二平一	炮3退1（图19）

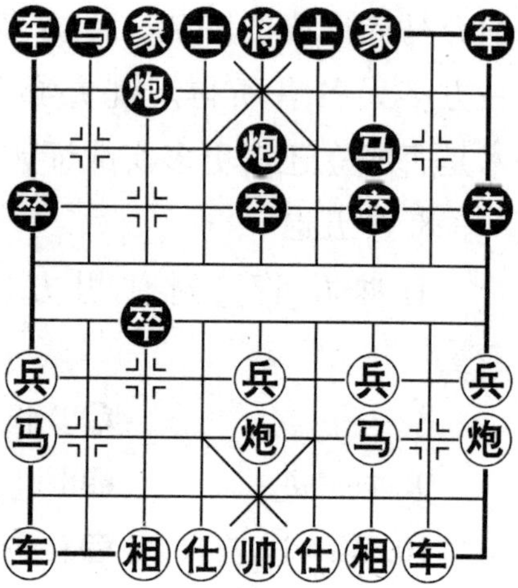

如图19形势，黑方退炮为了确保过河卒生存，以下双方作战焦点将围绕过河卒进行。

7. 车九平八　　马2进3

8. 车二进八

进车急于反击效果不佳，可考虑走炮一退一或兵三进一，静观形势发展。

8. ……	车1进1		
9. 车二平六	车9进1		
10. 车六退一	车1进1		
11. 炮五平七	马3进2	12. 车六退二	马2进4

图19

13. 炮七平六　　　马4进6

黑马长驱直入，红方无法阻挡。

14. 炮一退一　　　马6进7　　　15. 帅五进一　　　车9平6
16. 相七进五　　　车6进8　　　17. 车八进八　　　车1平3
18. 炮一退一　　　车6退8　　　19. 炮一进一　　　卒3进1
20. 车八进一　　　炮3平1　　　21. 炮六退一　　　卒3进1
22. 车六退二　　　车6进6　　　23. 马九进七　　　士6进5
24. 马七进六　　　车3进2　　　25. 炮一平二　　　炮5平4
26. 炮二进四　　　卒7进1　　　27. 马六退四　　　马7进8
28. 马四进五　　　车3退1　　　29. 炮六进六　　　车3平5
30. 车八平七　　　将5平6　　　31. 帅五平六　　　炮1平4

黑胜。

第二十局

1. 兵七进一　　　炮2平3　　　2. 炮二平五　　　象3进5
3. 炮五进四　　　士4进5

仙人指路对卒底炮布局，红方炮打中卒变例在实战中运用比例不少。其特点是红方先得实惠，但右翼子力启动缓慢，而黑方子力较主动，双方各得其所。

4. 相七进五　　　马2进4　　　5. 炮五退一　　　车1平2
6. 马八进六　　　卒7进1　　　7. 车九平八　　　车2进4
8. 兵五进一　　　炮8进3（图20－1）

如图20－1形势，黑方进车捉炮和进炮河沿，都是急于反击的"冷门"次序。

9. 车一进一　　　卒7进1　　　10. 马六进五　　　炮8平5
11. 车一平六　　　车2平5
12. 炮八进六

不吃马以保持对黑方右翼的攻势，如车六进七车5平2，红方攻势尽失。

12. ……　　　　　炮5平6

如改走炮3平4，炮八平七，黑方亦难防守。

13. 车六进七　　　炮6退4
14. 炮八平五（图20-2）

如图20-2形势，黑方左翼车马尚未启动，说明黑方布局计划落空。红方现炮打中士优势逐渐扩大。

14. ……　　　　　车5平2
15. 车八进五　　　炮6平4
16. 炮五平四　　　车9进1
17. 炮四退二　　　卒7进1
18. 炮四平五　　　士6进5
19. 马五进六　　　炮3退2
20. 车八进四　　　炮3平4
21. 马六进七　　　前炮平3
22. 车八平七　　　马8进7
23. 炮五退二　　　马7进6
24. 车七退一　　　马6退4
25. 炮五平一　　　车9平8
26. 车七平六　　　马4进5
27. 仕六进五

红胜势，下略。

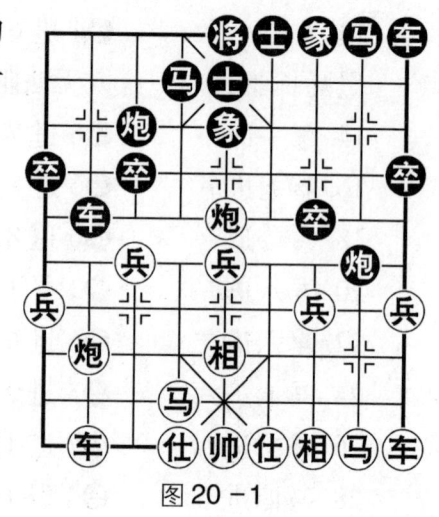

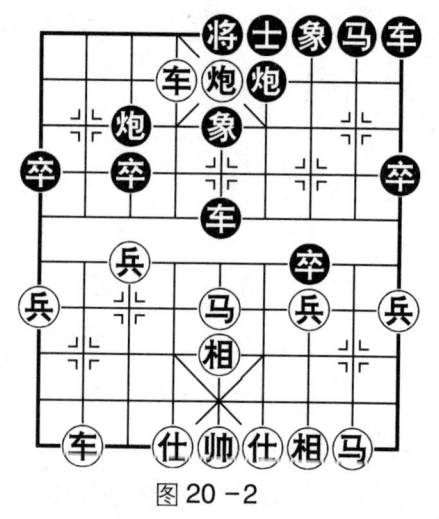

图20-1

图20-2

第二十一局

1. 兵七进一　　炮2平3　　2. 炮二平五　　马8进7
3. 马二进三　　卒3进1　　4. 车一平二　　卒3进1
5. 马八进九　　车9平8　　6. 车二进四　　炮3退1
7. 炮八进六（图21-1）

黑方第二回合马8进7是新的变例，目的是保留过河卒进行对抗，弱点是右翼子力不畅，易被对方利用。

7. ……　　　　车1进2
8. 车九平八　　车1平3
9. 炮五平七　　卒3平2
10. 炮七进六　　车3退1
11. 车二平八　　炮8平9
12. 兵三进一　　车8进6
13. 前车平六　　车8平7　　14. 车八进二　　卒7进1
15. 车六进一　　象7进5

由于红方暗伏炮二退五打死车之着，黑方不能卒7进1，只能飞象。

16. 相三进一　　车7平8

宜走士6进5，形势趋向尚难料定。

17. 兵三进一　　车8平7　　18. 兵三平四　　炮9平8
19. 炮八退五　　马2进3　　20. 车六退三　　车7退3
21. 炮八平七　　车3平6　　22. 车八进五　　马3进4
23. 车八平六　　车8进2　　24. 马三进二　　车7平8
25. 炮七进三　　车8退3　　26. 兵四进一　　炮8平5

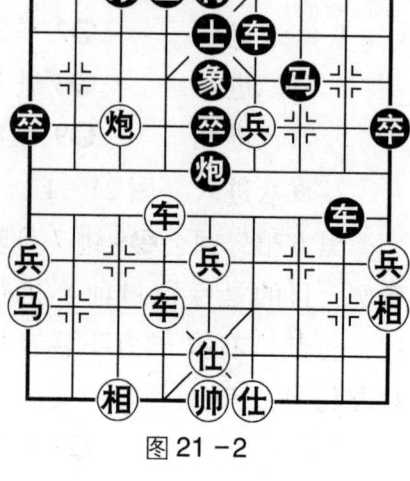

27. 仕六进五　　车8进5　　28. 前车退二　　士6进5
29. 前车退一（图21-2）

如图21-2形势，红方子力灵活，并多过河兵，已确立绝对优势。

29. ……　　　　车8进1
30. 兵五进一　　炮5平8
31. 兵四平三　　马7退8
32. 前车进二　　车6进4
33. 炮七平五　　将5平6
34. 兵五进一　　车8平7
35. 后车平二　　车7退2
36. 兵五平六　　马8进6
37. 炮五平九　　炮8平4
38. 马九进七　　炮4平5
39. 帅五平六　　将6平5
40. 车二平四　　车6进2
41. 仕五进四　　车7进2
42. 马七进九　　炮5平1
43. 相七进五　　马6进8
44. 兵三平二　　马8退7
45. 车六退一　　炮1进2
46. 马九进八　　车7平6
47. 兵二平三　　炮1平9
48. 兵三进一　　马7进9
49. 兵三进一　　马9进7
50. 炮九进二　　车6退3
51. 马八进七　　将5平6
52. 车六退二　　炮9平6
53. 马七退六　　将6平5
54. 炮九进一　　士5进4
55. 马六进八　　士4退5
56. 车六进五　　炮6平2
57. 马八退六　　炮2平7
58. 马六进五

红胜。

图21-2

第十二章　飞相对左中炮

第一局

1. 相三进五　炮8平5　　2. 马二进三　卒7进1
3. 马八进七　马8进7　　4. 兵七进一　车9平8
5. 车一平二　炮2平3　　6. 马七进八　马7进6
7. 仕六进五　车8进6

黑方急速进车是为了争夺活动空间。如改走马6进5，炮二平一车8进9，马三退二，黑方虽得中兵，但左翼子出动缓慢，形势并不理想。

8. 车九进一　马2进1　　9. 车九平六　士4进5
10. 兵三进一（图1-1）

如图1-1形势，红方进兵是新的次序，打破了相持形势，找到了突破口！

10. ……　　　　　卒7进1
11. 车六进四　马6进5
12. 车六退二　卒5进1

如改走车8平7，马三进五5进4，炮二进七5退1，车六进五，红攻势凌厉。

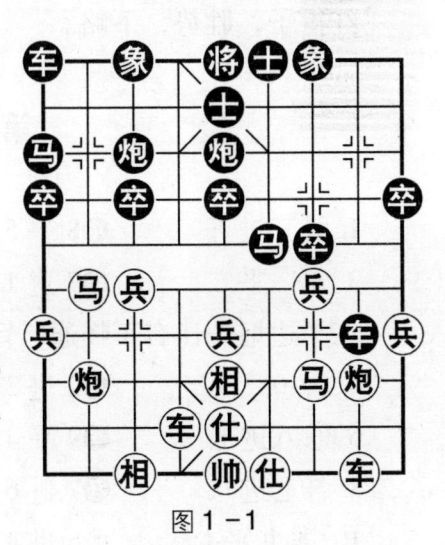

13. 马三进五　车8平5
14. 车六进五　炮5平8

图1-1

如改走卒7平8，车二平三仍是红优。

15. 炮二平一　　象7进5　　16. 兵七进一（图1-2）

如图1-2形势，红方进七兵进行有效突破，亦可考虑走炮一进四。

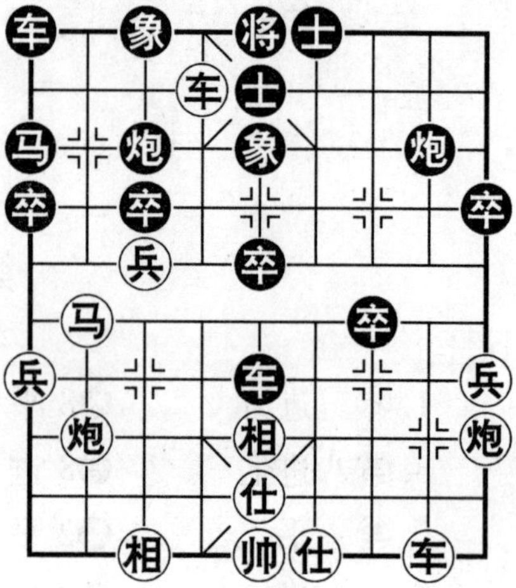

16. ……　　　　车5平9
17. 兵七进一　　炮3平2
18. 马八进六　　车9平4
19. 炮八进四　　炮8进3
20. 相五进三　　炮8进1
21. 炮一平五　　炮8平5
22. 车二进三　　卒5进1
23. 兵七进一　　炮2退2
24. 车二平五　　车4退2　　25. 车六退三　　卒5进1
26. 炮五平二　　象5退7　　27. 炮八平五　　象3进5
28. 兵七平八

图1-2

红得子，胜势，下略。

第二局

1. 相三进五　　炮8平5　　2. 马二进三　　马8进7
3. 车一平二　　卒7进1　　4. 炮二平一

红平边炮先让右车畅通，旨在力争主动。

4. ……　　　　马2进3　　5. 兵七进一　　车9进1
6. 马八进七　　车9平4　　7. 仕四进五　　炮2进4
8. 马七进八　　马7进6　　9. 车九进一　　炮2平7
10. 车九平七　　马6进4　　11. 车二平四

扼守要道，防止黑马进攻，颇为重要。

11. ……　　　车1进1　　12. 兵七进一　卒5进1（图2－1）

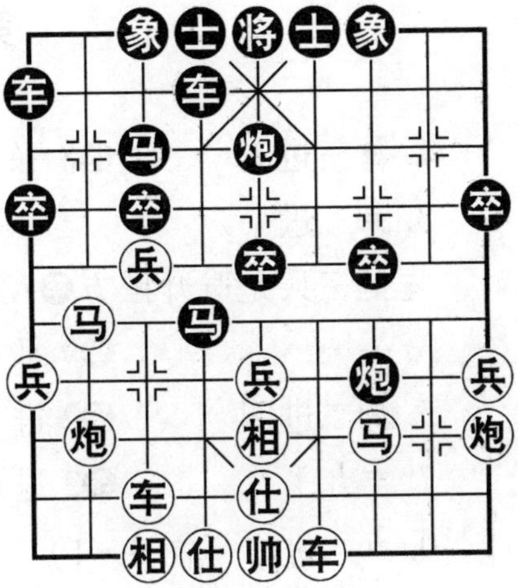

如图2形势，红方阵势坚固，黑方从中路反击，过于用强。应走卒3进1，车七进四车1平3，车四进四，黑方形势虽差，尚可周旋。

13. 兵七平六	炮7平1		
14. 车七进二	炮1进3		
15. 车七平六	卒7进1		
16. 相五进三	马3进5		
17. 车六进一	卒5进1		
18. 车六退一	卒5平4		
19. 车六平九	炮1平2	20. 马八退七	炮2平4
21. 马七退六	车4进3	22. 车四进六	马5进3
23. 炮八平五	车1平7	24. 炮五进五	车7进4
25. 马三进四	卒4平5	26. 兵五进一	象3进5
27. 车九平五	车4进4	28. 炮一平四	马3进4
29. 车四进三	将5进1	30. 车五平六	车4退2
31. 马六进五	卒3进1	32. 兵五进一	车4退3
33. 兵五进一	车4退1	34. 马五进七	卒3进1
35. 马七进五	车7进4	36. 炮四退二	将5平4
37. 兵五平六	车4平3	38. 马五进四	士4进5
39. 车四退一			

红胜。

图2－1

第三局

1. 相三进五　　炮8平5　　2. 马二进三　　马8进7
3. 兵三进一

先挺三兵是避开黑方卒7进1变例，希望进入新的作战顺序。

3. ……　　　　车9平8　　4. 车一平二　　炮2平4
5. 炮二进四　　马2进3　　6. 马八进七　　车1平2
7. 车九平八　　车2进6　　8. 仕六进五　　车2平3
9. 炮八进二（图3-1）

走巡河炮弃子，是创新之着，黑方面临考验。

9. ……　　　　士6进5

黑方如车3进1接受弃子，以下变化是炮二平五士4进5，车二进九马7退8，炮八平七：①炮4进7，帅五平六马3进5，炮七进五马5进4，车八进九，红弃子有攻势。②将5平4，马三进四，红弃子有攻势。

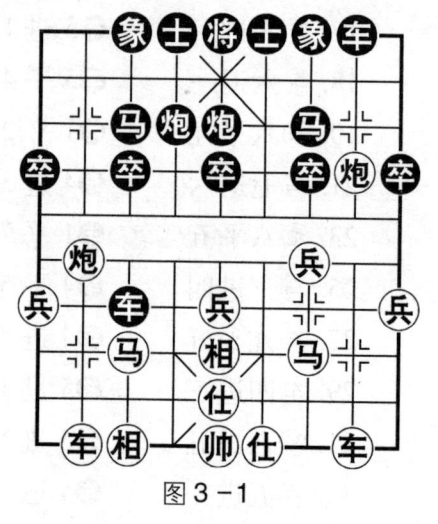

10. 车八进二　　车3退2　　11. 炮八平七　　卒7进1
12. 车八进六！　卒7进1　　13. 马七进六　　车3平4
14. 炮二平七（图3-2）

如图3-2形势，红方平炮去卒，攻击黑方右翼，吹响胜利号角。

14. ……　　　　将5平6　　15. 车二进九　　马7退8
16. 后炮进三　　炮4进3　　17. 后炮进三　　将6进1
18. 相五进三　　炮4进3　　19. 车八退二　　炮5平7

图3-1

20. 相三退五	车3平7
21. 马三进四	车7平6
22. 马四退三	车6平7
23. 马三进四	车7平6
24. 马四退三	车6退1
25. 车八退二	将6进1
26. 后炮进一	马8进9
27. 车八平二	

红胜势。

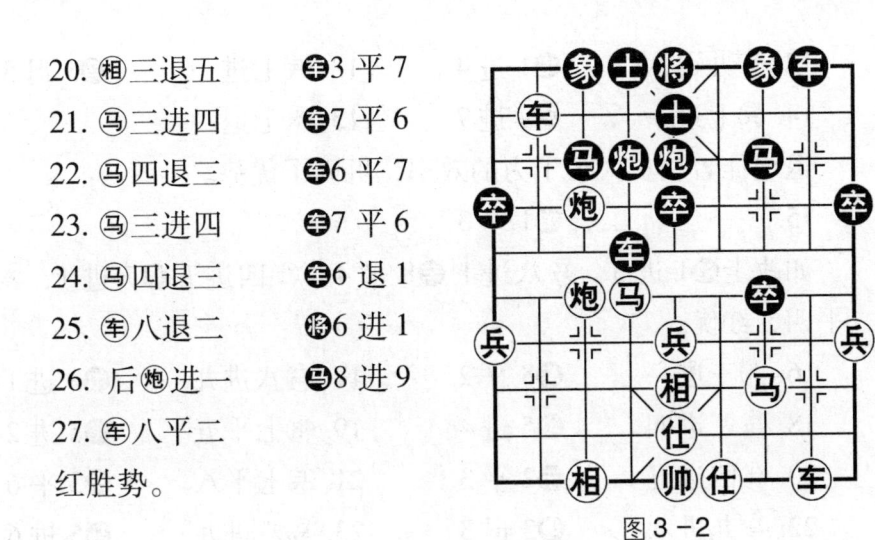

图 3-2

第四局

1. 相三进五	马2进3	2. 兵七进一	炮8平5
3. 马二进三	马8进7	4. 车一平二	车9平8
5. 炮二进四	马7退9（图4-1）		

如图 4-1 形势，红方进炮封车限制了黑方子力的开展，让黑方感到难受。此时如改走马2进7，车九平八车1平2，炮八进四，红优。

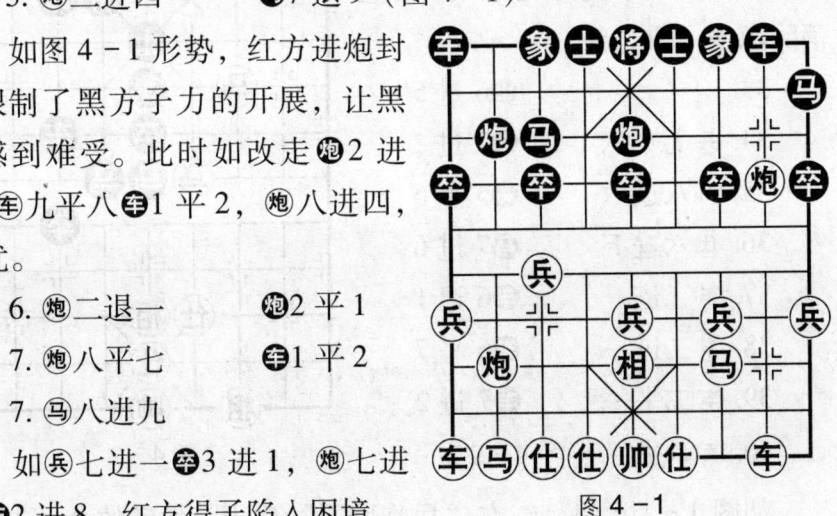

6. 炮二退一	炮2平1
7. 炮八平七	车1平2
7. 马八进九	

如兵七进一卒3进1，炮七进五车2进8，红方得子陷入困境。

| 8. …… | 车2进4 | 9. 炮二进三 | 车2退3 |
| 10. 炮二退四 | 车8进4 | 11. 车九平八 | 车2进8 |

图 4-1

| 12. 马九退八 | 炮1进4 | 13. 兵七进一 | 马3退5 |
| 14. 兵七进一 | 马9进7 | 15. 炮七退一 | |

退炮佳着！扩大了子力的效率，巩固了优势。

15. …… 炮1平3

如改走炮1进3，马八进七车8平4，仕四进五卒7进1，车二平四，红优。

16. 兵三进一	车8平2	17. 马八进九	炮3进1
18. 马三进四	炮5进4	19. 炮七平五	炮5进2
20. 仕四进五	车2平3	21. 兵七平八	车3平6
22. 马九进八	炮3退3	23. 马八进九	马5进6
24. 马四退六	炮3退3	25. 炮二进二	象3进5
26. 兵八平七	卒7进1	27. 炮二平三	车6进2
28. 马六进八	马6进7	29. 车二进七	车6退4
30. 兵七进一	马7退5	31. 兵七进一	马5退7
32. 马九进七	马7进5	33. 仕五进六	

防守是为了更好地进攻，上仕消除隐患，很必要！

33. ……	士6进5
34. 兵七平六	卒7进1
35. 马八进六	将5平6
36. 仕六进五	马7进6
37. 车二进一	车6退1
38. 车二进一	车6平7
39. 车二平一	车7进2
40. 兵六进一 （图4-2）	

图4-2

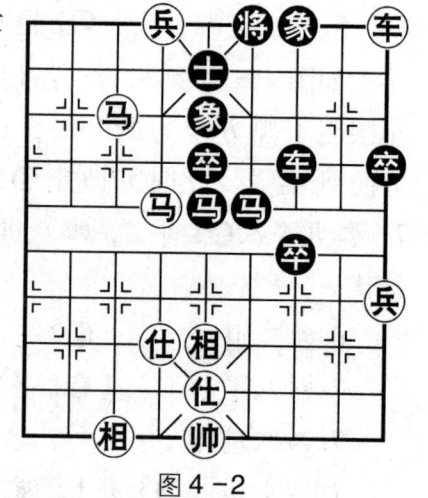

如图4-2形势，红方"兵临城下"残士，发动致命一击。

| 40. …… | 士5退4 |
| 41. 马七进六 | 象5进7 | 42. 车一退一 | 马6退5 |

43. 车一平四　将6平5　44. 前马退八

红胜。

第五局

1. 相三进五　马2进3　2. 兵七进一　炮8平5
3. 炮八平七　象3进1　4. 马二进三　马8进7
5. 车一平二　车9进1（图5-1）

如图5-1形势，黑方作战方向不明朗，可考虑走炮2进6或车9平8。

6. 炮七进四　卒7进1
7. 马八进七　车1平2
8. 车九平八　炮2进5
9. 炮二进五

由于黑方象位不佳，留下中线、边线弱点，红方不失时机进行打击。

图5-1

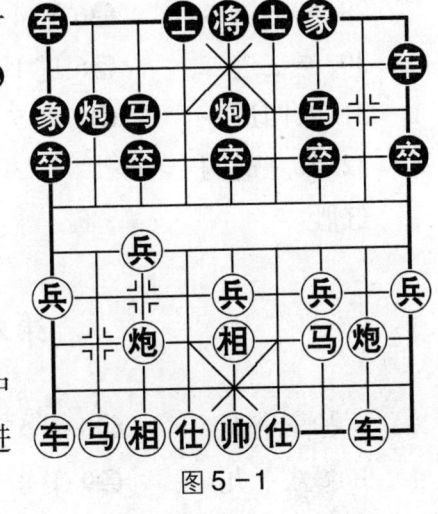

9. ……　　　车9平4　10. 炮二平五　象7进5
11. 车二进七　马7进6　12. 炮七平一　车4平9
13. 炮一退二　马3进4　14. 车二平四　马6进7
15. 兵七进一　士6进5　16. 车四退四　马7退9
17. 兵七平六　马9退8　18. 车四进三　马8退6
19. 兵五进一（图5-2）

红方已全线控制局势，挺中兵后，红方三路马从中线跃出，将加快战局进程。

19. ……　　　车9平8
20. 兵六进一　车8进5

21. 马三进五	象5退3		
22. 车四平五	车8平6		
23. 兵五进一	马6退4		
24. 兵六进一	将5平6		
25. 马五进四	士5进4		
26. 马四进三	将6进1		
27. 兵五平四	士4退5		
28. 车五平二	车2进2		
29. 马七进六	车6平4		
30. 车二进二	将6进1		
31. 兵四进一	将6平5		
32. 马三退四			

红胜。

图2

第六局

1. 相三进五　炮8平5　　2. 马八进七　马8进7
3. 炮八平九　车9平8　　4. 车九平八　马2进3（图6-1）

红方第3回合炮八平九，旨在加快左翼子力出动，这是飞相布局中出现的次序改变。其效果如何还有待实战证实。如图6-1形势，黑方马2进3是正确的选择。如改走车8进7，车八进七马2进1，兵七进一车1平2，车八进二马1退2，马七进六车8退3，马六进七炮5进4，仕四进五马2进1，马二进三，红方易走。

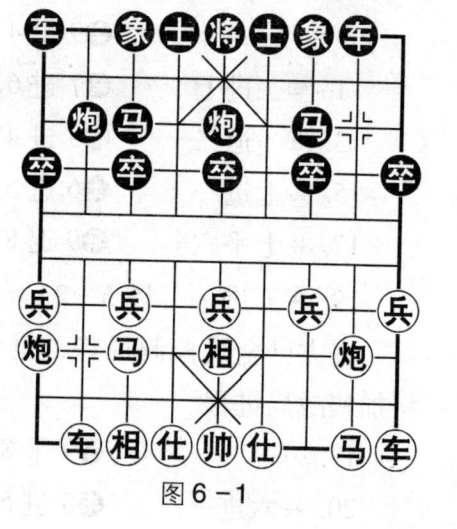

图6-1

5. 炮二平四　　车1平2　　6. 车八进六　　炮2平1
7. 车八平七

吃兵造成子力配置不协调，给黑方造成反击机会，宜走车八进三吃车再走马二进三，成均衡之势。

7. ……　　马7退5　　8. 仕四进五　　炮1退1
9. 兵七进一

仍宜走马二进三！

9. ……　　炮5平6　　10. 炮九进四　　炮1平3
11. 炮九平五　　象3进5　　12. 车七平六　　马3进5
13. 车六平五　　马5进3　　14. 车五平三　　车8进8

如图6-2形势，红方虽然多兵，但右翼子力严重受制，情况颇为不妙！

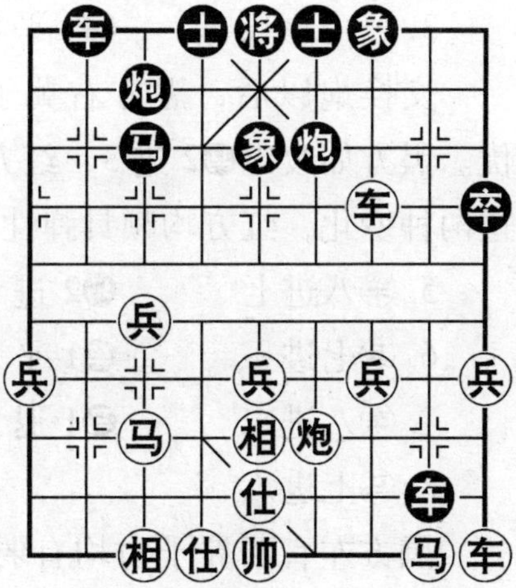

15. 马七进六　　车2进4
16. 车三平四　　炮6进5
17. 车四退四　　车2平4
18. 马六进四　　马3进2
19. 兵七进一　　象5进3
20. 马四进三

应走马二进四！

图6-2

20. ……　　士4进5　　21. 车四进三　　马2进3
22. 车四平六　　马3退4　　23. 马二进四　　马4进3
24. 帅五平四

如走车一平四马3进4，相七进九马4退2，红方左翼防守空虚也难应付。

24. ……　　马3进4　　25. 相七进九　　炮3进1
26. 兵三进一　　炮3平6　　37. 马四进三　　车8退6

红方必然失子，败局已定。

28. 后㊜进五	车8平7	29. 车一平二	炮6平1
30. 相九退七	炮1平3	31. 相七进九	车7平6
32. 帅四平五	车6进4	33. 马五进六	炮3平4

黑胜。

第七局

1. 相三进五	炮8平5	2. 马八进七	马8进7
3. 炮八平九			

平边炮着法别出心裁，目的是出左车，先发制人。

3. ……	车9平8	4. 车九平八	车8进7

交换炮以后，黑方右翼子力难以开展，红方阵势紧实，占优。黑方如改走马2进3，红方有炮二平四、车一进二两种选择，这两种变化，红方均颇具弹性。

5. 车八进七	马2进1		
6. 兵七进一	车1平2		
7. 车八进二	马1退2		
8. 马七进六			

黑方左右两翼子力均有弱点，红方放弃中兵跃马出击，积极有力！

8. ……	车8退3		
9. 马六进七	炮5进4		
10. 仕四进五	马2进1		

图7-1

11. 马二进三（图7-1）

如图7形势，黑方如马1进3交换子力则兵种不佳且少兵，如不交换则形成实战结果。至此形势红方优势明显。

11. ……	炮5退1	12. 马七进八	士6进5

13. 车一平四	象7进5	14. 车四进六	车8平7
15. 车四退二	卒5进1	16. 兵三进一	车7平8
17. 车四进二	卒7进1	18. 车四平三	马7进5
19. 炮九平七			

以炮击象，伏有车三进三杀，黑难以应付。

19. ……	将5平6	20. 车三平四	将6平5
21. 车四退一			

红胜势。

第八局

1. 相三进五	炮8平5	2. 马八进七	马8进7
3. 马二进三	车9平8	4. 车一平二	卒7进1
5. 炮八平九（图3－1）			

如图3－1形势，此时常见变化是兵七进一炮2平3，马七进八车7进6，仕四进五（亦有仕六进五变化）马6进5，炮二平一车8进9，马三退二车1进1，各有所得进入中局。

5. ……	马2进1		
6. 车九平八	车1平2		
7. 车八进五	车8进4		
8. 兵七进一	卒1进1		
9. 车八平六	炮2进4	10. 炮九进三	炮2平7
11. 炮二进二	车2进4	12. 车六平八	马1进2
13. 车二进三	象7进9		
14. 仕四进五	车8退3（图8－2）		

图3－1

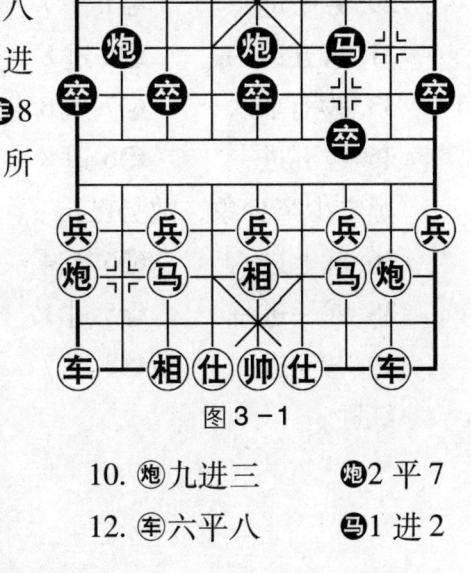

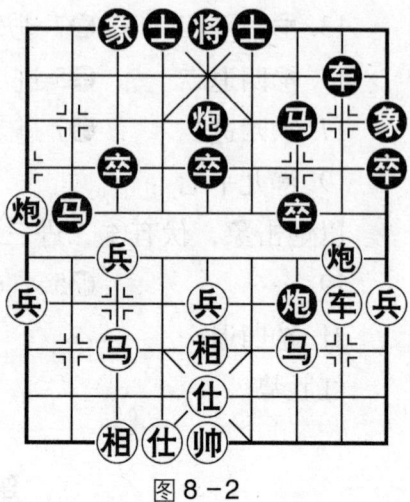

弈至第 10 回合，红方顺利控制了河沿，取得了作战主导权。如图 8-2 形势，黑方关键时刻，走了退车空着，从而更陷困境。应改走士 6 进 5，形势尚可支撑。

图 8-2

15. 车二平三	车8进4		
16. 车三平四	车8退4		
17. 车四进四	车8平1		
18. 兵九进一	马7退8		
19. 车四平二	马8进6		
20. 车二平一	卒7进1		
21. 相五进三	马6进7	22. 车一退一	车1平7
23. 相三退五	炮5平1	24. 车九进一	炮1进3
25. 炮九平五	马7退6	26. 马三退四	车7进2
27. 车一平三	马6进7	28. 马四进三	炮1退4
29. 兵一进一	炮1平7	30. 马三进一	马7进6
31. 炮五退一	马6进8	32. 兵七进一	马2退1
33. 兵七平六	炮7平6	34. 仕五进四	马8进6
35. 帅五进一	马6退8		

黑方少卒少象，败势已定。

36. 马七进六	炮6平4	37. 马六进四	炮4进8
38. 兵一进一	将5进1	39. 马四进三	将5平6
40. 马一进二	马8退7	41. 炮五平四	

红胜。

第九局

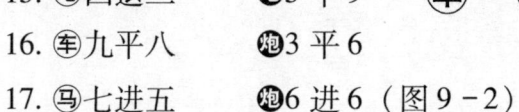

1. 相三进五	炮8平5	2. 马二进三	卒7进1
3. 兵七进一	马8进7	4. 马八进七	车9平8
5. 车一平二	炮2平3	6. 马七进八	马7进6
7. 仕四进五	马6进5	8. 炮二平一	车8进9
9. 马三退二	车1进1（图9-1）		

如图 9-1 形势，若红方炮八进七车1平2，马八进九车2进2，黑方得回一子形势平和。

10. 马二进四	车1平6		
11. 马四进五	炮5进4		
12. 炮八进七	车6平8		
13. 炮一平四	士6进5		
14. 马八退七	车8进8		
15. 炮四退二	炮5平9		
16. 车九平八	炮3平5		
17. 马七进五	炮6进6（图9-2）		

红方以为弃还一子即可消除黑方攻势，但是黑方不吃。如图 9-2 形势，黑炮塞象眼车双炮三子强攻，出乎意料。

18. 马五退三	车8退2	18. 炮四平一	车8平7
19. 炮一进一	炮9平8	20. 炮一平二	炮6退4
21. 炮八退三	炮6平5	22. 帅五平四	车7退1
23. 炮八平五	象7进5	24. 炮二进一	车7平6
25. 炮二平四	炮8退1	26. 车八进五	炮8退1
27. 车八退一	卒1进1	28. 炮五平六	卒7进1
29. 兵七进一	卒7进1	30. 车八平五	炮5平6

31. 帅四平五　　炮6进3
32. 仕五进四　　卒3进1

这几个回合黑方从底线作战到中线对战，并吃回一子，取得丰厚的物质优势，胜势已经不可动摇。

33. 车五进一　　炮8进2
34. 车五平七　　车6退3
35. 车七平六　　炮8平1
36. 仕六进五　　炮1进3
37. 相七进九　　卒7平6
38. 相九进七　　卒1进1
39. 车六退四　　车6平8

黑胜。

图9-2

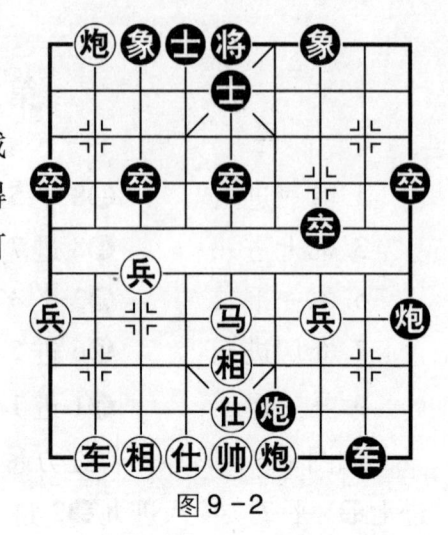

# 第十三章　其他

第一节　中炮过河车对屏风马右象

1. 炮二平五　马8进7　　2. 马二进三　车9平8
3. 车一平二　马2进3　　4. 兵七进一　卒7进1
5. 马八进七　象3进5　　6. 车二进六　炮2进1（图1）

至此，形成中炮过河车对屏风马右象布局阵势。如图1黑方另有炮8平9和马7进6着法。黑方炮2进1是新的战术，对双方都是一个考验。

7. 车二平三

平车压马势必形成激战。红方如选择车二退二则较为平和。

7. ……　　　　马3退5
8. 马七进六　卒3进1
9. 马六进七　卒3进1　10. 炮八平七

平七路炮一举两得，既可加快左车出动参战，又有保卫七路马的作用。

10. ……　　炮2进3　11. 兵三进一　卒7进1
12. 车三退二　卒3进1　13. 炮七退一　炮8退1
14. 车三平七　炮8平7　15. 车七退一　炮2退4
16. 马七进六

红马跳入炮口，惊人之举！如图 2 形势，红方于双马不顾，加快进攻速度，目标是黑方中线。

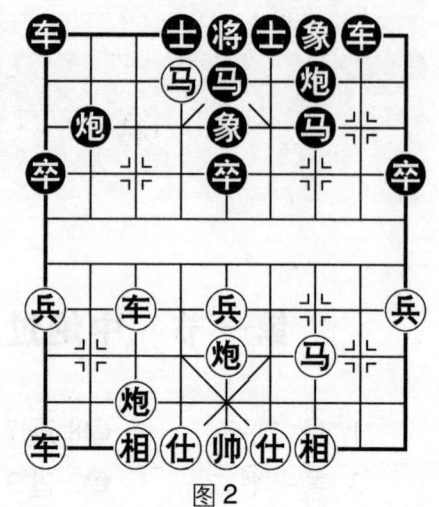

16. ……	炮7 平 4
17. 车九平八	炮4 进 6
18. 马三进四	车1 平 2
19. 车八进二	车8 进 5
20. 马四进五	炮4 退 3
21. 车八进三	炮4 平 9
22. 车八进一	马7 进 6
23. 兵五进一	

进红兵直攻中路，并且七路车还扼守要道，形势乐观。

23. ……	马5 进 7	24. 马五进七	车2 进 1
25. 兵五进一	炮9 平 5	26. 炮七平五	车5 进 1
27. 车七进一	马6 进 7	28. 车八平三	前马进 5
29. 相三进五	炮5 平 6	30. 车三进一	士6 进 5
31. 相五进三			

精彩的"临门一脚"，残去黑方一象后优势更为扩大。

31. ……	炮6 退 5	32. 车三进二	车8 退 1
33. 车七平四	车8 平 5	34. 车四进四	炮2 进 4
35. 车三平四	士5 退 6	36. 车四平八	炮2 平 7
37. 相三退五	炮7 平 5	38. 车八退二	炮5 进 2
39. 仕六进五	车5 进 2	40. 车八平一	车5 平 1
41. 马七退六			

红多子胜。

第二节　中炮直横车对屏风马两头蛇

1. 炮二平五　　　马8进7　　2. 马二进三　　　卒7进1
3. 车一平二　　　车9平8　　4. 车二进六　　　马2进3
5. 马八进七　　　卒3进1　　6. 车九进一　　　士4进5
7. 车九平六　　　马7进6

此势黑另有炮2平1变化，但无论哪种变化，红方都会向中路发动进攻。

8. 兵五进一　　　卒7进1　　9. 车二平四　　　马6进7
10. 马三进五　　　炮2进3（图1-1）

如图1-1形势，黑方进炮河沿是新变化的次序，它的作用是保7路河卒，同时也有效防御红方向中路进攻。

11. 兵五进一

由于遇到新变化，红方进攻效果如何，需要通过不断实战才能得以证实。如改走车六进三炮2平5，炮五进二车1平2，炮八进二卒5进1，炮五进四马3退5，车四进二炮8进3，车六平三炮8平2，车三退一车2进3，形成各有千秋之势。

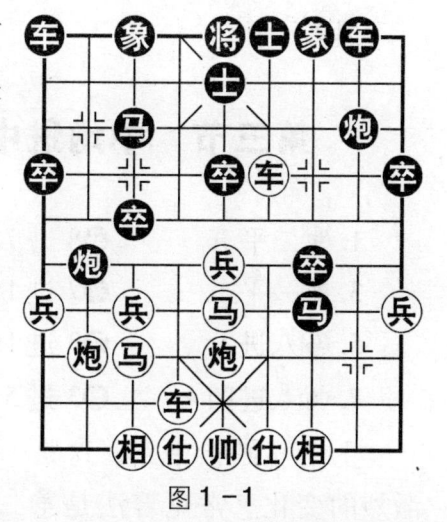

图1-1

11. ……　　　　炮2平5　　12. 炮五进二　　　马7退5
13. 车六进三　　车1平2　　14. 炮八进二

红方不愿简化局势，升炮保留变化，但形势难以把控。如改走车六平五车2进7，兵五进一马3进2，车五平三炮8进7，马七退五，成互缠之势。

14.……　　　　　卒5进1　15.马五进三　马5退7（图1-2）

如图2形势，黑方退马后将从中路向红方发动进攻，已呈反击之势。

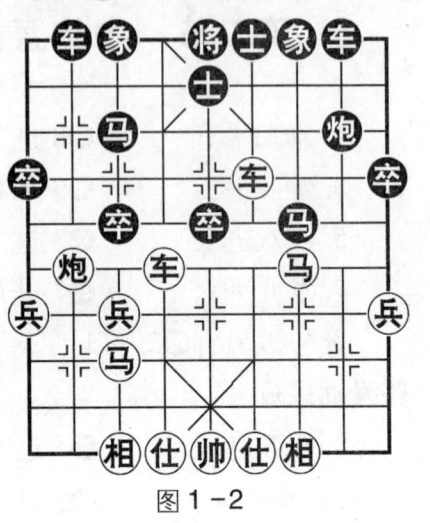

16. 车四平七　　　炮8平5
17. 仕六进五　　　马3进5
18. 炮八进二　　　卒5进1
19. 车六进一　　　马5进4
20. 马七进五　　　车8进6
21. 相七进五　　　炮5进4
22. 车七退一　　　象3进5

黑多子胜。

图1-2

第三节　中炮进中兵盘头马对屏风马

1. 炮二平五　　　马8进7　　2. 马二进三　　　车9平8
3. 车一平二　　　卒7进1　　4. 车二进六　　　马2进3
5. 马八进七　　　卒3进1　　6. 兵五进一　　　士4进5
7. 炮八进四　　　象3进5　　8. 马七进五（图1-1）

上中马剑指中路，这是一种激烈的变化。常见着法是车二平三马3进4，兵五进一卒5进1，炮八退一卒3进1，炮八平五卒3平2，另有攻防。

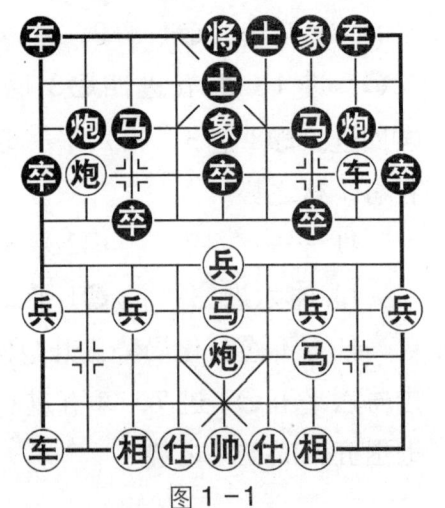

8.……　　　　　车1平4
9. 兵三进一　　　卒7进1
10. 马五进三　　　车4进3
11. 炮八退四　　　炮8平9

图1-1

12. 车二平三　　车8进2

形势至此，红方左车不能及时参战，影响大局。

13. 仕四进五　　炮9退1　　14. 炮八平六　　马3进2
15. 兵五进一　　炮9平7　　16. 车三平二　　车8进1
17. 前马进二　　炮2退1　　18. 车九平八　　马2进3
19. 兵五平四　　车4进3（图1-2）

如图1-2形势，应属对攻，各自对敌方都有所牵制，结果实难预料。

20. 马三进四　　车4退1
21. 马四退三　　车4进1
22. 马三进四　　车4平7
23. 炮六进六

盲目对攻，导致兵败！应改走炮五平三，战线甚长，难料鹿死谁手。

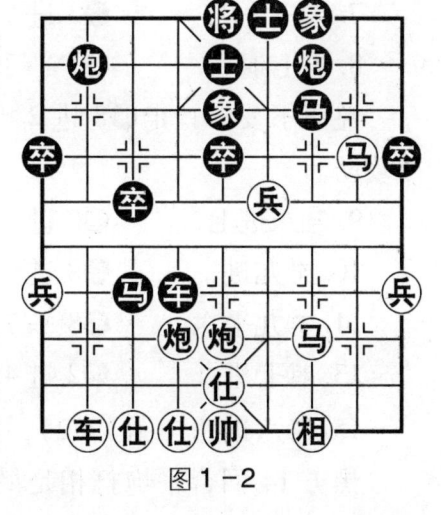

图1-2

23. ……　　　　炮7平4
24. 车八进八　　车7进3　　25. 仕五退四　　马3进5
26. 车八平六　　马5进7　　27. 帅五进一　　前马退6
28. 帅五平六　　马7退8　　29. 车六平八　　象5退3
30. 兵四进一　　车7退7　　31. 兵四进一　　车7平8
32. 车八进一　　士5退4　　33. 车八退六　　车8进1
34. 车八平四

黑胜势，下略。

第四节　中炮过河车对屏风马挺双卒

1. 炮二平五　　马8进7　　2. 马二进三　　车9平8

3. 车一平二　卒7进1　4. 车二进六　卒3进1（图1-1）

黑方挺起了3、7卒旨在避开熟套布局变化，其弱点是主要子力出动速度缓慢。

5. 车二平三　马2进3
6. 车三退一　马3退5
7. 车三平七　象3进5
8. 车七退一　车1平3

兑车不妥。宜走炮8进2，利于攻防。

9. 马八进七　炮8进4
10. 车九进一　车8进4
11. 车九平六　车8平7　12. 兵三进一　车7平3
13. 相七进九　炮2进4　14. 车六进三　炮8平7
15. 车六进四（图1-2）

图1-1

黑方14回合平炮打相是最大的失误，导致兵败。如改走马7进6及时摆脱窝心马困境，形势尚可周旋。

15. ……　　　象7进9
16. 马三退五　马5退7
17. 炮八退二　士6进5
18. 车七进一　车3进4
19. 兵七进一　车3平6
20. 马七进六　车6进1
21. 马五进七　将5平6　22. 仕六进五　车6平7
23. 兵七进一　后马进6　24. 炮五平四　将6平5
25. 马六退八　炮7平2　26. 马七进六　象5进3

图1-2

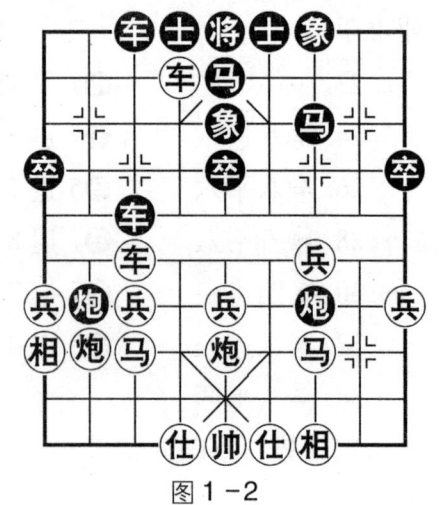

27. 俥六退三　　炮2进2　　28. 炮四平八　　将5平6
29. 马六退七

黑方2路炮已被困死，红胜势。

第五节　中炮过河车对屏风马横车

1. 炮二平五　　马8进7　　2. 马二进三　　马2进3
3. 俥一平二　　车9平8　　4. 兵七进一　　卒7进1
5. 俥二进六　　车1进1　　6. 炮八平七

红方面对屏风马横车采取平七路炮布阵较为稳健，易于控制局面，如改走马八进七则变化较为复杂。

6. ……　　　车1平4　　7. 炮七进四　　象3进1
8. 马八进七　　车4进2　　9. 兵七进一　　象1进3
10. 俥九平八　　车4平3
11. 俥八进七　　马7进6

为防止红方俥二平三压马，黑方跃马河口是常见着法。如改走象3退5，马七进六车3进1，俥二平三马7退5，俥八退三，红优。

12. 俥八退三　　卒7进1
13. 俥二退一　　象3退5
14. 马七进六（图1）

如图1形势，红方强行兑马，不惜让黑方7卒渡河，锁住黑方左翼车炮，夺取形势主动，是绝佳的交换次序。

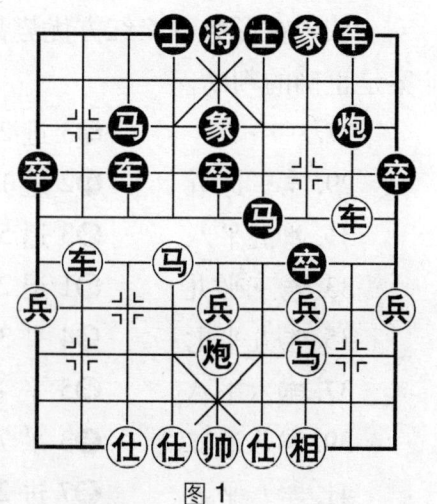

图1

14. ……　　　马6进4　　15. 俥八平六　　卒7进1
16. 马三退五　　车3进1　　17. 俥二平七　　象5进3

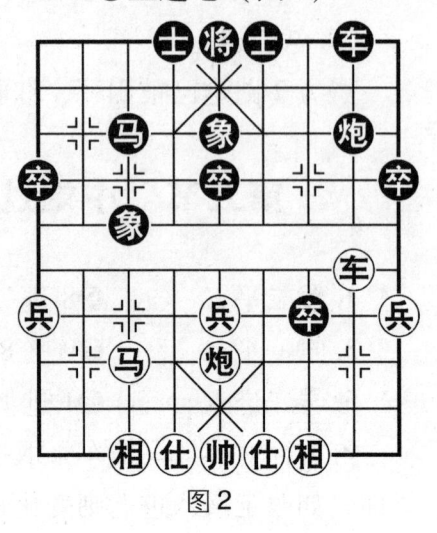

18. 车六平二　　象7进5　　　19. 马五进七（图2）

如图2形势，红方为什么不走炮五平二得子呢？变化如下：炮五平二马3进4，炮二进五马4进5，车二平五车8进2，车五退一车8进1，车五平三卒5进1，至此，黑方车位甚佳，红方能否获胜，很难预料。

19. ……　　　　卒7进1
20. 仕四进五　　士6进5
21. 马七进六　　炮8进2
22. 马六进四　　车8进2
23. 兵五进一　　象5进7　　24. 马四进六　　车8平4
25. 车二进一　　车4进1　　26. 车二平三　　车4进1
27. 车三进二

图2

从现在形势看，红方优势甚大。由此可见，红方不得子的方案是正确的判断。

27. ……　　　　马3进2　　28. 炮五进四　　士5进6
29. 车三退五　　马2进1　　30. 车三进四　　卒9进1
31. 炮五平八　　象3退5　　32. 炮八进三　　士4进5
33. 车三平九　　马1退2　　34. 炮八平九　　将5平4
35. 车九平七　　车4平3　　36. 车七平六　　将4平5
37. 车六平八　　将5平4　　38. 车八进三　　将4进1
39. 车八退二　　车3平7　　40. 相七进五　　马2进3
41. 车八平五　　车7进2　　42. 炮九平一　　车7平5
43. 车五平七　　马3退4　　44. 车七退三

红方必胜之势，下略。

第六节 中炮巡河车对屏风马

第一局

1. 炮二平五　　马8进7　　2. 马二进三　　卒3进1
3. 车一平二　　车9平8　　4. 车二进四　　马2进3
5. 兵七进一　　卒3进1　　6. 车二平七　　炮2退1
7. 炮八平七　　车1进2

黑方高车保马是近年来出现的防御战术，如改走炮2平3，车七平八马3进4，车八平七，黑方属于二打方，必须变着。如改走炮3进6兑炮，形成红方稍优形势。

8. 车七平八　　炮2平7　　9. 车九进一

走横车而放弃打象，是控制形势之着。如改走炮七进七士4进5，炮五平八卒7进1，发展趋势难以预料。

9. ……　　　　象7进5　　10. 车九平四　　卒7进1
11. 车八平二（图1-1）

如图1-1形势，红方平车锁住黑方左翼防止反击，是控制形势的关键之着。

11. ……　　　　炮7平2
12. 炮七进四　　车1平2
13. 马八进七　　车2进2
14. 马七进六　　车2平4
15. 车四平八　　炮2平7
16. 车八进四　　车4平2
17. 马六进八　　马3退1

图1-1

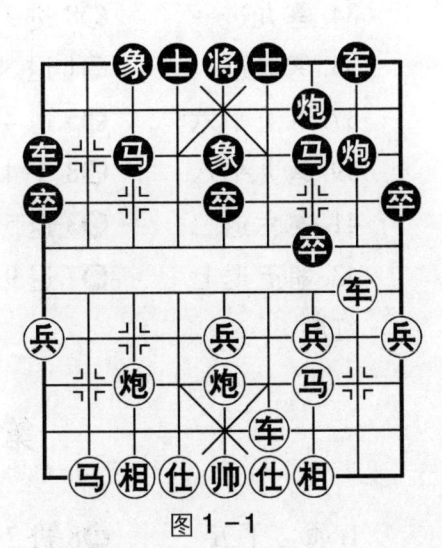

18. 车二平四	炮7平4	19. 兵三进一	

兑兵后，右马助力参战扩大优势。

19. ……	卒7进1	20. 车四平三	炮4进1
21. 马三进二	炮8进2	22. 马八进六	马7进6
23. 马六退七	士4进5	24. 炮七平一	车8平9
25. 炮五平一	马6进8	26. 车三平二	炮8平9
27. 车二进二（图1-2）			

红方控制局势后，逐步推进，弈来细腻。如图1-2形势，红已形成多兵之势，黑方依然困难。

27. ……	炮9进3		
28. 相三进一	炮4进4		
29. 车二平五	炮4平9		
30. 车五平九	炮9平8		
31. 相一退三	炮8退5		
32. 相七进五	象5进3		
33. 兵九进一	象3进5		
34. 兵九进一	炮8进3		
35. 兵五进一	马1退3	36. 兵五进一	马3进4
37. 兵五平六	士5退4	38. 车九平六	象5进7
39. 兵九平八	炮8平4	40. 车六进一	车9进3
41. 车六退二	象3退5	42. 马七进六	车9退2
43. 相五退七	象7退9	44. 车六平一	

红胜。

图1-2

第二局

1. 炮二平五	马8进7	2. 马二进三	车9平8

3. 车一平二　　　卒3进1　　　4. 车二进四　　　马2进3
5. 兵七进一　　　卒3进1　　　6. 车二平七　　　卒7进1
7. 兵五进一　　　士4进5　　　8. 兵五进一（图2-1）

黑方第6回合采用老谱中的着法，红方选择直攻中路，方向正确。

8. ……　　　　　卒5进1
9. 马八进七　　　马3进4
10. 车七进一　　　马4退5
11. 车七平五　　　马5进3
12. 车五平七　　　炮2平5
13. 马七进五　　　马3退4
14. 车七平三　　　车1平2
15. 炮八平六　　　炮5进5
16. 相七进五　　　马7进5　　17. 车三平六　　　马4进3
18. 车九平七　　　马3进4　　19. 仕六进五

补士稍缓，宜走兵三进一较好。

19. ……　　　　 象7进5　　20. 车七进六　　　马4进6
21. 车七平五　　　马6进7　　22. 帅五平六　　　车2进9
23. 相五退七

弃相误算，导致兵败。应走帅六进一炮8进6，车五平四马7退5，车四退五马5退7，马五进四马7退5，车六退一马5进4，车六退二，红多子占优。

23. ……　　　　 车2平3　　24. 帅六进一　　　炮8进6
25. 炮六平四　　　车3进5　　26. 车六进三　　　马7进5
27. 马五退四　　　车3平2

黑胜。

第三局

1. 炮二平五　　　馬8进7　　　2. 马二进三　　　车9平8
3. 车一平二　　　卒3进1　　　4. 马八进九　　　马2进3
5. 车二进四　　　卒7进1

至此，黑方形成"两头蛇"阵势，旨在求变。如改走炮8平9，车二进五马7退8，炮八平七马8进7（亦有象3进5之变化）车九平八马3进4，车八进四炮2平4，兵三进一，红方易走。

6. 炮八平七　　　马3进2　　　7. 兵三进一　　　卒7进1
8. 车二平三　　　象3进5　　　9. 马三进四　　　炮8退1
10. 马四进五　　　炮8平7
11. 马五进三　　　车8进9（图3-1）

如图3-1形势，双方进入激战阶段。

12. 马三退四　　　炮7进8
13. 车三退四　　　车8平7
14. 马四进六　　　炮2平4
15. 马六退八　　　士4进5

红方一车换三子后，形势并不乐观。此时黑方宜走车1平2立即进行反击。红方有二种着法：①马八进七车2进2，马七退六炮4进7，炮击底士红难应付。②车九平八车2进3，足可抗衡。

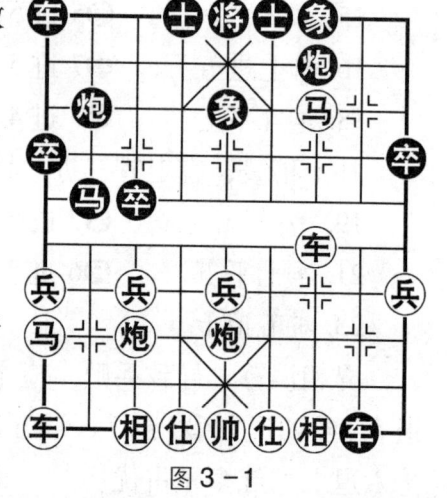

图3-1

16. 车九平八　　　车7退6　　　17. 车八进四　　　车1平2
18. 兵九进一　　　车2进2　　　19. 炮七平八　　　炮4进2
20. 炮八退一

退炮冷静之着，如走车八平六车2平4，马九进八炮4平7，红方无后续手段。

20. ……	车2平4	21. 兵七进一	车7平3
22. 兵七进一	车3进1	23. 仕四进五	炮4平8
24. 兵五进一	车3平7	25. 炮五平四	炮8进5
26. 兵五进一	车7进5	27. 炮四退二	象5进3
28. 相七进五	车7退2	29. 炮四进六	车4平8
30. 仕五进四	炮8平9	31. 车八平三	车7进2
32. 帅五进一	车7平4	33. 车三退四（图3-2）	

如图3-2形势，红方左车通过兑车，消除黑方双车炮联合攻势，确立了多子的优势。

33. ……	车4平7		
34. 相五退三	车8进2		
35. 炮四退一	车8进2		
36. 兵五平六	象7进5		
37. 马九进七	车8平9		
38. 相三进五	炮9平2		
39. 炮八平九	炮2退4		
40. 马七进五	车9平1		
41. 炮九平七	士5进4	42. 炮七进二	士6进5
43. 兵六进一	车1进2	44. 帅五退一	车1进1
45. 帅五进一	车1平4	46. 炮七平五	车4退4
47. 马五进四	车4平6	48. 马四进三	将5平6
49. 马三退二	炮2平5	50. 帅五平四	将6平5
51. 炮五进四	士5退4	52. 马八进七	炮5退1
53. 马二进三	将5进1	54. 炮五平二	将5平6
55. 马七进六			

图3-2

以下的着法是将6退1，炮二平四车6退1，马六退五，红胜。

第七节　中炮巡河炮对屏风马

第一局

1. 炮二平五　　马8进7　　2. 马二进三　　卒7进1
3. 兵七进一　　车9平8　　4. 马八进七　　马2进3
5. 马七进六　　象3进5　　6. 炮八进二　　（图1-1）

如图1-1形势，红方常见的着法是炮八平七、炮五平七和车九进一，现改走河炮，是新的构思，新的布局次序。

6. ……　　　　士4进5
7. 车一进一　　炮8进3
8. 车一平七　　卒1进1
9. 炮八退一

退炮灵活，加强对黑方右翼的攻击。

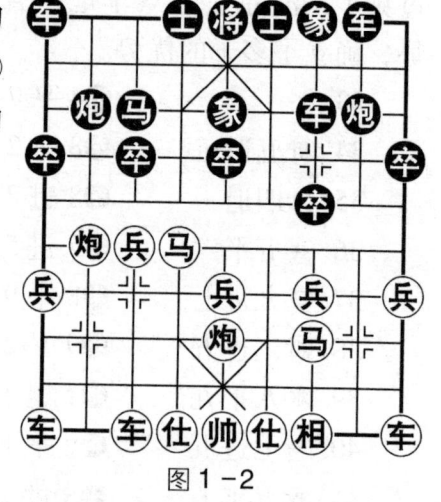

图1-2

9. ……　　　　卒7进1　　10. 马六进七　　炮8退2
11. 兵七进一　　炮8平7　　12. 炮五平九　　卒7进1
13. 马三退五

可考虑炮八平三弃子，变化是炮7进4，车九平八，马2退2，车七平三，炮7平6，车八进七，红弃子攻势强烈。

13. ……　　　　炮7进1　　14. 车七进三　　卒7进1

应走车1平4尚是可战之势。

15. 相七进五　　卒7进1　　16. 炮九退一　　卒7进1
17. 马五退三　　车1平4　　18. 仕六进五　　车4进6

19. 炮八平七	马7进6	20. 车九平六	车4平5
21. 炮九进四	车5进1		

弃马吃相，战斗进入白热化。

22. 炮九平四	车8进6	23. 车六进二	车8平7
24. 马三进四	车5平4	25. 仕五进六	车7平6
26. 车七平八	车6进1	27. 兵七平六	马3退4
28. 车八进三	车6退3	29. 马七进六	象5进3
30. 兵六平七	车6平5	31. 仕四进五	车5平3
32. 车八退四	炮7平5	33. 仕五退六	车3进1
34. 马六退五	马4进5	35. 车八进二	（图1-2）

整个战斗激烈，由于比赛用时已近耗尽，错着难免，本局即是一例。如图1-2形势，红方车八进二乃是败局之源。如改走马五退三，双方还将继续战斗。

35. ……	马5进7		
36. 炮七平八	车3平5		
37. 帅五平四	马7进6		
38. 马五退三	马6进7		
39. 帅四进一	车5平6		
40. 炮八平四	车6退1		

红失子，黑胜。

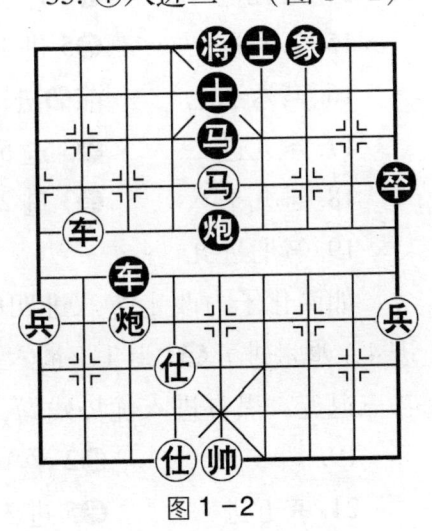

图1-2

第二局

1. 炮二平五	马8进7	2. 马二进三	车9平8
3. 车一平二	马2进3	4. 兵七进一	卒7进1
5. 马八进七	象7进5	6. 炮八进二	车1进1

7. 车九进一　　车1平4　　8. 马七进六　　炮8进3
9. 炮五平六　　车4平8　　10. 相三进五　　卒3进1

此时，双方处于相持状态，黑以冲卒打开局面，着法积极有效。

11. 兵七进一　　炮8平2　　12. 车二进八　　车8进1
13. 兵七进一　　车8平3　　（图2-1）

黑方弃还一子，明智之举。如马3退5，车九平七，红弃子有攻势。

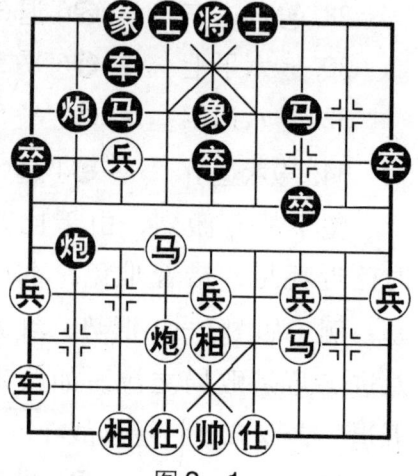

14. 兵九进一　　卒5进1
15. 兵九进一　　卒5进1
16. 马六退七　　前炮进1
17. 车九进二　　马3进5
18. 车九平八　　车3进2
19. 马七进九

图2-1

如简化子力改走车八进四车3进4，炮六进五车3退1，炮六平三马5退7，兵五进一车3平7，马三退五，黑方进入优势残局，红方较艰苦。

19. ……　　　　炮2平1　　20. 兵五进一　　卒1进1
21. 兵五进一　　马5进3　　22. 车八平七　　卒1进1
23. 马九进七　　卒1平2　　24. 马七退五　　炮1平3
25. 马五进六　　炮3退1　　26. 车七平四　　炮3平5
27. 仕四进五　　炮5进3　　28. 车四进四　　马3进2
29. 马三进五　　马7进8　　30. 车四退二　　车3平5
31. 帅五平四　　士5进5　　34. 炮六进一（图2-2）

如图2-2形势，红进炮缓着致败！应走马六进七车5平3，车四平5车3退1，兵三进一，还可坚守。

32. ……　　　　马8进9　　33. 马六进八　　马9进8

34. 帅四进一	车5平4		
35. 车四平五	车4进3		
36. 马八退六	车4退1		
37. 车五进一	马8退7		
38. 帅四退一	车4平9		
39. 马五退三	士5进6		
40. 车五退三	车9平4		
41. 车五平三	车4退1		

黑胜,下略。

图2-2

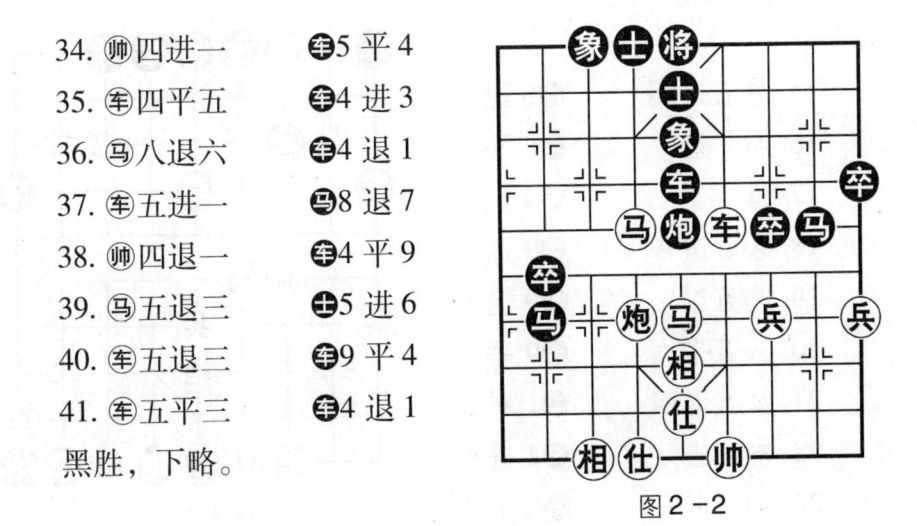

第九节 中炮对屏风马右炮过河弃兵局

第一局

1. 炮二平五	马8进7	2. 马二进三	车9平8
3. 兵七进一	卒7进1	4. 马八进七	马2进3
5. 车一平二	炮2进4	6. 兵三进一	卒7进1
7. 车二进六	卒7进1	8. 马七进六	卒7进1
9. 炮八平三	炮2平9		

打边兵是积极的战斗姿态,将会对红方右翼底线构成威胁。

10. 车二平三	炮8进7	11. 炮三进五	炮9进3
12. 车九进一	炮8平6	13. 车九平一	车8进9(图1-1)

如图1-1形势,黑方中防虽然薄弱,但黑方进车底线,旨在牵制红方捷足先登。

14. 马六进五　　马3进5

如改走炮五平一、炮9退2,车一进一炮6平4,红方亦难控制

249

形势。

15. 炮五进四	炮6退7
16. 车一退一	车8平9
17. 炮三平二	车9退3
18. 兵五进一	车9退1
19. 兵五进一	车9退1
20. 兵五平六	车9平4
21. 炮五退四	车1平2
22. 车三进三	车2进6
23. 车三退一	车2平8
24. 炮二平一	车8退4
26. 炮一退二	车4平8
28. 车三进二	炮6退1

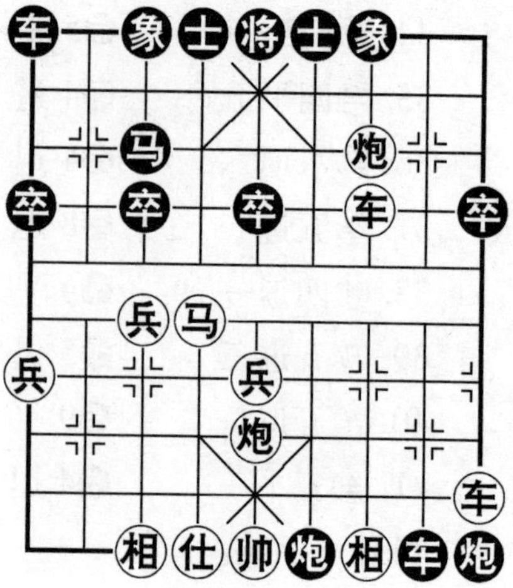

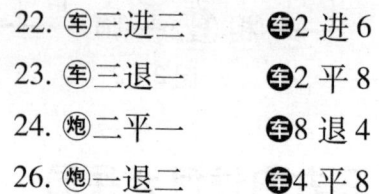

图1-1

25. 炮一进二　车8退2
27. 车三退二　将5进1
29. 炮一进一　后车进一

如图1-2形势，黑方强行交换子力，简化局势，稳操胜券。

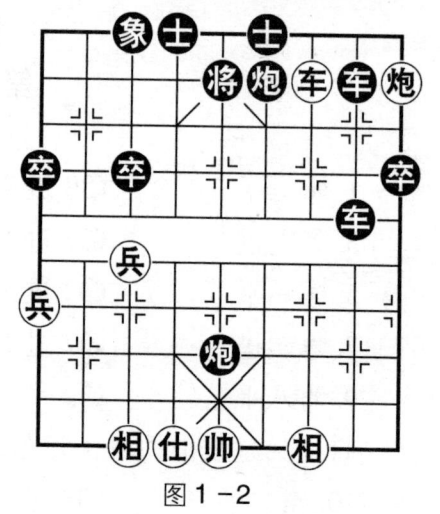

30. 车三平四　将5进1
31. 车四进一　后车平9
32. 车四平六　车9平7
33. 车六平五　将5平4
34. 炮五平四　车7进8
35. 炮四退二　将4退1
36. 车五退三　车8平4
37. 仕六进五　象3进1
38. 相七进五　车7退2

39. 炮四进二　车4进2

40. 炮四退一　车7进2

41. 炮四退一　车7退1

42. 仕五退六　车7退1

黑胜势。

图1-2

第二局

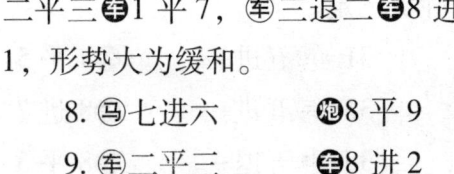

1. 炮二平五　　马8进7　　2. 马二进三　　车9平8
3. 车一平二　　马2进3　　4. 兵七进一　　卒7进1
5. 马八进七　　炮2进4　　6. 兵三进一　　卒7进1
7. 车二进六　　卒7进1（图2-1）

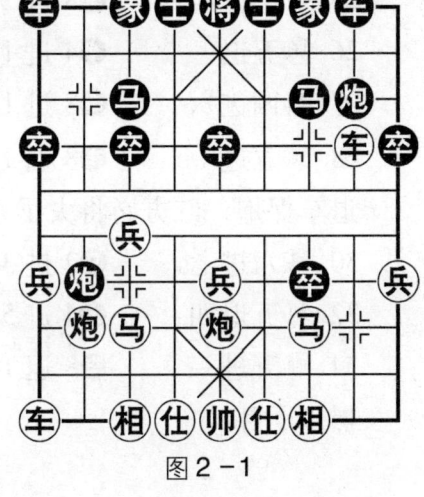

如图2-1形势，黑方保留过河卒，这是新的作战次序，并将预示着，一场不可避免的激战开始了。这步棋如改走车1进1，车二平三车1平7，车三退二车8进1，形势大为缓和。

8. 马七进六　　炮8平9
9. 车二平三　　车8进2
10. 兵七进一　　炮2退5
11. 车三退三

图2-1

如改走兵七进一炮2平7，车三平四卒7进1，相三进一车1平2，炮八平七车8进3，车四进二车8平4，车四平三马3退5，炮七平三象7进5，车九进一车4平6，车九平七车2进5，黑方多子，红方有攻势。

11. ……　　　炮2平7　　12. 车三平四　　卒3进1
13. 炮八平七　　车8进6　　14. 车九平八　　卒3进1
15. 车四进五　　车1进1　　16. 车四平九　　马3退1
17. 马六进五　　马7进5　　18. 炮五进四　　炮7进8
19. 仕四进五　　炮7平9　　20. 仕五进四　　后炮平3
21. 车八进七（图2-2）

对攻时，变化复杂，判断很难十分准确，所以胜负常在一念

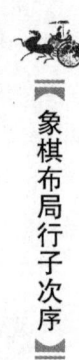

之间。如改走炮七平五车8进1，帅五进一车8退8，仍属对攻，黑形势可控。

21. ……　　　　　车8进1
22. 帅五进一　　　车8退3
23. 相七进九　　　卒3进1
24. 炮七平五　　　卒3平4
25. 马三进四　　　车8进2
26. 帅五退一　　　卒4平5
27. 马四进六　　　车8进1
28. 帅五进一　　　车8退1　　29. 帅五退一　　　车8退6

退车保炮，红方必将失子，胜负已定。

30. 马六进七　　　马2进3　　31. 兵五进一　　　卒4平5
32. 炮五退四　　　士4进5　　33. 兵五进一　　　车8进7
34. 帅五进一　　　车8退1　　35. 帅五退一　　　车8平3

黑多子胜。

图2-2

第十节　五九炮对屏风马横车

第一局

1. 炮二平五　　　马8进7　　2. 马二进三　　　车9平8
3. 车一平二　　　卒7进1　　4. 马八进七　　　马2进3
5. 兵七进一　　　车1进1

提横车是加速布局出子步调，但右翼可能被对方攻击。这一变化五六十年代曾流行。另可选择走象3进5、炮2进4的变化。

6. 炮八平九　　　炮2进4　　7. 车九平八

出车捉炮是针对黑方车炮联攻的强有力着法。如改走㊋五进一㊋1平4，㊋五进一㊋4进5，㊋五进一㊋4进5，㊋五平四㊋5平4，㊋四平三㊋7进5，㊋二进四㊋8平5，㊋二进五㊋5退7，㊋六进五㊋7退8，黑优。

7.……　　　　㊋2平7

如㊋2平3，㊋五进一㊋7进5，㊋六进五㊋8进3，㊋五进一㊋5进1，㊋三进一㊋3平7，㊋三进五红优。

8. ㊋五进一　　㊋1平4　　8. ㊋五进一　　㊋4进5

10. ㊋五进一　　㊋4进5　　11. ㊋五平四　　㊋5平4

12. ㊋四进五　　㊋7平8（图1-1）

如图1-1形势，黑方以为平炮打车，红方一定㊋二平一㊋7进1，黑方大优。但出乎意料的是红方以车吃炮，黑方如意算盘落空，从此红方逐入佳境。

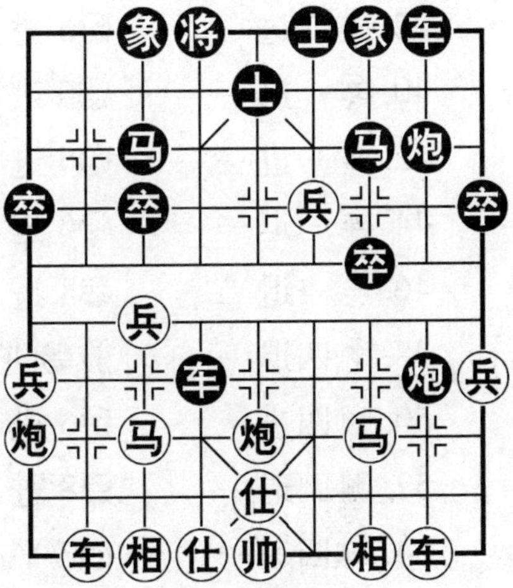

13. ㊋二进三　　㊋4平8

14. ㊋七进五　　㊋7平5

15. ㊋九平六　　㊋4平5

16. ㊋五进六　　㊋7进6

17. ㊋四进一　　㊋3进5

18. ㊋八进九　　前㊋平4

19. ㊋三进四　　㊋4退1　　20. ㊋四平五　　（图1-2）

如图1-2形势，红方置底线空虚不顾，快速攻击黑方中线、底线，这是一场争抢速度之战。

20.……　　　　㊋8进7　　21. ㊋三进一　　㊋5退4

22. ㊋八平七　　㊋8平9　　23. ㊋五平四　　㊋6进5

24. ㊋四进一　　㊋8进9　　25. ㊋五退四　　㊋8退8

26. ㊋四进五　　㊋8平6　　27. ㊋七退三　　㊋6平8

图1-1

28. 帅五平四	车8进8		
29. 帅四进一	车8退6		
30. 帅四退一	将5平6		
31. 炮五平四	车8进6		
32. 帅四进一	车8退1		
33. 帅四退一	将5进6		
34. 马六进五！	将6进1		
35. 车七平一	车4退3		
36. 车一进二	将6退1		
37. 炮六平八	车4平2		
38. 车一进一	将6进1	39. 车一退一	将6退1
40. 车一进一	将6进1	41. 车一退一	将6退1
42. 车一进一	将6进1	43. 马五退三	车2平7
44. 车一退一	将6进1	45. 马三退五	将6平5
46. 车一退二	车8进1	47. 帅四进一	车8退1
48. 帅四退一	前马进7	49. 炮八平三	车8进1
50. 帅四进一	马6进5	51. 炮四平五	车8退1
52. 帅四退一	车8进1	53. 帅四进一	车8退1
54. 帅四退一	车7平6	55. 炮三平四	车6进2
56. 马五进七			

红胜。

第二局

1. 炮二平五	马8进7	2. 马二进三	卒7进1
3. 马八进七	车9平8	4. 炮八平九	马2进3
5. 车一平二	车1平2		
6. 车九平八	炮8进4（图2-1）		

如图 2-1 形势，红方在布局次序上有所变化。黑方此时走⑧8进4 封车，在子力开展上难以顺畅。

7. 车八进六　　炮2平1
8. 车八进三　　马3退2
9. 兵七进一　　炮1平5
10. 仕四进五　　炮5平3

黑方先走中炮，待红方补士后，再移炮攻击红方左翼，这是好次序！

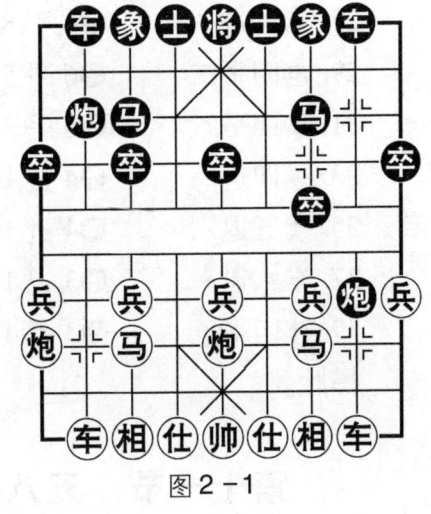

11. 马七进六　　卒3进1　　12. 马六进五　　马7进5
13. 炮五进四　　卒3进1　　14. 相七进五　　卒3平4

红方虽有空头炮，但孤军作战，难成气候。

15. 炮九平七　　炮3平2　　16. 炮七平八　　马2进3
17. 炮五退一　　炮2平1　　18. 兵三进一（图 2-2）

红方兑三兵希望尽快活动右马，但让黑方以后形成担子炮，而且左车得以透松，红方计划不能实现。宜考虑走车二进一再车二平四实施方案。

18. ……　　　　卒7进1
19. 相五进三　　车8进4
20. 炮八平五　　炮1进4
21. 仕五进六　　车8平7
22. 马三进四　　车7平6
23. 马四退三　　马3进2　　24. 仕六进五　　车6进2
25. 马三退一　　将5进1　　26. 车二进二　　将5平4

图 2-1

图 2-2

第十三章　其他

28. 马一进二	车6平8	28. 车二平四	车8平6
29. 车四平二	车6平5	30. 前炮平四	车5平6
31. 炮四平五	车6平3	32. 帅五平四	车3进3
33. 帅四进一	卒4进1	34. 车二进四	炮1进2
35. 仕五退六	卒4进1	36. 车二平八	卒4平5
37. 车八退一	车3退1	38. 帅四退一	卒5平6
39. 帅四平五	车3平4		

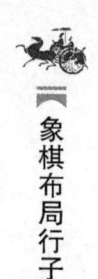

黑胜。

第十一节　五八炮进三兵对屏风马

第一局

1. 炮二平五	马8进7	2. 兵三进一	卒3进1
3. 马二进三	马2进3	4. 车一平二	车9平8
5. 炮八进四	象7进5		
6. 炮八平七	炮2进6（图1-1）		

如图1-1形势，黑方炮2进6压马，目的显然是限制红方左马活动，但也造成了自己子力协调不足的薄弱环节。

7. 马三进四	炮8平9		
8. 车二进九	马7退8		
9. 车九进二	车1平2		
10. 马四进五	士6进5		

如改走马3进5，炮五进四士4进5，车九平四，红优。

图1-1

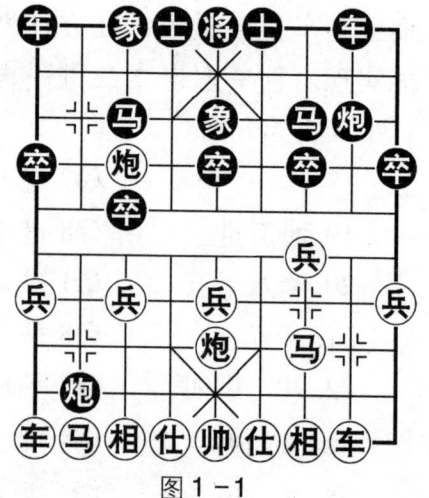

11. 马五退六	车2进5	12. 车九平六	卒3进1
13. 马六进四	炮9退1	14. 车六退一	马8进6
15. 马四进三（图1-2）			

由于黑方子力松散，难以抵挡红方车双炮马的猛烈进攻。当红方马四进三捉炮后已是危局难渡了。

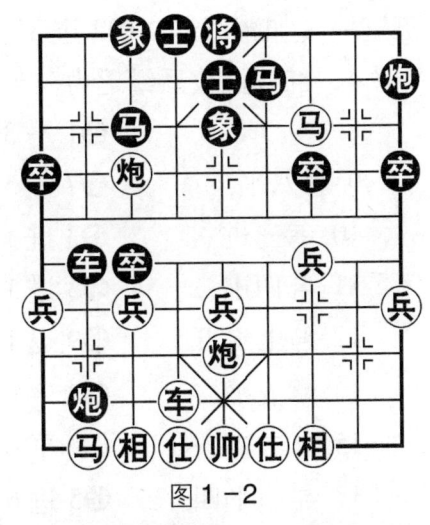

15. ……	炮2退2
16. 车六平四	炮2平5
17. 仕四进五	马6进5
18. 马三进一	车2进4
19. 马一退二	士5进6
20. 车四进二	炮5退1
21. 马二进三	将5进1
22. 兵七进一	车2退6
23. 炮七平三	马5退7
24. 兵三进一	马3进4
25. 兵七进一	

图1-2

红胜势。

第二局

1. 炮二平五	马8进7	2. 兵三进一	车9平8
3. 马二进三	炮8平9	4. 马八进七	卒3进1
5. 炮八进四	马2进3	6. 车一进一	

至此，常见的变化为炮八平七车1平2，车九平八炮2进2，车八进四卒7进1（也有走象7进5），双方互缠。

| 6. …… | 马3进2 | 8. 马三进四 | 车1进1（图1-1） |

如图1-1形势，黑方于中路不顾，提横车这是出其不意之战术，也是新变，使形势逐渐进入紧张阶段。

9. 车九进一

继续调兵遣将。如马四进五马7进5，炮五进四车8进4，兵五进一（如炮五退二马2进3）车1平4，红方进攻后继乏力。

8. ……　　　　　　车1平3
9. 炮八平三　　　　象7进5
10. 兵三进一　　　　卒3进1
11. 马四进二　　　　卒3进1
12. 马七退五　　　　炮9退1
13. 炮五平二　　　　车8平9　　14. 车九平六　　　　士6进5
15. 马二进一　　　　炮9平6　　16. 马一进三　　　　车9平8
17. 车一平四　　　　士5进6　　18. 炮二平五　　　　车8进1
19. 炮五进四　　　　士4进5　　20. 炮五平四　　　　士5退6
21. 车四进一

图1-1

这几个回合红方弈来紧凑，已取得全局主动。此着如改走车六进六炮2平1，战线颇长。

21. ……　　　　　　马2退3　　22. 马五进四　　　　马7退9
23. 炮四进二　　　　车3平6　　24. 马三退四　　　　车6平4
25. 车六进七　　　　车8平4　　26. 马四进五　　　　士6进5
27. 马五退七　　　　炮2进4　　28. 兵五进一　　　　马9进7
29. 车四退一

应走马七进六限制黑车活动较妥。

29. ……　　　　　　车4进4　　30. 马七进六　　　　马3进4
31. 兵五进一

挺兵误算，给黑方有了搏击机会。宜走马六退八为好。

31. ……　　　　　　马4进2　　32. 车四平七　　　　车4进1
33. 马六退五　　　　炮2进3　　34. 仕四进五　　　　车4平6

35. ㊣五平四

再次坐失良机，应走㊣七进二 ㊣6退3，㊣七平八，红仍大优。

| 35. …… | ㊣3进1 | 36. ㊣七平八 | ㊣2进4 |

37. ㊣五进六

红方功亏一篑，断送好局！应㊣五退四。

37. ……	㊣6平5	38. ㊣五平四	㊣5退1
39. ㊣八退一	㊣3平4	40. ㊣八进一	㊣5平6
41. ㊣八平四	㊣4进6	42. ㊣四平五	㊣4进1
43. ㊣四退六	㊣6平5	44. ㊣五平四	㊣4进1
45. ㊣四进一	㊣5进3	46. ㊣三平五	㊣5退5
47. ㊣四平六	㊣4平5	48. ㊣四进一	㊣5进7
49. ㊣四平三	㊣3进5	50. ㊣六平三	㊣5进1
51. ㊣三进一	㊣5平4	52. ㊣三进一	㊣4进2

至此，黑方已是必胜残局，下略。

第十二节　五七炮对三步虎

1. ㊣二平五	㊣8进7	2. ㊣二进三	㊣9平8
3. ㊣八进九	㊣8平9	4. ㊣九进一	㊣7进1
5. ㊣八平七	㊣4进5	6. ㊣一进一	㊣8进5

黑进车河沿，控制红方子力活动，贯彻三步虎战术的作战意图。

7. ㊣一平六	㊣8平1	8. ㊣九平八	㊣2进1
9. ㊣六进四	后㊣平2	10. ㊣六平三	㊣3进5
11. ㊣三平六	㊣2进6（图1-1）

如图1-1形势，红车活动范围甚微，其他子力又难以展开。对比之下，黑方子力效力则非常充分，红方较为被动。

259

12. 仕四进五	卒3进1	
13. 相三进一	炮2退4	
14. 车六退二	马7进6	
15. 车八进四	车1平2	
16. 马九进八	炮2平1	
17. 马八退九	马6进7	
18. 炮五平六		

卸中炮是当前有效的防守，如改走炮五进四车2进3，炮五退二炮9平7，黑方优势颇大。

18. ……	马7退6	19. 兵五进一	车2进3
20. 炮六平五	炮9平6	21. 炮七平六	炮1平2
22. 马九进八	卒1进1	23. 马八进六	车2平4
24. 兵一进一	卒1进1	25. 马三进一	炮2进1
26. 炮六退一	马1退2	27. 车六平二	车4平1
28. 炮五平九	车1平3	29. 车二平六	马2进3
30. 马一进三	炮2平7		
31. 相一进三	车3平2（图1-2）		

这几个回合黑方着法细腻，弈至图1-2之势，红方子力位置弱点颇多，黑方依然掌握优势。

32. 炮九平五	车2进2
33. 马六进七	炮6平3
34. 炮五进四	车2平5
35. 车六进二	马6退7
36. 炮五退一	马7进5
37. 炮六进一	炮3平2

红将失子，黑胜势。

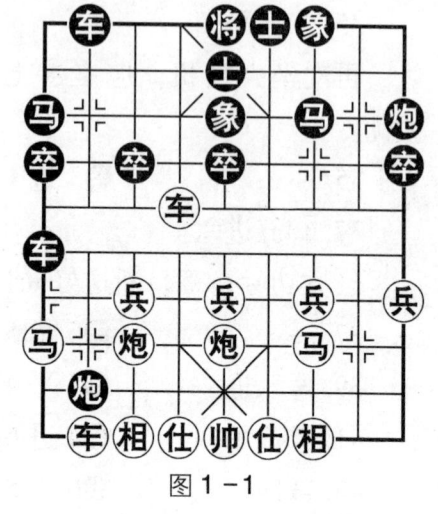

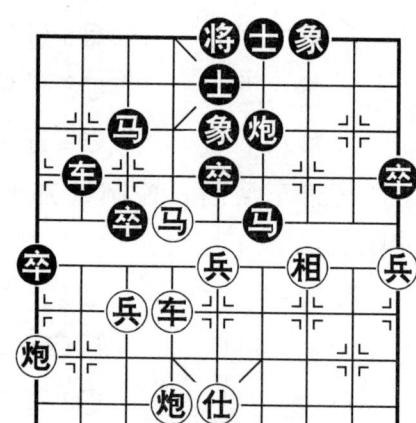

图1-2

第十三节　过宫炮对上左马

1. 炮二平六　　　马8进7　　2. 马二进三　　　车9平8
3. 车一平二　　　炮8进4　　4. 兵三进一　　　炮8平7
5. 兵七进一　　　炮2平5　　6. 马八进七　　　车8进9
7. 马三退二　　　炮5进4（图1-1）

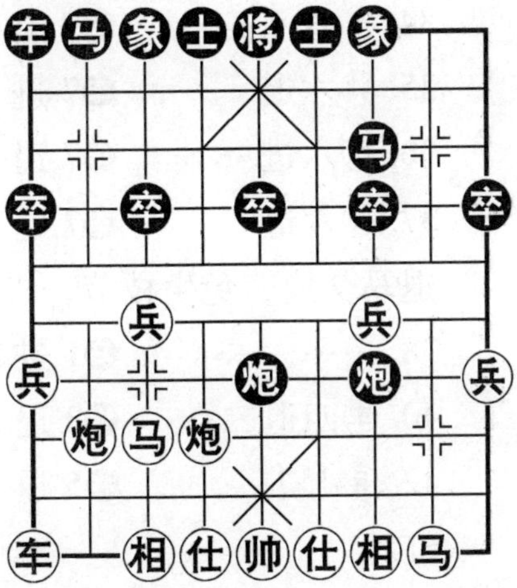

如图1-1形势，黑方争得空头炮，红方则子力通畅。

8. 车九平八

宜走马二进一，先捉炮再出左车更佳。

8. ……　　　　　炮5退2
9. 帅五进一　　　车1进1
10. 炮八进六　　　车1进1
11. 车八进三　　　车1平4
12. 车八平三　　　车4进5
13. 马七进八　　　车4进2

图1-1

吃仕过于冒险，宜走象3进5，且攻且守。

14. 马八进七　　　车4平3　　15. 马七进六　　　车3退1
16. 帅五退一　　　车3进1　　17. 帅五进一　　　车3平6
18. 马二进三　　　车6退2　　19. 兵七进一　　　马7退5
20. 帅五平六　　　炮5平8　　21. 车三平六（图1-2）

如图1-2形势，红方虽然仕相不整，但黑方并无后援，红方趁机进行快速反击。

21. ……　　　　　车6平7　　22. 马六进八　　　车7进1
23. 帅六退一　　　车7进1　　24. 帅六进一　　　车7退1
25. 帅六退一　　　车7进1　　26. 帅六进一　　　马5进3

27. 炮八平七	车7退1		
28. 帅六退一	车7进1		
29. 帅六进一	马3退1		
30. 车六进六	将5进1		
31. 兵七进一	车7退1		
32. 帅六退一	车7进1		
33. 帅六进一	象7进5		
34. 车六平四	车7退1		
35. 帅六退一	车7进1		
36. 帅六进一	车7退1		
37. 帅六退一	车7退3	38. 马八退七	

退马交换，免生枝节，机灵！

38. ……	马1进3	39. 兵七进一	炮8退2
40. 车四退二	炮8退2	41. 炮七平八	车7平3
42. 兵七进一	将5退1	43. 车四进一	

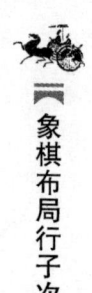

红胜。

第十四节　上马对挺卒

第一局

1. 马八进七	卒3进1	2. 炮二平五	马8进7
3. 马二进三	车9平8	4. 车一平二	马2进3
5. 兵三进一	炮8进4		
6. 马三进四	车1进1（图1-1）		

黑方第5回合稳健的着法是象7进5，现走炮8进4再配合车1进1，形成图1-1形势，成对攻之势。

7. 兵三进一　　　炮8进1
8. 炮八进四

弃子是红方必然的选择。

8. ……　　　　车1平6

黑方平车捉马也是必然。如改走炮8平3，车二进九马7退8，车九进二炮3进1，车九退一炮3退1，至此红方马四进五或炮八平七，弃子有攻势。

9. 马四进三　　　象3进5
10. 炮八平七　　　车6平2
11. 马七退五　　　炮2进4
12. 兵三平二

弃兵，争先之着。

12. ……　　　　车8进4
13. 马五进三　　　炮8进1
14. 车九进一　　　炮2进2

此时红方宜走马三退四为妥。如黑方走车8平7，红方有些麻烦。

15. 车九进一　　　车2进2
16. 后马进四　　　车8退2
17. 炮五平二　　　炮8平7
18. 炮二进四（图1-2）

如图1-2形势，红炮封车后攻势猛。至时黑如补中士，红方车二进二，仍保持高压态势。

18. ……　　　　车2平3
19. 车九平八　　　炮2平6
20. 炮二平五　　　马7进5
21. 车二进七　　　马5进6
22. 马三退四　　　炮7退4
23. 相七进五　　　车3平6
24. 车二退三　　　炮6退2

图1-1

图1-2

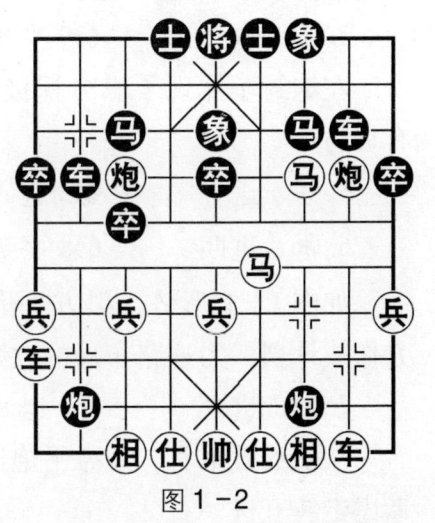

25. 仕六进五	车6进1	26. 车八进二	炮6平3
27. 兵一进一	卒1进1	28. 马四进二	车6退1
29. 兵五进一	车6平5	30. 马二进三	车5平7
31. 马三进一	象7进9	32. 车二进三	象5退7
33. 兵五进一			

红方中兵渡河后，黑方更难防守。

33. ……	炮7进2	34. 车二退三	士4进5
35. 车二平三	车7进2	36. 相五进三	象7进5
37. 相三退五	象5进7	38. 兵五平四	炮3平4
39. 车八平六	炮4平2	40. 兵四平三	象9进7
41. 马一退二	炮2退1	42. 车六退一	炮7进2
43. 车六进三	炮2退3	44. 车六平七	马3退4
45. 车七退一			

红胜势。下略。

第二局

1. 马八进七	卒3进1	2. 炮二平五	马8进7
3. 马二进三	车9平8	4. 车一平二	炮8进4

左炮封车体现了黑方积极的作战姿态。如改走马2进3，另有攻防。

5. 兵三进一	马2进3		
6. 炮八进四	炮8平7（图1-1）		

如图1-1形势，黑方平炮兑车是新的作战次序，破坏了红方作战计划，为这路布局的攻防增添了新的内容。

7. 车二进九	马7退8	8. 炮八平七	

从实战效果看，红方平炮压马，反让黑方抢出左车。此时可考虑走兵五进一。

8. ……	车1平2
9. 车九平八	炮2进4
10. 炮七进三	

进攻受阻，打象企图一搏。如改走相三进一象3进5，红方形势也不乐观。

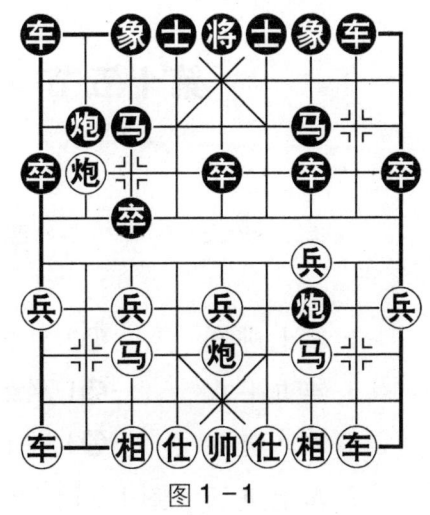

10. ……	车2平3
11. 车八进三	马3进4
12. 车八进一	马4进3
13. 炮五进四	马8进7
14. 车八进二	炮7进3
15. 仕四进五	马7进5
16. 车八平五	士4进5
17. 兵五进一	卒3进1
18. 马七进五	卒3平4
19. 兵五进一	卒4平5
20. 马五退四	车3进2
21. 车五平六	车3平8（图1-2）

如图1-2形势，黑方集车炮于左翼，攻击红方不设防的底线，胜利在望。

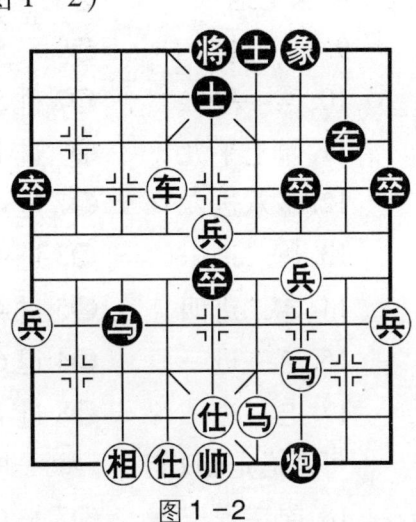

22. 车六退三	炮7平9
23. 仕五进六	马3退2
24. 兵一进一	车8进7
25. 帅五进一	车8退1
26. 车六平一	炮9平3
28. 车一退二	车8退4
28. 兵五进一	车8平5
29. 马四退二	卒5平4

黑胜势。

第十五节　飞相对过宫炮

第一局

1. 相七进五　　炮2平6　　2. 马八进七　　马2进3
3. 车九平八　　车1平2　　4. 马二进三　　马8进9
5. 炮八进四　　卒3进1　　6. 炮八平七　　车2进9
7. 炮七进三（图1-1）

如图1-1形势，开局仅7个回合，黑方不顾左翼防务空虚进行搏击，颇具拼搏精神！

7. ……　　　　士4进5
8. 马七退八　　炮8平7
9. 炮二进四　　车9平8
10. 车一平二　　象7进5
11. 炮七平九　　卒7进1
12. 马八进六　　车7进4
13. 炮二进一　　马3进4
14. 车二进四　　士5进4
15. 兵一进一　　马4退6　　16. 炮二退一　　卒5进1
17. 马三进一　　车8进1

可考虑走马9退7，炮二进二炮6退1，黑优。

18. 车二退三　　炮7平6　　19. 炮二平九　　车8平1
20. 炮九平五　　士4退5
21. 车二进五　　马9退7（图1-2）

红方第7回合虽已打得底象，由于一直没有其他子力配合，难已成势。如图1-2形势，黑方反而子力部署到位进行反击，说明红方打象着法有待研究。

22. 车二进三	车1退1
23. 炮五平一	后炮平9
24. 兵一进一	车1平4
25. 马六进八	卒5进1
26. 马一进二	马6进8
27. 兵一平二	车4进3
28. 炮一退三	卒5进1
29. 炮一平五	车4平5
30. 马八退六	卒7进1
31. 兵二平三	卒7平6

黑多子胜，下略。

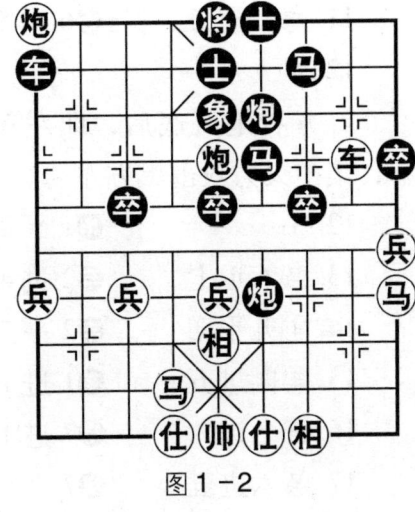

图1-2

第二局

1. 相三进五	炮8平4	2. 马二进三	马8进7
3. 车一平二	卒7进1	4. 兵七进一	炮2平3
5. 炮二进二			

好次序！显然比直接走马八进七效果更佳。

| 5. …… | 马2进1 | 6. 马八进七 | 象7进5 |
| 7. 马七进八 | 炮4进5（图1-1） | | |

如图1-1形势，黑方希望通过打马抢出右车，但左翼受到猛烈攻击。可见进炮打马计划值得置疑。

| 8. 兵三进一 | 炮4平7 |

虽然打马计划落空，此时仍宜走卒7进1，相五进三车9平8，尚可周旋。

| 9. 炮八平三 | 卒7进1 | 10. 炮三进五 | 炮3平7 |

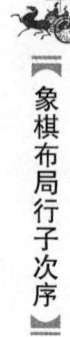

11. 炮二进五　　士6进5
12. 车九进一

红方右炮沉底后，即左车右移，集中火力攻击黑方左翼。

12. ……　　　　车1平2
13. 马八退七　　车2进4
14. 车九平四　　车2平7
15. 车四进五　　卒1进1
16. 马七进六　　卒7进1
17. 马六进五　　炮7平6
18. 车二进八　　马1进2
19. 车四平二　　车7平5
20. 马五进三　　车5平7　　21. 前车平三　　车9平8

红方平车后打空门黑方难以招架。

22. 车二进三　　炮6退2　　23. 车二退四

红胜。

第十六节　挺兵对中炮

1. 兵七进一　　炮8平5　　2. 马二进三　　马8进7
3. 车一平二　　车9平8　　4. 炮二进四　　炮2平3
5. 兵三进一

红方挺进三兵及时，争得对黑方左翼的封锁，也争得了全局的主动。

5. ……　　　　卒3进1　　6. 相七进五　　卒3进1
7. 相五进七　　马3退1　　8. 马八进九　　炮3平5
9. 炮八平七（图1）

如图1形势，黑方急于从中路突破，遭到红方伏击。红方出

图1-1

左车后，黑方已无力反击。

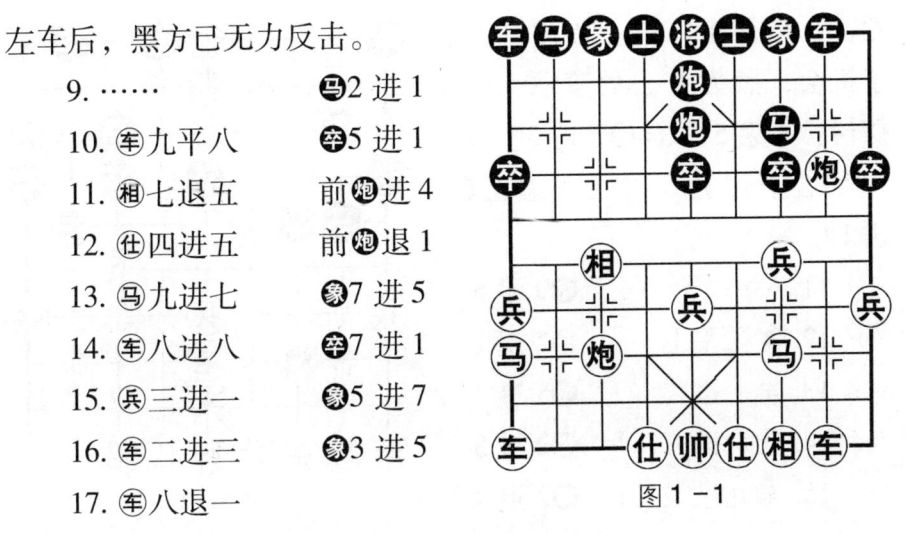

9. ……　　　马2进1
10. 车九平八　　卒5进1
11. 相七退五　　前炮进4
12. 仕四进五　　前炮退1
13. 马九进七　　象7进5
14. 车八进八　　卒7进1
15. 兵三进一　　象5进7
16. 车二进三　　象3进5
17. 车八退一

红方全线控制形势，黑方行动困难。

17. ……　　　马7进5
18. 马三进四　　卒1进1
19. 炮二平四

兑车后顺势击破黑方防御加快作战进程。

19. ……　　　车8进6　　20. 马四退二　　马5进3
21. 炮七进三　　象5进3　　22. 马二进三

黑方难以防守，红胜。

第十七节　挺兵对飞象

1. 兵三进一　　象7进5　　2. 炮二平五　　马8进7
3. 马二进三　　车9平8　　4. 车一平二　　卒3进1
5. 炮八平七　　马2进3　　6. 兵七进一　　马3进2
7. 兵七进一　　象5进3　　8. 车二进五　　象3进5
9. 马三进四　　士4进5　　10. 马四进六　　炮8平9
11. 马六进五（图1-1）

如图1-1形势，红马吃中象弃子争先，给人以闪电战的感觉，真是神来之笔。造成红方弃子机会，黑方有二处着法，值得探讨：①第5回合马2进3？②第10回合平炮兑车可否考虑走卒7进1？

11. ……	炮9平5
12. 车二平七	马2退1
13. 车七进二	炮5进4
14. 仕六进五	炮2进5
15. 车九进二	炮2退4
16. 车九平八	炮2进6
17. 车八退二	车8进4
18. 车八进三	炮5退1
19. 车八进一	炮5进1
20. 车八退一	炮5退1
21. 车八平五（图1-2）	

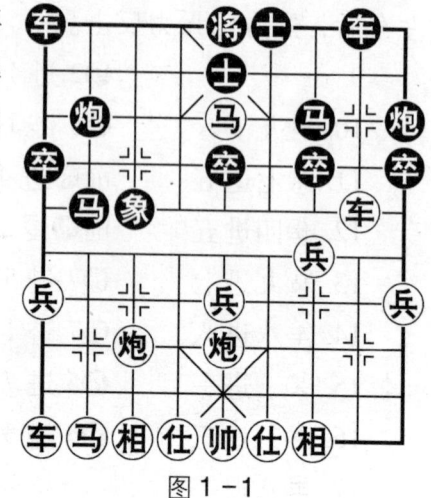

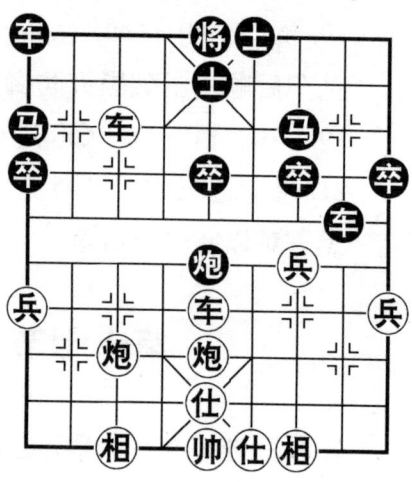

图1-1

如图1-2形势，这几个回合红方不急于吃回一子，为的是牢牢掌握形势，足见功力！

21. ……	炮5进2
22. 相三进五	马7退8
23. 车五进三	马8进6
24. 车五平九	车8退2
25. 车七退四	车8平5
26. 相五退三	

退相为架中炮，扩大攻势。

26. ……	车1平4
27. 炮七平五	马1退2
28. 车九平四	马6退8
29. 车七平四	马8进7
30. 前车平三	车5进2
31. 车三进一	马2进4
32. 车三平二	马4进5
33. 车二平五	

红胜。

图1-2

第十八节　挺兵对上马

1. 兵七进一　马8进7　　2. 炮八平五　炮8平9
3. 马二进一　车9平8　　4. 车一平二　卒7进1
5. 马八进七　马2进3　　6. 车九平八　车1平2
7. 车八进六　车8进5（图1-1）

如图1-1形势，双方形成中炮对三步虎布局。黑方第2回合炮8平9，第7回合车8进5骑河，是新的布局构思，新的次序，旨在快速启动左翼子力，以求对抗。

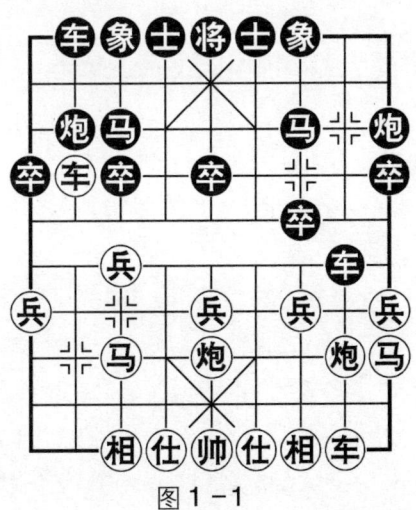

8. 炮二平三　车8平3
9. 车二进七　马7退5

黑方为了摆脱红车牵制，退马窝心是个大失误。可考是士6进5，变化试演如下：炮五平四马7退6，车二退一（如车二平七马6进5）象3进5，相七进五车3退1，红方有攻势，黑方可周旋。

10. 车二退一　象3进5
11. 兵五进一　车3平5

宜走炮2平1，放弃中卒！

12. 炮三退一　马5退3
13. 兵三进一　士4进5
14. 兵三进一　后马进4
15. 马一进三　车5平3
16. 马七进五　车3进1
17. 马三进四　马4进5

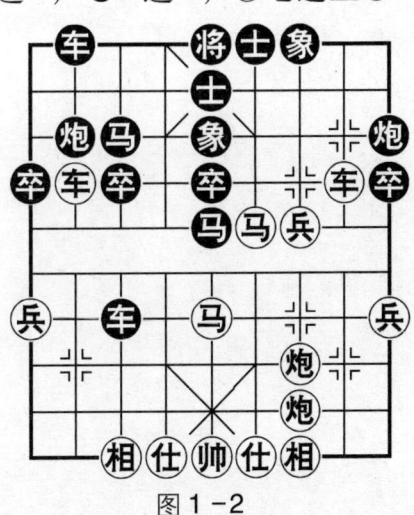

图1-1

图1-2

271

18. 炮五平三（图1-2）

双炮攻击黑方软肋，一举成功。

18. ……	士5退4	19. 马五进六	车3退2
20. 前炮进七	象5退7	21. 马六进七	车2进1
22. 炮三进八	士6进5	23. 炮三平一	

红胜。